U0891697

[第二版]

经济学基础

车卉淳 编著

首都经济贸易大学出版社
Capital University of Economics and Business Press
·北 京·

图书在版编目（CIP）数据

经济学基础/车卉淳编著. --2版. --北京：
首都经济贸易大学出版社，2021.4

ISBN 978-7-5638-3204-0

Ⅰ. ①经… Ⅱ. ①车… Ⅲ. ①经济学—高等学校—教材
Ⅳ. ①F0

中国版本图书馆CIP数据核字（2021）第043325号

经济学基础（第二版）
车卉淳 编著
JINGJIXUE JICHU（DIERBAN）

责任编辑 刘元春
封面设计 风得信·阿东 FondesyDesign
出版发行 首都经济贸易大学出版社
地　　址 北京市朝阳区红庙（邮编100026）
电　　话 （010）65976483 65065761 65071505（传真）
网　　址 http：//www. sjmcb. com
E-mail publish@cueb. edu. cn
经　　销 全国新华书店
照　　排 北京砚祥志远激光照排技术有限公司
印　　刷 北京玺诚印务有限公司
成品尺寸 170毫米×240毫米 1/16
字　　数 355千字
印　　张 20.75
版　　次 2005年3月第1版 **2021年3月第2版**
2021年3月总第6次印刷
书　　号 ISBN 978-7-5638-3204-0
定　　价 45.00元

图书印装若有质量问题，本社负责调换
版权所有 侵权必究

前　言

经济学研究的是稀缺条件下的选择问题，而这一问题时时刻刻都摆在每一个人的面前。人永远都面临着选择，从来到人世间开始，就一直被通过选择来实现最大化的问题困扰。无论贫富，无论何时何地，在这一问题面前人人平等。当穷人正在为一日三餐的花费发愁时，富人也正在为打桥牌还是打高尔夫球而发愁。那是因为，前者正面临着金钱的稀缺，而后者正面临着时间的稀缺。

经济学可以帮助人们解决这些问题。作为一门成本与效用的比较学，经济学研究的就是如何用最少的投入获取最大的收益，从而使人们在纷繁复杂的选择面前作出理性的决策。

经济学研究的范围是十分广泛的。只要一种资源有多种用途，而它本身又是稀缺的，那么，有关这种资源的分配和选择问题，就可以纳入经济学的研究范畴。从这个意义上讲，不仅财富，而且时间和精力，乃至人的一生应该怎样度过，都是经济学的研究内容。正因为如此，英国著名文学家萧伯纳说道："经济学是充分利用人类生命的艺术"。

近年来，经济学的研究方法被广泛应用于经济学的其他领域，出现了金融经济学、信息经济学、人口经济学、资源经济学、环境经济学等一系列经济学的分支学科。不仅如此，经济学还把其研究的触角伸向了经济学以外的其他领域，把社会、道德、家庭等问题也纳入其研究范围之内。因此，如何使经济学通俗化，真正成为一门大众化的科学，为人们了解世界、作出决策提供切实有效的帮助，就成为经济学发展过程中的一个重要课题。

出于以上目的，本书的编写注重了通俗化，力图用形象的语言和常见的事例来阐述经济学的概念、原理和分析方法，因此，它不仅可以作为经济学、管理学专业学生的教科书，也可以作为经济学、管理学爱好者和初学者的通俗读物。

扫码下载 PPT

车卉淳

2021 年 1 月

目 录

第一章

绪 论

本章学习重点

- 稀缺、选择和机会成本
- 生产可能性边界
- 三大基本经济问题
- 经济学的研究对象
- 经济学的研究方法

资源稀缺的事实，是经济问题产生的根源，也是经济学研究的出发点。稀缺性导致选择，选择导致机会成本。选择需要解决的问题有三，即生产什么、如何生产和为谁生产，这也是经济学必须解决的三大基本经济问题。对于这三个问题，不同的经济制度作出了不同的回答。

在对经济学的基本概念进行介绍的基础上，本章分析了经济学的研究对象和研究方法。与物理、化学等自然科学不同，经济学将资源的有效配置和利用作为自己的研究对象，相应地，采用了独特的研究方法，主要包括均衡分析、静态分析、比较静态分析和动态分析，以及实证分析和规范分析。

第一节 经济学的产生：稀缺→选择→机会成本

一、“经济学”概念的产生

“经济学”一词最早出现于古希腊思想家色诺芬尼（Xenophanes）的《经济学》一书，此书是色诺芬尼根据其师苏格拉底关于奴隶主如何增加财产的思想片段记录整理而成的。在希腊文中，“经济学”（oikonomos）一词由两部分构成，oikos 是家庭，nomos 是管理，可见，最初的经济学是关于家庭管理的理论。1776 年，经济学之父亚当·斯密出版了《国富论》一书，认为国民财富的性质和增加的原因是经济学研究的对象，从而把经济学从最初的家庭财富管理扩展到关于整个国家的致富问题。在中国古代，也有“经邦济世”

“经世济民”之说，“经济”一词在此意味着治国富国、利民裕民。

在现代生活中，当我们提到经济一词时，有时意味着俭省节约，有时泛指金融与工商等事业的活动。也就是说，其含义已经发展为泛指人类社会的一切经济活动。其涵盖范围之所以如此之广，是因为它解决的是任何一个社会和个人都要面临的稀缺条件下的选择问题，即资源配置问题。

二、稀缺（scarcity）

人类的欲望超过了能用于满足欲望的资源，这种社会资源的有限性称为稀缺性。在了解稀缺的含义之前，我们先对资源作简单的介绍。

（一）资源（resources）

在经济学中，资源一词和投入、生产要素都是等义的，指的是生产过程投入的要素的总称。经济学家一般把资源划分为四种类型，即劳动、资本、土地和企业家才能。

1. 劳动。劳动指的是人类拥有的体力劳动和脑力劳动的总和，也称为人力资源（human resources）。当潜在的劳动者接受了学校教育和专业训练以后，他们对生产的贡献会提高，或者说，人力资本被增进了。

2. 资本。资本指的是人类所生产出来的且用于生产其他产品所需的一切工具、机器设备、厂房等的总称。例如，当劳动者在土地上种植小麦时，他们还要用到其他的工具，如犁、拖拉机等。也就是说，为了满足人们的欲望，土地和劳动者之间必须用某种资源联系起来，这种资源就是资本。

3. 土地。土地又称自然资源，包括土地本身和地上地下的一切自然资源，如森林、矿藏、江河湖海等。在自然资源日渐枯竭的今天，如何把现存的自然资源转换成真正对人类有用的东西是十分重要的，而这个转化过程需要其他资源，如劳动和资本的配合。

4. 企业家才能。企业家才能指的是企业家组织生产、经营管理、努力创新和承担风险的能力总和。这是一种特殊的人力资源，新企业的建立、新产品的开发、新技术的引进，都需要企业家才能。更重要的是，它还包括承担风险，以及用新的思维方式进行多种试验的能力。

如何用稀缺的资源来生产经济物品，是经济学研究的主题。从经济学的角度对所有的物品加以区分，可以分为经济物品和自由物品（免费物品）。所谓经济物品，指的是必须付出一定的代价才能获得的物品，因为资源是稀缺的，所以用稀缺的资源生产出来的物品也是稀缺的。自由物品是与经济物品相对而言的，指的是可以不付出任何代价就能获得的物品，或者说是可以免费获得的物品。比如说在未被污染的高山地区的空气，你不必花费任何代价就可以呼吸到，并且不会有人干涉，因为在那里，不存在稀缺性的问题。空气、水等免费物品是自然科学家如物理学家、水文学家、生物学家和化学家研究的范畴。只有当稀缺性开始出现时，经济学家们才会介入。从人类社会发展的历史来看，随着生产的增长和人口的增加，越来越多的自由物品变成了经济物品。例如，水曾被认为是自由物品，但随着工业的发展，在世界上的大多数城市中，水已经不是不付出代价就可以取得的了。再如，到目前为止，空气还被认为是自由物品，但随着工业污染的日趋加重，在一些严重污染的地区，想要呼吸到新鲜的空气，也必须付出代价。

正像前面所论述的，如果世界上所有的物品都是自由物品，那么经济学的存在就没有必要了，因为取之不尽的资源永远可以满足人类不断膨胀的欲望。可事实恰恰相反，在当今世界上，自由物品越来越少，资源的稀缺性问题变得越来越严重。因此，经济学所肩负的任务也越来越艰巨了。

（二）稀缺——绝对性与相对性

在任何一个经济社会里，无论资源多么丰富，其数量都是相对有限的，或者说是稀缺的。资源稀缺的事实，是经济问题产生的根源，也是经济学研究的出发点。

稀缺既是绝对的，又是相对的。所谓绝对性，是因为“稀缺”是人类社会的任何时期和任何地方都存在的事实，是人类面临的永恒问题。当一个人只有10万元而想买20万元的汽车时，他面临着金钱的稀缺；当一个学生在一个晚上既想看电影又想完成作业时，他面临着时间的稀缺；当一国政府既想把有限的财政收入用于基础设施建设又想投资于教育时，它面临着资金的稀缺。自从有人类社会以来，没有哪一个社会能摆脱稀缺性，也没有哪一个时期不面对稀缺性。稀缺是无处不在，也是无时不在的，因而是绝对的。

另一方面，稀缺又是相对的。稀缺性并不是就资源的绝对数量而言的，而是指有限的资源相对于人类无限的欲望而言的。无限性是欲望的基本特征，“人心不足蛇吞象”的俗语说的就是这个意思。旧的欲望满足了，又会产生新的欲望。稀缺性表明了欲望无限性和资源有限性的矛盾，而经济活动就是人们克服稀缺性的过程。

三、选择

由于资源是有限的，而欲望是无限的，如何使用有限的资源，在有限的时间里去满足最重要、最迫切的欲望，就成为人类社会经济生活的首要问题。要解决这个问题，人们只有去选择，所以，经济学又被称为“选择的科学”。

资源的稀缺性决定了我们必须作出选择，而选择同时也意味着机会成本。

（一）机会成本

稀缺性迫使我们作出选择，而一旦作出了选择，就必然有一部分欲望要被放弃。或者说，在这个存在着稀缺性的世界上，每一个欲望得到满足的同时，就有另外一些欲望未得到满足。为了描述这种进退两难的情况，经济学产生了机会成本的概念。

机会成本（opportunity cost）是人们作出选择时所放弃的另一种可供选择的最好用途。你利用周末的晚上读这本书，则这个周末你无法去上网、看电视或者与朋友唱卡拉 OK。如果这些事情中你最想做的就是看电视，那么，看电视就是你读这本书的机会成本。这是个人活动的机会成本。从一个企业来说，如果将 100 万元资金投资于项目 A，则无法同时投资于项目 B、项目 C 和项目 D，如果在项目 B、C、D 中，项目 D 的预期收益最高，则项目 D 就是该企业选择项目 A 的机会成本。

由上可知，做任何决定都具有机会成本，虽然有时其不一定体现为货币的交易。作出一项决定，实际上就是放弃了做其他事情的机会，失去的选择就是机会成本。

理解机会成本这一概念，需要注意以下三个问题。

（1）机会成本不同于实际成本，不是作出某项选择时实际支付的费用或损失，而是一种观念上的成本或损失，或者说是放弃的另一种可能性。

（2）机会成本并不全是由个人的选择引起的，其他人的选择也会给你带来机会成本，你的选择也会给他人带来机会成本。例如，当你在夜晚享受卡拉 OK 时，你所放弃的宁静就是这种享受的机会成本。这时，你可能还会使别人得不到宁静，别人被迫放弃的宁静就是你这种选择给别人带来的机会成本。

（3）机会成本是作出一项选择时所放弃的其他若干种可能的选择中最好的一种。

机会成本的概念在经济学和现实生活中有着广泛的用途。例如，在市场经济条件下，企业经常面临着生产什么的决策问题。在资源稀缺的情况下，往往需要在几种不同的产品中进行选择。如果目前正在生产的产品的收益不如另一种产品给企业带来的收益多，企业就应该放弃当前正在生产的产品而转向另一种产品的生产。简单地说，我们在作出任何一项决策时都应该遵循收益大于或至少等于机会成本的原则。如果机会成本大于收益，则这项决策从经济的观点看是不合理的，还不如去选择机会成本的那项决策。这里运用的就是机会成本的分析方法。如果我们把机会成本的概念运用于对整个社会生产的分析，就可以得出经济学中的另一个重要概念——生产可能性边界。

（二）生产可能性边界

生产可能性边界（production possibility frontier）也称为生产可能性曲线（production possibility curve），是指一个社会用其全部资源和当时最好的技术所能生产的各种产品的数量的最好组合。

由于整个社会的经济资源是有限的，当这些经济资源都被充分利用时，增加一定量的一种产品的生产，就必须放弃一定量的另一种产品的生产。整个社会生产的选择过程构成了一系列的产品间的不同数量的组合，所有这些不同数量的组合就构成了社会生产可能性边界。下面，我们举例说明生产可能性边界的含义。

假设一个社会把其全部资源用于 X 和 Y 两种产品的生产，那么生产可能性边界如图 1-1 所示。

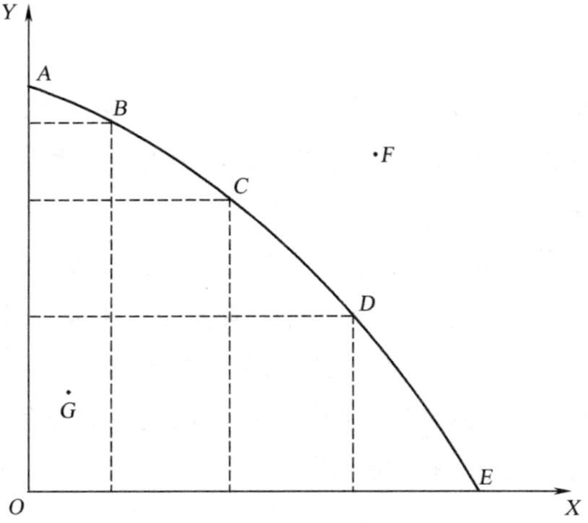

图 1-1　生产可能性边界

图 1-1 中的 A、B、C、D、E 各点代表最大可能的产量组合点，将所有的这样的点连接起来，就得到了生产可能性边界。生产可能性边界说明了稀缺性、选择和机会成本这三个概念。

首先，生产可能性边界揭示了稀缺法则。任何经济都不可能无限量地生产，图 1-1 中的 F 点就代表着在现有条件（资源和技术）下不可能实现的产量组合。

其次，每一种经济都必须作出选择。是选择 A 点进行生产，还是选择 E 点进行生产，抑或是选择其他的点？但不可能同时选择两个点进行生产。决定在生产可能性边界上的某一点进行生产也就决定了资源的配置。

最后，选择就要付出代价，选择就有机会成本。从图 1-1 来看，当生产组合由 C 点转移到 D 点时，X 的产量增加了，但是 Y 的产量减少了，减少的 Y 的产量就是增加的 X 的产量的机会成本。正因为如此，生产可能性边界向右下方倾斜，其斜率为负。

生产可能性边界表示社会生产在现有条件下的最佳状况。如果生产位于生产可能性边界之内（如 G 点），意味着现有的资源没有得到充分利用，存在着资源的闲置或浪费，即生产是缺乏效率的，失业、人浮于事、经济组织缺乏效率等都会导致这种状况出现。每个社会为了最大限度地发挥生产潜力，都应该研究如何使生产位于生产可能性边界上。当然，生产可能性边界并不是一成不变的，资源的增加和技术的改进都会使生产可能性边界向外平移。

四、基本经济问题

稀缺性导致选择，选择导致机会成本。选择需要解决的问题包括生产什么、如何生产和为谁生产，这也是经济学必须解决的三大基本经济问题。

（一）生产什么（what）

生产什么的问题实际上包含生产什么品种、生产多少、什么时间、什么地点生产等四个方面的问题。一个社会必须决定，在很多可能生产的物品和劳务之中，每一种应该生产多少。是应当利用有限的资源生产更多的消费品，还是应当生产较少的消费品和较多的投资品，以便让未来有更多的产出？

“生产什么”的问题实际是资源配置的问题。两种调节资源配置的方式分别是计划配置和市场配置，关于这一问题将在对经济体制的介绍中进行具体说明。

（二）**如何生产**（how）

如何生产即用什么方法来生产的问题。生产产品与劳务的过程中要使用各种不同的资源，生产产品与劳务就是把不同的资源组合在一起。生产数量与质量相同的产品与劳务，可以用不同的资源、不同的技术和不同的组合方式来进行。例如，纺织品既可以用劳动密集型技术，也可以用资本密集型技术，前者使用较多的工人和较少的机器，后者使用较少的工人和较多的、较先进的机器。这是采用哪种生产方法的问题，也就是如何生产的问题。

如何生产的问题实际是经济效率的问题。任何一种商品的生产都有着不同的生产方法和生产技术工艺可供选择，选择标准就是经济效率。由于资源是有限的，因而选择效率高的生产方法具有特别重要的意义。

（三）**为谁生产**（for whom）

为谁生产指的是由谁来享受生产出来的产品的问题，或者说是社会产品如何在不同的成员之间进行分配的问题。我们的社会应该是一个财富平均的社会，还是一个贫富悬殊的社会？因此，经济学要研究决定收入分配的各种因素，以及收入分配所有可能造成的经济后果和社会后果，政府也要在收入分配方面发挥特有的作用。

经济学是一门选择的科学，选择的目的是要让有限的资源满足最大的欲望。因此，它不仅要对上述三个问题作出回答，而且应该作出较好的回答。它希望在投入不变的情况下增加产量，从而较好地解决“如何生产”的问题；它希望在不减少一种物品的同时增加另一种物品，从而较好地解决“生产什么”的问题；它希望在不损害一部分人利益的前提下使另一部分人生活得更好，从而较好地解决“为谁生产”的问题。

第二节　经济与经济制度

一、经济主体与市场

在经济学中，经济（economy）是指在相互竞争的用途之间配置稀缺资源的一种机制。机制（mechanism）是从“机器”与“制动”这两个科技术语中各取一字构成的，它的原意是指机器构造及其制动原理和运行规则。后来生物学和医学借用机制一词来指生物体，尤其是人体的结构和功能，即它们内在运行、调节的方式和规律。20 世纪 40 年代末，在美国科学家维纳提出控制论以后，人们把社会作为一个有机的整体，并用机制一词来说明社会本身的运行、调节的方式和规律。

经济这种机制所要解决的问题就是生产什么（what）、如何生产（how）和为谁生产（for whom）。

经济包括经济主体与市场两个组成部分。由于经济主体（economic agents）作出最优化的选择，即经济决策，所以又被称为决策者（decision makers），或称经济活动者（economic actors）。市场则是经济主体之间的联系。

（一）封闭经济中的经济主体与市场

在一个封闭经济（closed economy）中，有三种类型的经济主体，即居民户（households）、厂商（firms）和政府（governments）。

居民户是作为一个决策单位生活在一起的一些人的集团。经济中的任何一个人都属于某一个居民户。一些居民户是由一个人组成的，另一些居民户是由一些有血缘关系或无血缘关系的人组成的。每个居民户都有无限的欲望与有限的资源。在经济中，居民户要独立作出选择或决策。

厂商是利用资源生产产品与劳务的组织。所有的生产者，无论它多大或者多小，也无论它生产什么，都称为厂商，汽车制造商、农民、银行、保险公司等都是厂商。厂商也要独立作出选择或决策。

政府是提供产品和服务并进行收入与财产再分配的组织。政府所提供的最重要的服务是法律框架及实施的机制。此外，政府还要提供国防、公共保健、交通、教育这类服务。政府同样要作出选择或决策。

这些经济主体在市场上发生联系，所以，市场是经济的另一个组成部分。在一般的含义中，市场是人们买卖物品的场所。在经济学中，市场有其更一般的定义，即市场是任何一种方便于买卖的安排。这就是说，在经济学中，市场并不像一般所说的那样，总是某一个进行买卖活动的具体场所。它可以是一个具体场所，但更多的情况下，它仅仅是把买卖双方联系在一起的一种安排。例如，经济学中所说的世界石油市场，并不是指某个具体的地方，而是从事世界石油买卖的石油生产者、加工者、批发商、零售商、使用者之间的相互联系及有关安排。这些买卖石油的人并不在某个地方相会，而是通过电话、电传、计算机网络进行联系，由此形成了世界石油市场。

经济中的市场可以分为产品市场和要素市场。产品市场（goods markets）

是产品与劳务买卖的市场。要素市场（factor markets）是各种生产要素买卖的市场。生产要素（factors of production）是经济中的生产性资源，分为劳动、土地、资本和企业家才能。劳动（labor）是人的脑力或体力的支出，土地（land）包括各种自然资源，资本（capital）包括所有的设备、建筑物、工具和其他可以用于生产的制成品，企业家才能指厂商经营管理企业时付出的智力劳动。

图 1-2 说明了居民户与厂商作出在产品市场与要素市场进行交易的决策。居民户决定在要素市场上供给多少劳动、土地和资本，以换取作为要素收入的工资、租金、利息和利润；决定在产品市场上购买多少产品与劳务。厂商决定在要素市场上购买多少劳动、土地和资本，以及向产品市场供给多少产品与劳务。居民户与厂商的决策通过产品与要素市场联系起来。从图 1-2 中可以看出，生产要素通过要素市场从居民户流向厂商，同时厂商向居民户支付工资、租金、利息和利润；产品与劳务通过产品市场从厂商流向居民户，同时居民户用收入进行支付。这就是居民户与厂商之间通过产品市场与要素市场发生的联系。

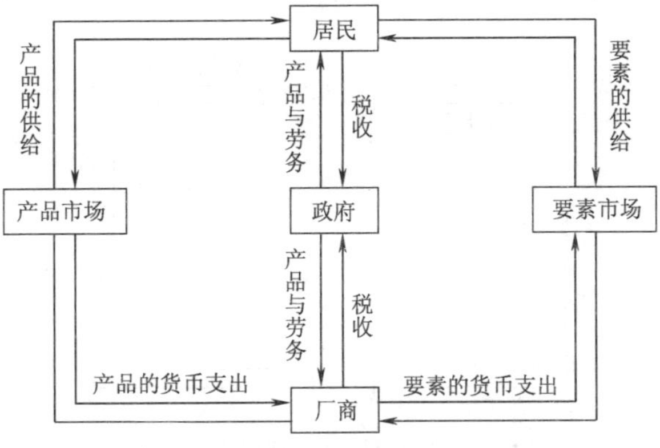

图 1-2　封闭经济中的经济主体与市场

政府决定向居民户与厂商提供什么样的产品与劳务，以及为这些产品与劳务向居民户与厂商征收多少税收。居民户与厂商向政府缴纳税收，政府向居民户和厂商提供产品与劳务。这就是政府同居民户和厂商之间的联系。

居民户、厂商和政府之间的决策通过产品市场与要素市场得以协调。在这些市场上，价格的不断调节使买卖实现均衡。

（二）开放经济中的经济主体与市场

封闭经济是指与世界其他任何国家都没有联系的经济。开放经济（open economy）是与世界其他国家都有联系的经济。现在世界上各国经济都是开放经济，严格意义上的封闭经济已经不存在，只不过各国经济的开放程度差别相当大。从各国之间经济联系日益密切的意义上说，唯一的一个封闭经济就是世界经济本身。

从图 1-3 中可以看出，一国与其他各国的经济联系是通过世界产品市场和世界金融市场进行的。一国的厂商把自己生产的部分产品与劳务卖给其他国家（即一国的出口）。同时，一国的厂商、居民户和政府购买其他国家生产的产品与劳务（即一国的进口）。这就是一国与其他国家在世界产品市场上发生的联系。一国的出口与进口的总价值并不一定一致。当一国的出口大于进口时，就有国际收支盈余；反之，当一国的进口大于出口时，就有国际收支赤字。有国际收支盈余的国家就向其他国家提供贷款，有国际收支赤字的国家就从其他国家得到贷款。这种国际借贷就是一国与其他各国在世界金融市场上发生的联系。世界各国正是通过世界产品市场与世界金融市场联合为一个整体，这就是世界经济，或称全球经济。

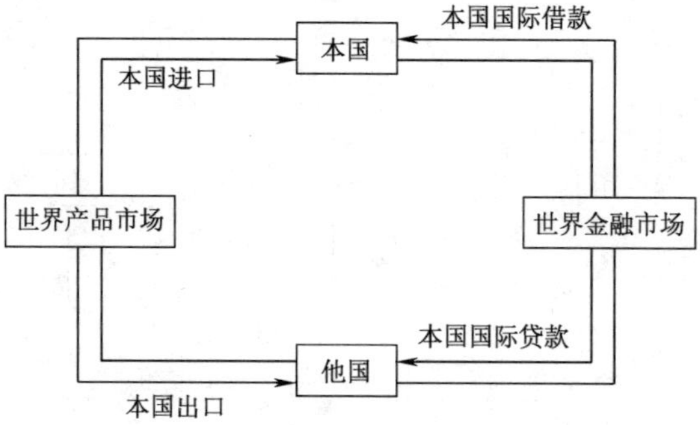

图 1-3　开放经济中的经济主体与市场

各国之间的这种联系实际上是在全世界范围内配置稀缺资源，并在全世界范围内决定“生产什么”“如何生产”“为谁生产”。第二次世界大战之后，世界经济机制日益变为一种高度全球化的配置稀缺资源的机制。这也是一种决定在什么地方生产和消费各种产品与劳务的机制。在全球经济中，协调各国之间的经济往来主要还是靠市场机制，但政治、军事、人道等非经济因素也起着相当重要的作用。

二、经济制度

在社会经济活动中，每个人和每个单位都为了达到既定的经济目标，去进行最有利的最优选择。于是，人们之间对稀缺资源的占有和利用必然会出现激烈的竞争和利益冲突，人们的经济行为应受到制度规则的约束和控制，调节各经济主体间利益冲突的经济制度就自然产生了。

当前世界上的经济制度可分为四种类型，即传统经济、计划经济、市场经济和混合经济。它们对“生产什么”“如何生产”“为谁生产”这三个基本经济问题作出了不同的回答。

（一）传统经济

传统经济（traditional economy）也称为习惯性经济（customary economy），是指生产方式、交换方式、收入分配都遵循其习惯的一种经济。生产什么、如何生产和为谁生产的问题有可能是由世代相传的习惯、伦理和风俗决定的。古代的埃及和今天的印度具有传统经济的部分特征。在传统经济中，经济活动让位于该社会的宗教和文化价值观。

（二）市场经济

市场经济（market economy）也称为自由放任经济（laissez-faire economy）。萨缪尔森在《经济学》第十六版中这样定义市场经济：“市场经济是这么一种经济，在这一经济中，（生产）什么、如何（生产），以及为谁（生产）等资源配置问题主要是由市场供需所决定的。”简单地说，市场经济是由市场调节作为资源配置主要手段或工具的一种经济。

市场经济对三大基本经济问题作出了以下回答。

（1）生产什么是由消费者的“货币选票”所决定的，即消费者主权（consumer’ s sovereignty）最终决定生产什么。所谓“货币选票”指的是消费者每天购买这种商品而不是那种商品的购买决策。也就是说，消费者选择购买某种商品，就是用货币投了这种商品及其商品生产者一票。同时，消费者所支付的货币又成为该企业支付生产要素所有者的工资、租金、利息和利润的来源。

在市场经济条件下，企业是受到利润驱使来决定生产问题的。利润为总销售收入和总成本之差。企业被引诱去生产那些利润较高、需求较大的商品，即被社会投以选票多的商品。没有消费者需求的商品，企业是不会去生产的。

（2）如何生产的问题由企业之间的竞争和利润最大化原则来决定。生产者会用最有效率的方法来组织资源进行生产，所谓最有效率指的就是利润的极大化。有一些企业会在竞争中胜出，而另一些则要蒙受损失。竞争中的失败者会被迫退出该行业或采用同赢利者一样的方式来进行生产。

（3）为谁生产的问题是由生产要素的价格决定的。生产什么和如何生产的问题关系到生产，而为谁生产的问题则关系到生产之后的分配。蛋糕已经做出来了，应该如何分呢？在市场经济中，生产和分配被紧密地联系在一起，因为在生产过程中自动产生收入，人们则根据他们的劳动生产率获得报酬，他们的收入决定他们在蛋糕中的应得份额，所以人们的所得是建立在他所作贡献基础上的。当然也有例外的情况，比如说社会为失去劳动能力的残疾人和老年人提供的福利，这种情况应该说是政府作出的选择。

市场经济就像一台自动运转的机器，那么，又是谁在负责着它的运转呢？没有任何人。如果真的说有一种力量的话，那就是市场机制——“看不见的手”（invisible hand）。“看不见的手”最早是由亚当·斯密在《国富论》中提出来的，他认为，每个人都在追求个人利益的最大化，在这一过程中，他好像被一只“看不见的手”引导着去实现最大的社会福利，“一般来说，他并不企图增进公共福利，也不知道他所增进的公共福利是多少。他所追求的仅仅是他个人的安乐。在这样做时，有一只看不见的手引导他去促进一种目标，而这种目标绝不是他所追求的东西。由于追逐他自己的利益，他经常促进了社会利益，其效果要比他真正想促进社会利益时所得到的效果为大”。

那么，个人所追求的利益又是什么呢？对于企业家来说，它意味着用最小的代价获得最大的利润；对消费者来说，它意味着用最小的花费获得最大的满足；对于工人来说，它意味着用一定量的工作换取最高的工资；对于要素所有者来说，它意味着当要素被出售或出租时，可以带来最高的价钱或租金。但是，人们的如此种种经济活动又是靠什么来协调的呢？或者说，“看不见的手”指的又是什么呢？其实，“看不见的手”就是价格机制（price mechanism）。在市场经济中，价格是资源价值的信号，它像一个路标一样，引导着消费者和企业家，以及其他要素所有者作出自己的选择。因此可以认为，市场经济是靠价格机制影响资源运用的。那么，价格机制是如何做到这一点的呢？

首先，价格提供了信息。价格的相对高低反映了市场经济中商品和要素的稀缺程度，它为消费者、生产者、中间商提供了各自所需的信息，这些信息引导着资源流向最大产出和最高利润之处。

其次，价格提供了激励。这是价格所提供的迅速而廉价的信息，加上企业的利润动机，生产者便决定了生产什么、如何生产、为谁生产。因此，价格机制在市场经济条件下具有资源配置的功能。

那么，是否在市场经济中，就没有政府存在的必要了呢？不是这样的。在市场经济条件下，仍然需要政府来确定和保证个人的财产权。即使被人们称为自由放任之父的亚当·斯密，也详细描述过在纯市场经济条件下政府的作用。他阐述了政府在提供国防、消除贸易垄断方面的作用。斯密指出，市场经济中政府的功能还包括发行货币、规定重量和质量的基准、通过税收等形式筹集资金、兴建各种公用事业、用法律手段解决纠纷等。即使在市场经济下，政府的存在也是必然的，只不过是在一定程度上发挥作用而已。

（三）计划经济

计划经济（planned economy）也称为指令性经济（command economy），是以计划调节作为资源配置主要工具的一种经济。在这种经济制度中，政府控制着生产要素，并对其使用和收入的分配作出决策，而且决策是集中进行的。

计划经济对经济学必须回答的三个问题作出了回答：①生产什么？在计划经济中，这一决策由中央集权集中作出。②如何生产？中央计划者决定生产的数量和方法。③为谁生产？同样是由中央计划者决定人们从生产中得到的报酬。

（四）混合经济

上面分析了市场经济和计划经济。在现实生活中，没有哪一种经济是完全的市场经济，也没有哪一种经济是完全的计划经济，大多数国家的经济在不同程度上属于混合经济。

混合经济（mixed economy）一词是由美国经济学家萨缪尔森首先提出的。他认为，混合经济就是市场机制和政府调控相结合的一种经济。一方面，市场机制或者说一只“看不见的手”无意识地协调着人们的经济行为；另一方面，政府也在对一些经济活动进行有意识的干预，即政府干预是一只“看得见的手”（visible hand），这势必对人们的经济行为产生影响。

世界经济风云变幻的事实已经说明，市场经济是组织经济活动的一种较好方式，但就像计划经济存在着种种弊端一样，市场经济也并非完美无缺，还需要政府运用各种手段来纠正市场经济的缺点。计划经济不是社会主义制度的代名词，市场经济也不是资本主义制度的代名词。哪种经济制度更有利于资源的配置，哪种经济制度更能提高经济效率，我们就应该采取哪种经济制度，这也是经济学研究的主要目的。我国已经提出要建立以社会主义市场经济为主要目标的经济模式，在这种情况下，我们学习经济学是大有裨益的。

第三节　经济学的研究对象和研究方法

每门科学都有自己的研究对象和研究方法，经济学自然也不例外。同物理、化学等自然科学相比，经济学的研究对象和方法具有自己的特点。因为经济学是为现实服务的，随着现实的不断变化，经济学的研究对象也在发展和演变。经济学的研究方法也有其独特性，因为它考察的是社会经济现象和具有理性的人的经济活动，不能依靠实验室和科学仪器，只能依靠与运用理论的抽象，在千千万万的活动中概括出经济事物之间的关系和规律性。下面对经济学的研究对象和方法作简单介绍。

一、经济学的研究对象

在社会经济发展的过程中，人们对经济学研究对象的认识也在不断演变。从时间上来看，从 15 世纪到 17 世纪中期是资本主义发展的原始积累时期，为了满足这一时期资本家聚敛财富的需要，经济学的研究对象是流通领域，此时的经济学还不能称为完整意义上的经济学，只能称为经济学的早期阶段，即重商主义（mercantilism）阶段。重商主义的基本观点是，金银形态的财富是货币的唯一形态，为了获取更多的金银，唯一的方法就是发展对外贸易，扩大出口、限制进口。恩格斯在《政治经济学批判大纲》中这样描述重商主义“金迷心窍”的本性，他们“就像守财奴一样，双手抱住心爱的钱袋，用妒忌和猜疑的目光打量着自己的邻居”。

从17世纪中期到19世纪70年代，是自由放任资本主义时期，相应产生了自由放任主义经济学（liberalism）。具体来说又分为古典经济学（classical economics）和新古典经济学（new-classical economics）两个阶段。古典经济学的最优秀代表亚当·斯密把经济学的研究对象从流通领域转移到了生产领域，从而使经济学成为一门真正的科学。新古典经济学的代表人物阿尔弗雷德·马歇尔在生产的基础上，又把经济学的研究对象扩展到了消费和需求上，建立了现代微观经济学体系。他认为："经济学是一门研究财富的学问，同时也是一门研究人的学问。"20世纪30年代以后，随着国家垄断资本主义的确立，国家干预主义经济学——宏观经济学随之产生，经济学的研究对象也从单纯的理论转移到经济政策上，研究如何通过政府干预经济的政策来调节经济的运行。

关于经济学研究对象的明确界定，不同时代、不同国家的经济学家有各种各样的观点。按照英国经济学家罗宾斯在1932年《论经济科学的性质和意义》一书中的论述，"经济学是研究用具有各种用途的稀缺手段来满足人们目的的人类行为科学"。按照美国20世纪60年代末出版的《国际社会科学百科全书》中的论述，"经济学是研究稀缺资源在无限而又有竞争性的用途之间进行配置的问题。它是一门研究人与社会寻求满足他们的物质需求与欲望的方法的社会科学，这是因为他们所支配的东西不允许他们去满足一切愿望"。相关的论述还有很多，其中比较权威的是美国经济学家萨缪尔森的观点。萨缪尔森认为："经济学是研究任何社会如何进行选择，来使用可以有其他用途的稀缺的资源以便生产各种商品，并在现在或将来把商品分配给社会的各个成员或集团以供消费之用。"

总之，经济学研究的是如何有效配置和利用经济资源，从而使稀缺的资源最大限度地满足人们的需求。

二、经济学的基本假设

从亚当·斯密1776年的《国富论》算起，经过了200多年的沉淀和积累，经济学的整个理论体系堪称博大精深，但它是一门严谨、准确的科学吗?还不能这样说。关于经济学是否是一门科学的争论由来已久，争论的焦点就在于经济学与现实的差距究竟有多远。经济学产生于现实，并企图对现实作出解释，但它又与现实存在着一定的差距，产生这一差距的主要原因就在于经济学中的诸多假设。

假设是对现实的一种简化，是理论分析的前提。经济学中的假设很多，而且确实有很多的东西不现实，我们看一个例子。

有 3 个人被困在一个孤岛上，这 3 个人分别为物理学家、化学家和经济学家。饥寒交迫之际，海上冲来一听罐头。怎样开启这听罐头，成了难题。物理学家提出了自己的办法："按照物理学的原理，一磅重（刚好是罐头的重量）的物体被抛向 20 码高度然后落地时，落点速度是 183 码。如果我们将一块石头放在下面等待落下的罐头，其效果刚好是使罐头裂开，而里面的食物又不至于洒出来。"

化学家认为这存在着危险，因为无法保证罐头被抛起的高度刚好是 20 码。他说："我们可以点起一堆篝火，把罐头在火上面烤 1 分钟零 37 秒，恰好可以打开罐头。这种方法的风险较小，即使一旦罐头提前开启，我们随时可以将其拿离篝火。"

第三个人是经济学家。他对物理学家和化学家说："你们的方法可能是有效的，但都太复杂了。我的方法简单得多：假设我有一把起子。"

的确，经济学中充满了诸多"不现实"的假设。"假设""假定""假如"等字眼充斥着许多经济学的教科书。鉴于经济现实的复杂多变性，经济学家不得不作出如此多的假设。理论是对现实的一种抽象，它忽略了事物的被认为是不重要的或与结论无关的各种性质，而只保留和突出了其中的几个性质，这几个性质是研究者要着重研究的，所以就要假设其余的性质是固定不变或忽略不计的。举例来说，人们希望经济学家对下述问题作出回答：存款利率下降以后，储蓄额会发生怎样的变化？事实上，影响储蓄额的因素有很多，诸如利息率、通货膨胀、经济发展水平、证券市场状况、人们对自己收入的预期、政府的宣传、传统的储蓄心理甚至人们的年龄、健康、情绪等。把这诸多因素都考虑在内进行分析，几乎是不可能的。因此，经济学家所做的不是列举一份完备的清单，而是要设法找出最具影响力的一些重要因素，并使之构成这一理论的基础。对上一问题的结论是，储蓄额主要取决于利息率因素，存款利息率下降以后，储蓄额就会下降。在形成这一理论的同时，经济学家并不否认其他因素也会影响到储蓄额，他们只是认为，利息率因素是最重要的。

其实，在上边的例子中，还隐含着这样一个假设，即"理性"的假设。

这也是在经济学的研究过程中始终贯穿的一个重要假设，而且由于近年来对“预期”概念研究的深入，这一假设变得越来越重要。在上例中，存款利息率下降以后，由于个人（消费者）和厂商（生产者）都是追求最大化的，因此，他们会将部分存款取出，转作他用。经济学中的“理性”假设是指，消费者和厂商都是以利己为目的经济人，他们自觉按利益最大化的原则行事，他们一切行为的目的就是追求利益的最大化。消费者的目的是追求“效用最大化”，生产者的目的是追求“利润最大化”，正像中国古语所说的那样，“天下熙熙，皆为利来；天下攘攘，皆为利往”。

除了“完全理性”的假设以外，经济学中另一个重要的假设就是“完全信息”。所谓完全信息，指的是消费者和厂商可以获得完备而准确的信息，这是市场经济能够正确运行的重要前提。在供需理论中，这一信息指的就是价格信息。当市场供给大于市场需求时，市场价格下降，在了解到这一信息以后，生产者在利润最大化的“理性”驱使下会减少供给，消费者在效用最大化的“理性”驱使下会增加需求，市场的供需不平衡自动恢复到均衡状态。在这一过程中，“完全理性”和“完全信息”是不可缺少的假设前提。

三、经济学的研究方法

经济学的研究方法主要包括均衡分析、静态分析、比较静态分析和动态分析，以及实证分析和规范分析。

（一）均衡分析

均衡（equilibrium）原是力学中的概念。当一个物体同时受到方向相反的两种外力的作用，这两种力量恰好相等时，该物体因受力的均衡而处于静止不动的状态。19 世纪末的英国经济学家马歇尔把这一概念引入经济学中，它是指经济中各种对立的、变动着的力量处于一种力量相当、势均力敌的状态。均衡分析分析的是各种经济变量之间的关系，说明均衡的实现及其变动。均衡分析又可以分为局部均衡分析与一般均衡分析。

局部均衡（partial equilibrium）分析考察的是在其他条件不变时单个市场均衡的建立与变动。在价格理论的分析中，如果每一种商品市场价格的决定仅取决于其本身的供求关系，而与其他商品的供需无关，也就是在分析时假设其他条件不变（ceteris paribus，即 other things equal），则这种分析方法就是局部均衡分析方法。一般均衡分析也称为总体均衡分析（general equilibrium），它是分析一个经济系统中所有的市场同时达到均衡的一种分析方法。这种方法认为，各个市场是相互依存、相互影响的，任何一种商品的价格，不仅取决于其本身的供求关系，还与市场上其他商品的供求息息相关，因此，必须将各种市场联系起来一并考虑。将局部均衡分析方法与一般均衡分析方法进行比较，我们可以发现，前者研究的是个别决策主体的行为与个别市场的运作，后者研究的是所有决策主体的行为与所有市场的运作。

均衡按时间长短又可分为暂时均衡、短期均衡和长期均衡。暂时均衡是指市场上瞬息间达到的供给与需求的均衡。其最突出的特点是只以市场上卖方现有的存货为条件，不涉及生产成本的变化问题。短期均衡是指生产技术不变条件下的情况。它与暂时均衡的不同之处在于，后者的市场供给只取决于现实的存货量；前者的生产技术虽假定为不变，但在市场需求增加或减少的情况下，厂商还可以采用改变工作时间或设备利用程度等方法增减其产量，以适应市场的需求变化，故产量在技术不变的情况下仍是可以变动的。长期均衡是指在一个较长的时期，各种生产要素随需求的变化而发生变化，于是产量也可以随之变化而作充分的调整，从而使供给与需求达到平衡。

（二）静态分析、比较静态分析和动态分析

静态分析、比较静态分析和动态分析方法都是与均衡分析方法紧密相连的，由于在分析中处理时间的方式不同，因此有了这三种区分。

1. 静态分析（static analysis）。静态分析是在经济分析中把焦点集中在均衡的位置，分析经济现象的均衡状态和有关经济变量达到均衡状态所必须具备的条件，完全抽象掉了时间因素和具体变化的过程。这是一种静止地、孤立地考察经济事物的方法。比如，在价格理论的分析中，当供给等于需求时，形成均衡价格，市场处于均衡状态。这种均衡分析方法实际就是一种典型的静态分析，因为所考虑的变量都是同一时期的。

2. 比较静态分析。在实际的经济活动中，均衡现象并不必然存在，均衡位置也不断地发生变化，也就是不断地由原来的均衡移向另一个新的均衡，这种就不同时点下的两个不同均衡状态进行比较研究的方法，称为“比较静态分析”（comparative static analysis）。比如，在已知供求曲线的基础上，可以得到市场出清时的均衡价格，这是静态分析。现在由于消费者的收入提高导致消费曲线向右平移，从而形成新的均衡。这里，把新的均衡价格与原有的

均衡价格进行比较，就是比较静态分析。比较静态分析是比较起点和终点，但不研究过程本身。

3. 动态分析。如果我们所考虑的不仅是不同时点均衡状态差异，而且还要考虑它们之间的演变过程，也就是重视时间因素的介入，这种分析方法就是动态分析（dynamic analysis）。动态分析着重考察在静态分析中假定不变的因素，如人口与劳动力数量、资本数量、生产技术等因素在实践过程中发生变化时，将会怎样影响一个经济体系的运动。动态分析要求标出经济变量的时间，并且认为在某一时点上经济变量的数值部分地取决于以前某一时点上有关经济变量的数值。可以看出，它和比较静态分析的区别在于后者不考虑实现新的均衡的途径和过程，而前者要研究调整的过程。

我们将上述三种分析方法做一比较。静态分析仅分析某一时点的均衡状态，以及达成均衡所必须具备的条件；比较静态分析则比较或研究两个或多个均衡状态，但不涉及调整的转换期及所含的演变过程；动态分析则研究从某一均衡到另一均衡的时间过程及其调整过程中的问题。形象地说，如果说静态分析考察的是一张静止的照片，而比较静态分析考察的是几张不同时点的幻灯片，动态分析所考察的就是一系列连续移动的照片即录像片或电影。那么，是不是动态分析就一定优于比较静态分析，而比较静态分析又优于静态分析呢？不是这样的。静态分析和比较静态分析具有其自身的优势，如方法简便、便于界定范围等，因此，经常能够提供有效的结果。应该说，这三种方法各有优点，因此在经济学中也各有其地位。

（三）实证经济分析和规范经济分析

1. 实证经济分析。实证经济分析（positive economic analysis）就是描述与考察经济现象“是什么”，探讨有关经济变量之间的关系，并以此分析、预测人们经济行为的结果，说明经济事物过去、现在和未来的状态。实证经济分析的目的在于确认事实本身，不做出价值判断。简单地说，就是“就事论事，不讲好坏”。例如，实证经济分析回答如下问题：为什么医生比看门人赚的钱要多？增加税收对经济有什么影响？尽管这些问题很难回答，但只要利用分析和经验例证总可以找到答案。

2. 规范经济分析。规范经济分析（normative economic analysis）是以一定的价值判断为出发点，提出行为准则，探讨和研究如何才能符合这一准则的理论和政策，例如，回答经济事物“应该是什么”的问题。与实证经济分析不同，规范经济分析设计了价值判断和伦理标准。那么，什么是价格判断呢？按照《简明帕氏新经济学辞典》的解释，价值判断（value judgement）“可被定义为对所认定的客观效力的赞成或不赞成的判断”。如某项政策是有利还是有害，某种经济活动是可取还是不可取，这同伦理道德科学一样，要根据某项标准或某项原则来规范人们的行为。是否以一定的价值判断为依据，是实证经济分析与规范经济分析的重要区别。例如，规范经济分析回答如下问题，为了控制通货膨胀，就应该以失业为代价吗？政府应该对大学教授予以补贴从而更好地发展高等教育吗？穷人必须工作才能得到政府的帮助吗？由于这类问题涉及伦理标准与价值判断，因此其答案也无所谓正确与错误。不同的人对同一事物、同一政策会有不同的判断和意见，对于应该做什么或应该怎么做，不同的人也会有不同的结论。因此，规范经济分析是对经济政策与经济行为的福利结果进行考察与分析的。

3. 实证经济分析与规范经济分析的关系。如上所述，实证经济分析以实证表述为内容，所作出的表述是描述性的，回答的是“是什么”（what to be）的问题；规范经济分析以规范表述为内容，所作出的表述是命令性的，回答的是“应当是什么”（what ought to be）的问题。规范经济分析涉及伦理标准、价值判断，以及宗教、政治等因素，这是其与实证经济分析的主要区别。

一般来说，实证经济分析是规范经济分析的基础。因为每一个人必须首先了解和掌握经济事物本身，即用实证经济分析方法研究经济活动的特点和规律后，才有可能对该事物进行规范分析。另一方面，规范经济分析是实证经济分析的前提，因为每一个人总是生活在一定的社会环境中，有着个人的利益与对世界的认识，在对经济事物的实证分析中不可能是纯客观的，总是或多或少地掺杂自己的主观因素，或者说打上某一时代的烙印。

不论实证经济分析还是规范经济分析都与经济目标相关。经济目标是分层次的，目标层次性越低，与经济运行的联系越密切，其研究的实证性也越强；目标层次性越高，越需要对经济运行进行评价，其研究越具有规范性。实证经济分析和规范经济分析是对经济目标不同层次的研究，角度不一、功效各异、相互联系、相互补充，构成一个不可分割的整体研究。例如，对6.5%的年经济增长率目标，实证经济分析要研究需要多高的储蓄率和加速系数才能达到这个目标，最后可以经过实践检验这一观点是否正确；规范经济分析要研究6.5%的增长目标本身是否正确，能不能成为经济目标，实现这一目标需要付出怎样的环境、资源的代价等。所以，在经济学的研究中，不仅要对经济运行过程进行研究，而且要对经济过程作出判断，才能说明经济运行过程的全貌，因此应把二者统一于研究之中。

四、经济学和经济政策

从上面对经济学研究对象的分析可以得出结论，经济学随着经济现实的发展而发展。经济学既然产生于实践，就要服务于现实，经济学的生命力就在于为现实服务，为指导现实经济提供理论根据和分析工具。经济学从诞生开始就与经济政策联系、交织在一起。20世纪30年代后产生的当代经济学，更是以为现实经济提供政策依据为己任，而经济学家因此也进入政坛，受到执政党的重视与重用，如米尔顿·弗里德曼的货币主义经济学被英国的撒切尔政府所采用，他本人也于1969—1971年担任尼克松总统的经济顾问委员会委员；阿瑟·拉弗的供给学派经济学被里根政府所采用，他本人兼任里根总统的经济顾问委员会委员；约瑟夫·斯蒂格利茨的新凯恩斯主义经济学更是美国“新经济”的直接原因。经济理论不仅直接影响经济政策，而且还会间接影响到一国的政局。美国20世纪80年代的通货膨胀帮助里根战胜了卡特；1988年，低通货膨胀助力老布什上台；1992年的失业帮克林顿打败了海湾战争后如日中天的老布什，1996年良好的经济状况又使克林顿成功连任；等等。

经济学的影响可以说是深远的，从个人的角度来说，没有必要的经济常识可能会作出错误的决策；从政府的角度来说，没有正确的经济理论就难以制定出正确的经济政策。因此，学习经济学、应用经济学对每一个人、每一个政府乃至每一个社会来说都是十分重要的。

思考与练习

一、基本概念

资源配置　稀缺　机会成本　生产可能性边界　均衡分析　实证分析　规范分析

二、练习题

1. 市场经济是如何回答三大基本经济问题的？

2. 如何理解稀缺性？

3. 机会成本与实际成本的区别是什么？

4. 什么是实证经济分析？什么是规范经济分析？二者之间的区别是什么？

第二章

需求、供给和均衡价格

本章学习重点

- 需求、供给的概念及其影响因素
- 需求定理、供给定理及其各自的例外情况
- 需求的变化和需求量的变化
- 供给的变化和供给量的变化
- 弹性理论
- 均衡价格的形成
- 支持价格和限制价格

一位英国学者曾经说："只要教鹦鹉学会说供给和需求，就能把它培养成经济学家。"这句话虽然把经济学描述得过于简单，但却从另一个方面说明了需求和供给在经济学中的重要地位。在微观经济的运行当中，个人和厂商是经济中的主体，也构成了市场的需求和供给这两种力量。需求和供给在市场这只"看不见的手"的调节之下，共同决定社会的均衡价格和均衡数量，解决资源配置问题。因此，需求和供给可以说是经济学的两大基石，而均衡价格理论可以称为经济学的基础理论。

第一节　需　求

一、需求——"想得到还要做得到"

在经济学中，需求和需要是两个不同的概念。

需要（needs）也就是我们常说的想要（wants）或欲望（desire），它是一种主观上的愿望，与价格及消费者的收入无关。而经济学中的需求则是一个非常现实的概念，它不是指想要的，而是指想要并且也能够购买的。因此，需求这一概念是与价格密切相关的，它是指在一定时期内，在一定的价格水平条件下，消费者愿意而且能够购买的某种商品的数量。

从需求的概念可以看出，它是主观上的购买欲望与客观上的支付能力的统一。如果消费者仅有购买欲望而无支付能力，就不是需求，只是一种需要；只有当既有购买欲望又有支付能力的时候，才能成为现实的、有效的需求。因此，需求又被称为有效需求。

二、影响需求量的因素

影响商品需求量的因素主要有以下几种。

（一）商品自身的价格

商品自身的价格是对商品需求量影响的决定性因素。在其他条件不变的情况下，某种商品的需求量与其价格呈反方向变动趋势，价格越低，需求量越大；反之，价格越高，需求量越小。

（二）消费者的收入

一般而言，在既定的价格条件下，收入增加会导致商品需求量的增加，我们把这样的商品叫作正常商品（normal goods）。但是也有少数商品的需求会随人们收入的提高反而减少，这样的商品叫作低档商品（inferior goods）。例如，当大多数人都能够购买彩色电视机时，黑白电视机的销量就会减少。

（三）相关商品的价格

对于一种商品来说，即使它自己的价格不变，由于其他相关商品的价格发生了变化，也会使该商品的需求量发生变化。

相关商品分为两类，即互替商品和互补商品。互替商品（substitutional goods）是指可以互相替代来满足同一种欲望的两种商品，如煤炭与石油、茶叶与咖啡等。如果两种商品存在互替关系，那么一种商品的价格变化会影响另一种商品的需求量，两者同方向变化。互补商品（complementary goods）是指能共同满足一种欲望的两种商品，或者说，二者必须互相配合才能发挥作用，如汽车与汽油等。如果两种商品存在互补关系，那么一种商品的价格变化也会影响另一种商品的需求量，两者反方向变化。比如汽车的价格上升，买车的人大量减少，汽车的各种互补品如汽油、汽车坐垫、汽车防盗锁等商品的需求量就会减少。除互替商品和互补商品之外，还有独立性商品（irrelated goods），也称为无关商品，是指两种相互独立的商品，如汽车与咖啡，其中一种商品价格的变化不会影响另一种商品的需求量。

（四）消费者偏好

消费者偏好指的是消费者对某种商品的喜好和偏爱。在一种商品本身的价格没有变动的情况下，如果个人对这种商品的偏好发生了变化，那么他对这种商品的需求量也会发生变化。

消费者偏好会随着生活水平和社会风尚的变化而变化。正因为消费者偏好具有较强的可塑性，商家可以通过舆论宣传、商品广告来左右和引导人们的偏好，进而影响该商品的需求量。这种情况在时装、化妆品、保健药品等市场上尤为突出。美国著名的烟草公司希尔公司研制出一种女士香烟，投入市场后销售情况却不太理想，追查原因后才知道是香烟的绿色包装盒与女装的颜色不配所致。然而希尔公司并没有放弃这种香烟的生产，而是设法使绿色成为女装的流行色。一年以后，绿色女装风行全美，希尔公司也因此利润大增。

（五）预期的变化

如果消费者预期某一种商品未来的价格会显著上涨，就会使消费者对这种商品的现在的需求量增加，即出现抢购；如果预期未来的价格会下降，则现在的需求量就下降，即出现滞销。不管消费者的预期是否正确，在消费者的趋众心理等因素的作用下，会出现预期价格越涨需求量越大、预期价格越降需求量越小的反常现象。这种对价格预期变化的反映程度，与各个国家的市场发育程度和消费者的文化素质有一定的关系。

（六）民族风俗习惯

各个民族、国家风俗习惯的不同，也会引起需求量的不同变化。如在中国的春节和西方的圣诞节时，当地消费者对食品、服饰、礼品的需求量会大大增加。

影响商品需求量的因素还有许多，如一个国家的历史传统、民族风俗、社会风尚、地理气候、经济政策、外国消费示范等，甚至一些突发事件，也会对需求产生影响，比如，2020 年新冠肺炎疫情期间出现了对口罩和消毒用品需求猛增的情况。

三、需求函数和需求定理

（一）需求函数

将以上商品需求量和决定商品需求量的各种因素结合起来加以考察，我们便可得到需求函数的概念。所谓需求函数，是指在某一特定时期内，某种商品的需求量与决定这种需求量的各种因素之间的关系。其公式如下：

$$Q^d=f(a, b, c, d, \cdots, n)$$

式中：Q^d——需求；

$a, b, c, d, \cdots, n$——影响需求的诸因素。

微观经济学在论述需求函数时，往往假定其他因素不变，只研究价格和需求量之间的关系。在这种情况下，决定商品需求量的因素就是这种商品的价格。这时，需求函数表示商品需求量和价格这两种变量之间的关系。因此，简单的需求函数可写作：

$$Q^d=f(p)$$

上式中，需求量 Q^d 是价格 p 的函数。

需求函数可以是线性的，也可以是非线性的，也就是说，需求曲线可以是一条直线，也可以是一条曲线。我们只分析线性需求曲线，其需求函数可以表示如下：

$$Q^d=\alpha-\beta p$$

上式中，α 和 β 都是大于零的常数。

（二）需求定理

需求定理（the law of demand）也称为需求规律或需求法则，是指在其他条件不变的情况下，某种商品的需求量与价格成反方向变化，即商品价格越低，需求量越大；商品价格越高，需求量越小。

为什么商品的需求量会与价格呈反方向变动趋势呢？原因主要有以下两点：第一，商品降价后，会吸引新的购买者，从而使需求量增加；第二，原先的购买者会因为商品价格下降而感到自己比过去稍微富裕一些，即实际收入增加，因而也会增加购买，这就是收入效应（income effect）；同时，该商品价格下降使其他商品价格显得更贵了，消费者会增加该商品的购买以替代其他商品，这就是替代效应（substitution effect）。

在理解需求定理时，要特别注意“在其他条件不变的情况下”这句话。这就是说，需求定理是在假定影响需求的其他因素不变的前提下，研究商品本身价格与需求量之间的关系。离开了这个前提，需求定理就无法成立。例如，如果收入在增加，商品的需求量与其价格就不一定呈反方向变动趋势。

需求定理有没有例外情况呢？有。也就是说，有些商品的需求量不与价格呈反方向变动趋势，而呈同方向变动趋势。这样的商品包括三类，即炫耀性商品、吉芬商品和投机性商品。炫耀性商品如豪华的首饰或者昂贵的古董，人们购买它就是为了显示自己的身份与地位，因此，当这些商品的价格上升时，人们会趋之若鹜；而当这些商品的价格下降时，则无人问津。吉芬商品（Giffen goods）是一种特殊的低档商品，最初由英国的统计学家吉芬提出，因而得名。吉芬在研究 19 世纪中期爱尔兰发生饥荒时的土豆的销售状况发现，土豆价格下降，需求量也下降；价格上升，需求量也上升。这种情况后来被称为吉芬之谜（Giffen paradox），原因是发生饥荒时，食品价格普遍都上涨，越高档的食品价格上涨得越高，人们无力购买价格较高的食品，转而购买价格相对便宜的土豆维持生存。涨价的土豆需求量增加，说明穷人增加和穷人的实际收入降低，越穷越多吃土豆。因此，吉芬商品后来被作为低档的生活必需品的代名词。需求定理的第三种例外情况是投机商品，如证券、股票市场上经常有这种情况。由于人们普遍有"买涨不买跌"的心理，所以需求量与价格出现了同方向变化的例外情况。

四、需求表和需求曲线

除了需求函数以外，还有另外两种方法可以用来表示商品的需求量和价格之间的关系，这就是需求表和需求曲线。我们首先来研究需求表。

需求表是一张表示某种商品的各种价格和该商品的需求数量之间关系的数字序列表，如表 2-1 所示。

表 2-1 某商品的需求表

价格（元）	需求量（单位）
1	50
2	40
3	30
4	20
5	10

从表 2-1 中可以清楚地看到商品的需求量和价格之间的反方向变动关系。例如，当商品的价格为 1 元时，需求量为 50 个单位；价格为 2 元时，需求量为 40 个单位。价格依次为 3、4、5 元时，需求量依次为 30、20、10 个单位。

商品的需求曲线是根据需求表中商品的不同价格—需求量的组合在平面坐标图上描绘相应的各点，然后顺次连接这些点而得到的。图 2-1 就是根据

表 2-1所绘制的一条需求曲线。需求曲线是用几何图形来表示需求这个概念的曲线，它表示在不同价格水平下消费者愿意而且能够购买的商品数量。

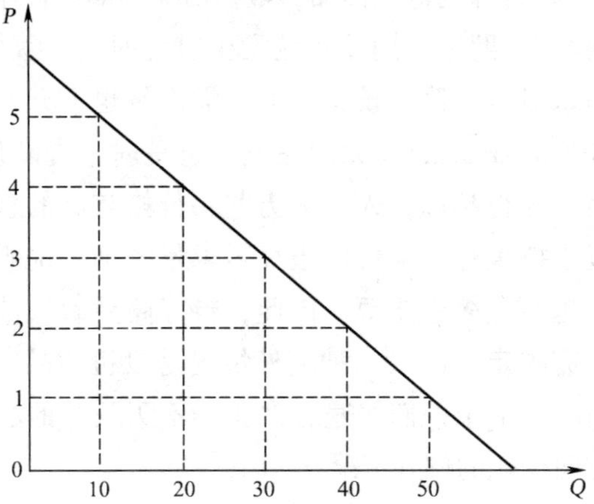

图 2-1　需求曲线

在图 2-1 中，横轴表示商品的需求量，纵轴表示商品的价格。可以看出，需求曲线具有一个明显的特征，它是向右下方倾斜的，即它的斜率为负值。这也反映了商品的需求量和价格之间呈反方向变动的关系。

五、需求量的变化和需求的变化

需求量与需求这两个概念存在着一定的区别。在经济分析中，需求量是指在某一特定价格水平时，消费者计划购买的数量。例如，根据表 2-1，当该商品的价格为 2 元时，消费者计划购买 40 个单位，这 40 个单位就是需求量。在需求曲线图中，需求量是需求曲线上的一点。

与需求量的概念不同，需求是指在不同价格水平时的不同需求量的总称。例如，4 元时需求量为 20 个单位，5 元时为 10 个单位……这种在不同价格时相对应的不同需求量总称为需求。在需求曲线图中，需求是指整个需求曲线。在现实中，影响需求的各种因素既影响需求量，又影响需求。但在经济分析中为了方便起见，我们要区分需求量的变化与需求的变化。

需求量的变化是指在决定需求的其他因素（如消费者的收入、偏好、相关商品的价格及预期商品价格等）不变的情况下，只是由于某种商品本身价格的变化所引起的对该商品需求量的变动。从需求表来看，需求量的变化表现为同一需求表内价格与需求量的组合点的变动。从图形来看，需求量的变动表现为同一条需求曲线上点的运动，而且这种运动是沿着需求曲线进行的，如图 2-2 所示。

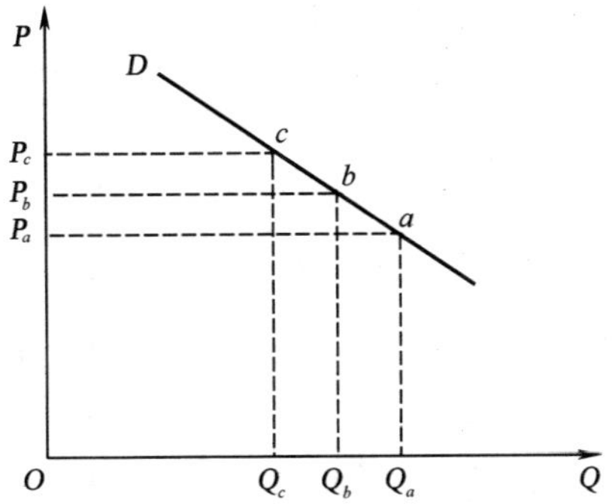

图 2-2　需求量的变化

当价格由 P_b 上升为 P_c 时，需求量从 Q_b 减少到 Q_c，需求曲线 D 上的 b 点向上方移动到 c 点。当价格由 P_b 下降到 P_a 时，需求量从 Q_b 增加到 Q_a，需求曲线上的 b 点向下方移动到 a 点。可见，在同一条需求曲线上，向左上方移动意味着需求量减少，向右下方移动意味着需求量增加。

需求的变化是指在商品本身的价格保持不变的情况下，由于其他因素（如消费者的收入水平、偏好、其他相关商品的价格，以及预期的商品价格等）的变化所引起的需求的变动。从需求表来看，需求的变化不是同一需求表中原有的价格与需求量各种组合间的变化，而是各种组合本身，即整个需求表的变化。从图形上看，需求的变化不是沿着同一需求曲线上点的移动，而是整个需求曲线的平行移动，如图 2-3 所示。

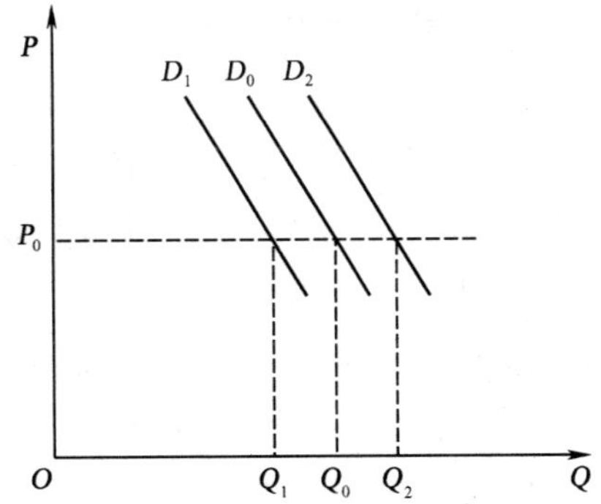

图 2-3　需求的变化

假定原来的需求曲线为 D_0，如果由于消费者对该商品的喜爱程度降低，或者由于消费者的收入减少，或者由于其他的替代商品的价格下降，在价格仍为 P_0 时需求量从 Q_0 减少到 Q_1，则整个需求曲线由 D_0 向左方移动到 D_1。这表明消费者在每一价格水平下都相应地减少了对该商品的需求。相反，在价格仍为 P_0 时，需求量从 Q_0 增加到 Q_2，整个需求曲线则由 D_0 向右方移动到 D_2。这表明消费者在每一价格水平下都相应地增加了对该商品的需求。

总之，需求量的变化和需求的变化的区别可以归纳为以下几点。

第一，在需求曲线上，需求量是该曲线上的一个点，需求则是指整条曲线。

第二，需求量的变动指的是不同价格水平下需求数量的增加或减少，需求的变动指的是同一价格水平下需求数量的增加或减少。

第三，引起需求量变动的因素是价格的变动，引起需求变动的因素是除价格以外的其他因素。

第四，在几何图形上，需求量的变动表示为价格—数量组合点沿同一条需求曲线上下运动，需求的变动表示为整条需求曲线位置的左右平移。

第二节　供　给

一、供给——有能力而且愿意提供

供给与需求是相对应的概念。需求是消费者对商品和劳务的需求，需求的满足与实现来自供给；而供给是生产者提供商品与劳务的供给，供给的内容与数量归宿到需求。因此，可以把需求看作是目的，把供给看作是实现目的的手段。

供给（supply）是指在某一时间内，生产者在各种可能的价格条件下，对某种产品愿意而且能够提供的数量。这种供给是指有效供给，也就是说供给一方面取决于厂商的供给愿望，另一方面取决于厂商的供给能力。因此，是供给市场上主观愿望和客观能力的统一。这一点类似于需求。

需要指出的是，供给与需求的区别表现在它与以下两个概念紧密相连，这就是“周期性”与“稀缺性”。所谓“周期性”，指的是供给量的变化需要有一定的周期。比如，生产者预计玉米价格将上涨，从他增加玉米的耕种面积开始到玉米生产出来需要有一定的时期，这个时期的长短因产品性质的不同而异。所谓“稀缺性”，指的是资源或生产要素的稀缺决定了供给要受到一定的约束。因此，我们对供给的界定是生产者愿意而且能够提供的产量，也就是说，生产者在一定价格水平下愿意出售的商品量不能称为供给，必须是有能力生产出来的商品量才能称为供给。

二、影响供给量的因素

作为理性的经济人，厂商的目标是追求利润最大化，而利润是收益与成本之差。因此，影响厂商收益和成本的因素就是决定厂商供给量的因素。这些因素有很多，其中主要的有以下几个。

（一）商品本身的价格

一般来说，商品价格越高，厂商的利润越多，厂商提供的供给量就越多。因此，商品的供给量与价格呈同方向变化趋势，这是对一般的市场和商品而言的。当然，也有例外的情况，我们将在供给定理中涉及。

（二）生产要素的价格

生产要素价格的变化，直接影响生产成本，从而影响利润。生产要素价格下降，成本下降，厂商的利润空间增大，从而供给量增加；反之，生产要素价格上升，成本提高，从而供给量减少。因此，商品的供给量与其所使用的生产要素价格成反方向变化。

（三）相关商品价格

在一种商品的价格不变，而其他相关商品的价格发生变化时，该商品的供给量会发生变化。就像对需求的分析一样，我们也将相关商品细分为互替品和互补品来分析。对于互替品来说，一种商品的供给量与它的互替商品的价格成反方向变化。例如，对于某个生产小麦和玉米的农户来说，在玉米价格不变的情况下，如果小麦价格上升，该商户就有可能增加小麦的耕种面积而减少玉米的耕种面积，因此，玉米的供给量就与它的互替品小麦的价格呈反方向变化趋势。

（四）生产者的技术水平

技术水平是决定商品供给的重要因素，技术水平的变化影响生产者的供给数量。技术水平的进步和提高，会提高劳动生产率、降低成本、增加利润，从而促使生产者提高供给量。因此，生产者的技术水平与商品的供给量呈同方向变动趋势。

（五）预期价格

如果预期某种商品的未来价格上升，即行情看涨，则厂商就会减少现在的市场投放量，而增加存货，即囤积居奇、待价而沽；反之，行情看跌，厂商就会抛售存货，从而增加现在的供给。

（六）政府的政策

政府的税收政策、产业政策、贸易政策等也会对厂商的供给产生很大的影响。例如，政府对某一产品的税收提高，使厂商在同样的价格水平上赢利的空间就会减少，供给量也会减少。又如，政府对某些产业实行的支持价格与限制价格会增加或减少该行业的供给量。

供给是不断变化的。影响供给变动的因素非常复杂，除上述因素之外，还会受到一个国家或地区政治形势、历史传统、社会风尚、文化背景、地理气候、国际市场行情等因素的影响。在对微观经济的分析中，我们舍弃其他因素，重点考察商品供给量与商品本身价格之间的关系。

三、供给函数和供给定理

（一）供给函数

将以上商品供给量和决定商品供给量的各种因素结合起来加以考察，我们便可得到供给函数的概念。所谓供给函数，是指在某一特定时期内某种商品的供给量与决定这种供给量的各种因素之间的关系。其公式如下：

$$Q^s=f(a, b, c, d, \cdots, n)$$

式中：Q^s——供给；

$a, b, c, d, \cdots, n$——影响供给的因素。

微观经济学在论述供给函数时，往往假定其他因素不变，只研究价格和供给量之间的关系，在这种情况下，决定商品供给量的因素就是这种商品的价格。这时，供给函数表示商品供给量和价格这两种经济变量的关系。供给函数可写作：

$$Q^s=f(p)$$

上式中，供给量 Q^s 是价格 p 的函数。

与需求函数类似，供给函数可以是线性的，也可以是非线性的。也就是说，供给曲线可以是一条直线，也可以是一条曲线。我们只分析线性供给曲线，其供给函数可以这样表示：

$$Q^s = -\delta + r\,p$$

上式中，δ 与 r 都是大于零的常数。

（二）供给定理

通过分析可以看出，某种商品的供给量与其价格是同方向变动的。这种现象也是人们从大量经验资料中观察到的，是普遍存在的。微观经济学把这种规律称为供给定理（the law of supply），其内容是在其他条件不变的情况下，某商品的供给量与价格之间呈同方向变动趋势，即供给量随着商品本身价格的上升而增加，随商品本身价格的下降而减少。

在理解供给定理时，也同样要注意“在其他条件不变的情况下”这个假设前提。这也就是说，供给定理是在假定影响供给的其他因素不变的前提下，研究商品本身价格与供给量之间的关系。离开了这个前提，供给定理就无法成立。例如，如果厂商生产某种产品的目的不是实现利润最大化，而是为了某种社会目的（例如，出于人道主义而生产残疾人用品），那么，商品本身的价格与供给量就不一定同方向变化。

供给定理同样也有例外的情况。一种情况是土地、文物和艺术品的供给，由于其不可复制，无论其价格如何上升，供给量也无法增加，此时供给曲线的斜率为零，供给曲线成为一条垂线，如图 2-4（a）所示。另一种情况是劳动力的供给，当工资水平达到某一高度后，闲暇娱乐变得更有价值，人们会更加珍惜自己的闲暇时间，而不会无限度地增加劳动力的供给量。这种情况下的供给曲线，斜率先为正后为负，成为向后弯曲的供给曲线，如图 2-4（b）所示。其中，横轴表示劳动的数量，纵轴表示劳动的价格，即工资。

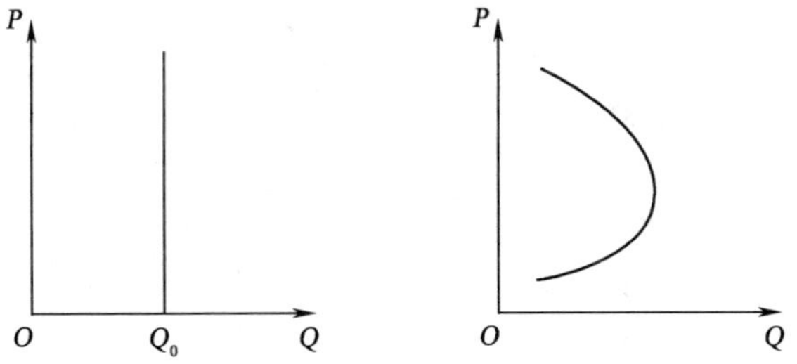

(a) 垂直的供给曲线　　(b) 向后弯曲的供给曲线

图 2-4　供给曲线的例外

四、供给表和供给曲线

为了求得供给曲线，我们首先来研究供给表。供给表是一张表示某种商品的各种价格和与各种价格相对应的该商品的供给数量之间关系的数字序列表。表 2-2 是某商品的供给表。

表 2-2　某商品的供给表

价格（元）	供给量（单位）
1	10
2	20
3	30
4	40
5	50

从表 2-2 可以清楚地看到商品的供给量与价格之间的同方向变动关系。例如，当商品的价格为 1 元时，供给量为 10 个单位；价格为 2 元时，供给量为 20 个单位。价格依次为 3、4、5 元时，供给量依次为 30、40、50 个单位。

商品的供给曲线是根据供给表中的商品的不同价格—供给量的组合在该坐标图上描绘相应的各点，然后顺次连接这些点而得到的。图 2-5 就是根据表 2-2所绘制的一条供给曲线。供给曲线是以几何图形表示供给这个概念的曲线，它表示在不同价格水平下厂商愿意而且能够提供出售的商品数量。

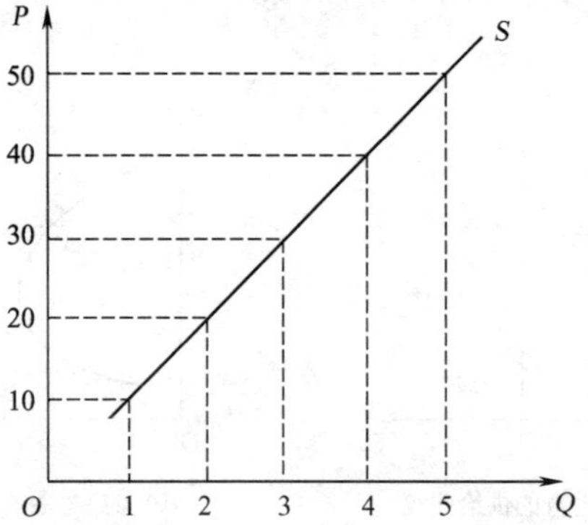

图 2-5　供给曲线

图 2-5 中的横轴表示商品供给量，纵轴表示商品价格。从图 2-5 可以看出供给曲线表现出向右上方倾斜的特征，即供给曲线的斜率为正值。它也反映了商品的供给量和价格之间呈同方向变动的关系。

五、供给量的变化和供给的变化

与需求量与需求的区别类似，我们下面分析供给量与供给这两个概念的区别。

根据表 2-2 的资料，当该商品的价格为 2 元时，厂商计划供给 20 个单位，这 20 个单位就是供给量。在供给曲线图中，供给量是供给曲线上的一个点。与供给量的概念不同，供给是指在一定时期内，不同价格水平上的不同供给量的总称，例如，1 元时供给量为 10 个单位，2 元时为 20 个单位，3 元时为 30 个单位……这种在不同价格时相对应的不同供给量总称为供给。在供给曲线图中，供给是指整个供给曲线。

在现实中，影响供给的各种因素既影响供给量，又影响供给。在经济分析中，为了方便起见，我们要区分供给量的变化与供给的变化。

所谓供给量的变化，是指在决定供给的其他因素（如生产要素价格、技术水平、相关商品的价格等）均保持不变的情况下，只是由于某种商品本身价格的变化所引起的该商品供给量的变动。从供给表来看，供给量的变化表现为同一供给表内价格与供给量的组合变动。从供给曲线来看，供给量的变化表现为同一条供给曲线上的点的移动。如图 2-6 所示，当价格由 P_b 上升为 P_c 时，供给量从 Q_b 增加到 Q_c，供给曲线上的 b 点向上方移动到了 c 点。当价格由 P_b 下降到 P_a 时，供给量从 Q_b 减少到 Q_a，供给曲线上的 b 点向下方移动到了 a 点。可见，在同一条供给曲线上，向右上方移动是供给量增加，向左下方移动是供给量减少。

与供给量的变化不同，供给的变化是指在商品本身的价格保持不变的情况下，其他因素（如生产要素价格、技术水平、相关商品价格等）的变化所引起的供给变动。从供给表来看，供给的变化不是同一供给表内原有的价格与供给量各种组合间的变化，而是每一种组合自身，即整个供给表的变化。从供给曲线上看，供给的变化不是同一供给曲线上的点的移动，而是整个供给曲线的平行移动，如图 2-7 所示。

假定原来的供给曲线为 S_0，在价格是 P_0 时供给量为 Q_0。如果由于生产要

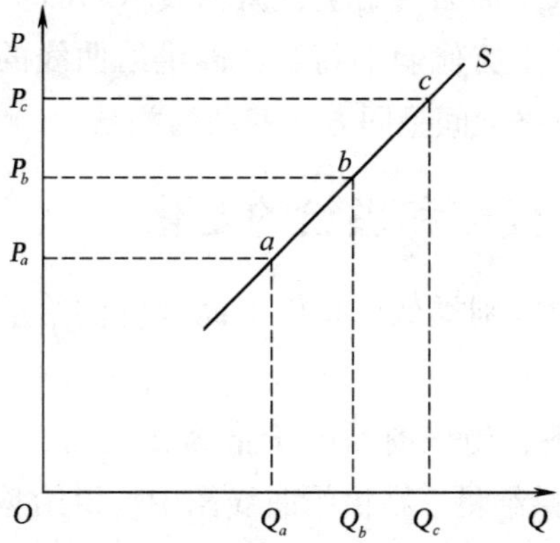

图 2–6　供给量的变化

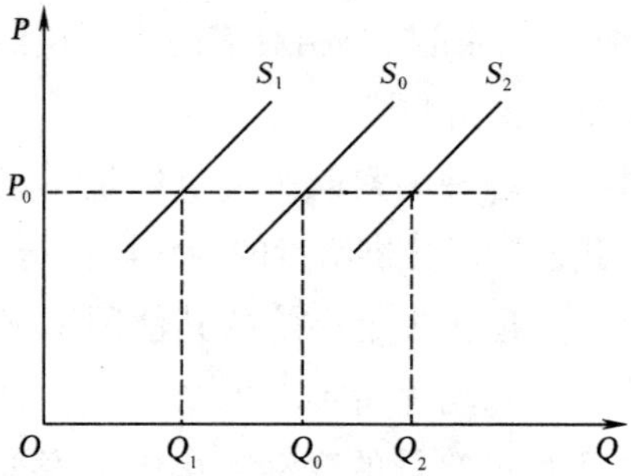

图 2–7　供给的变化

素的价格下降了，或者由于生产技术水平提高了，或者由于厂商数量增加等原因，在价格仍为 P_0 时，供给量从 Q_0 增加到了 Q_2，则意味着整个供给曲线由 S_0 向右方移动到 S_2，从而表明厂商在每一价格水平下都相应地增加了对该商品的供给。当变化与上述情况相反时，在价格仍为 P_0 时，供给量从 Q_0 减少到 Q_1，整个供给曲线由 S_0 向左方移动到 S_1，从而表明厂商在每一价格水平下都相应地减少了对该商品的供给。可见，供给曲线向左方移动是供给减少，供给曲线向右方移动是供给增加。

同样，在理解供给量和供给的变化时，也应注意以下几点。

第一，在供给曲线上，供给量是该曲线上的一个点，供给则指整条曲线。

第二，供给量的变动指的是不同价格水平下供给数量的增加或减少，供给的变动指的是同一价格水平下供给数量的增加或减少。

第三，引起供给量变动的因素是价格的变动，引起供给变动的因素是除价格以外的其他因素。

第四，在几何图形上，供给量的变动表示为价格—数量组合点沿同一条供给曲线上下运动；供给的变动表示为整条供给曲线位置的左右平移。

第三节　弹性理论

弹性是一个物理学中广泛应用的概念，经济学中借用“弹性”一词用来说明一个变量对另一个变量变化的反应程度。本章主要介绍需求弹性。具体来说，需求弹性又包括需求价格弹性、需求交叉价格弹性和需求收入弹性。其中最重要的是需求价格弹性，因此，有时又把需求价格弹性简称为“需求弹性”。

一、需求价格弹性

当商品的市场价格发生变动时，需求量也会发生变动，需求量的相对变化率与价格的相对变化率之比被称作需求价格弹性（price elasticity of demand）。其可以用公式表示为：

$$E_d=-\frac{\Delta Q/Q}{\Delta P/P}=-\frac{\Delta Q}{\Delta P}\cdot\frac{P}{Q}$$

按照需求定理，需求量与价格成反向变动，即一般为负值，但习惯上都略去负号，研究其绝对值 E_d。根据其大小，可将需求价格弹性分为以下五种类型。

（一）需求完全无弹性

需求完全无弹性（zero elasticity），即 $E_d=0$，是指无论价格如何变动，需求量都固定不动，即不管 ΔP 的数值如何，ΔQ 之值都是零。需求曲线是一条与横轴垂直的直线，如图 2-8（a）所示。这类商品属于特殊商品，如治疗糖尿病用的胰岛素、火化场的骨灰盒等。

（二）需求完全弹性

需求完全弹性（infinite elasticity），即 $E_d=\infty$，是指当价格既定时，需求量可以任意变动，不受数量限制。这时的需求曲线是一条与横轴平行的直线，如图 2-8（b）所示。这类商品一般数量有限，如政府按既定价格收购的黄金、珠宝、贵重药材等。

（三）需求单位弹性

需求单位弹性（unit elasticity），即 $E_d=1$，是指需求量变动的比率与价格变动的比率相等，在图中表现为 $\Delta P=\Delta Q$，需求曲线是一条正双曲线，如图 2-8（c）所示。这类商品接近于生活必需品，如水果，特别是季节性强的水果。

（四）需求缺乏弹性

需求缺乏弹性（inelastic），即 $0<E_d<1$，是指需求量变动的比率小于价格变动的比率，在图中表现为 $\Delta P>\Delta Q$，需求曲线是一条比较陡峭的曲线，如图 2-8（d）所示。这类商品多属于生活必需品，如食盐、粮食、食用油等。

（五）需求富有弹性

需求富有弹性（elastic），即 $1<E_d<\infty$，是指需求量变动的比率大于价格变动的比率，在图中表现为 $\Delta Q>\Delta P$，需求曲线是一条比较平坦的曲线，如图 2-8（e）所示。当价格有很小变动时，这类商品的需求量会有大幅度的波动，如奢侈品多属于这种情况。

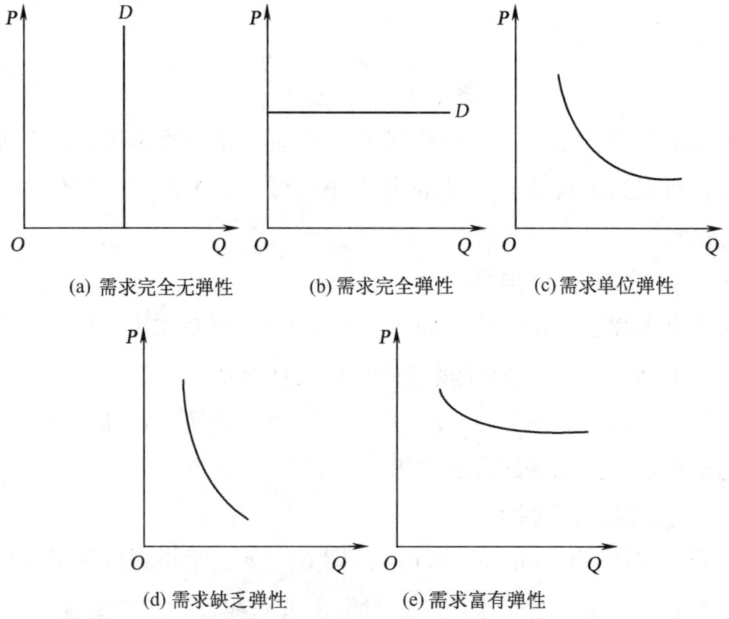

图 2-8　需求价格弹性的五种类型

二、需求交叉弹性

家庭消费对某一商品的需求，与相关商品的价格有关。当与其有关的其他商品价格发生变动时，也会影响到这种商品的需求量。当 Y 商品价格相对变动引起相关商品 X 的需求量的相对变动时，其相对变动率之比称作 X 对 Y 的需求交叉价格弹性。简称需求交叉弹性（cross-price elasticity of demand），记作 E_{XY}，其数学表达式为：

$$E_{XY}=\frac{\Delta Q_X/Q_X}{\Delta P_Y/P_Y}=\frac{\Delta Q_X}{\Delta P_Y}\cdot\frac{P_Y}{Q_X}$$

具体来说，相关商品又分为三种类型，即互替品、互补品和无关商品。这三种类型下的需求交叉弹性也是不同的。

对于互替品来说，需求交叉弹性 $E_{XY}>0$。由于 X 和 Y 可以相互代替，当 X 的价格上涨，消费者就会将一部分本来准备购买 X 的消费支出，转向购买 Y，这样，X 的需求量减少，Y 的需求量增加，因而 $E_{XY}>0$。这种可以相互替代的物品叫作替代品。如苹果和香蕉就是可以相互替代的，当香蕉价格上涨时，虽然苹果的价格没有变，由于香蕉涨价减少了对香蕉的需求，转而增加了对替代品苹果的需求。

对于互补品来说，需求交叉弹性 $E_{XY}<0$。由于商品 X 和 Y 是互补品，因此它们必须同时或按一定比例使用。若 X 价格上涨，消费者减少其消费量，也就同时要减少 Y 的消费量。如磁带大幅度地涨价，录音机的价格虽然不变，由于磁带的涨价也会引起对录音机需求量的减少，这时 $E_{XY}<0$。

对于无关商品来说，需求交叉弹性 E_{XY} 趋近于零。当物品 X 和 Y 互不相关时，如果 X 价格上涨，对 Y 的需求量影响甚微。如书本涨价对于雨衣的需求没有多大影响，雨衣的需求变化量趋近于零，因此其需求交叉弹性也趋近于零。

三、需求收入弹性

消费者收入变动会引起对商品需求量的变动，需求量的相对变动率对于收入相对变动率的比率称作需求收入弹性（income elasticity of demand），记作 E_I，其计算公式是：

$$E_I=\frac{\Delta Q/Q}{\Delta I/I}=\frac{\Delta Q}{\Delta I}\cdot\frac{I}{Q}$$

式中：I——消费者的收入。

由于商品的类型不同，需求收入弹性也是不同的。

对于正常品来说，需求收入弹性 $E_I>0$。一般说来，当消费者收入提高时，会增加对正常品的需求量。因为商品的需求量随收入的增加而增加，两者同方向变动，因此，需求收入弹性符号为正。

而根据 E_I 是否大于 1，又可将正常品分为以下两种。一是奢侈品：$E_I>1$，收入相对变动时，需求量相对变动更大。二是必需品：$0<E_I<1$，收入相对变动时，需求量相对变动较小。

奢侈品和必需品的概念也是相对而言的，随着人们收入的增加而变化。如果说手机在 20 年前，还被看作奢侈品的话，那么，今天已成了生活中的必需品。

对于低档品来说，需求收入弹性 $E_I<0$。低档品是这样的商品：当消费者收入增加时需求量反而减少，由于需求量变动的方向和收入变动的方向是相反的，因此 $E_I<0$。

四、恩格尔定理

如果将需求收入弹性理论应用到对食品的分析上，研究消费者收入变化和食品支出之间的关系，就可以得到恩格尔定理（Engel's Law），随着家庭收入的增加，食品支出在全部消费支出中的比例越来越小。这一定理是由德国统计学家恩格尔（Engel）提出来的，因此称为恩格尔定理。

恩格尔定理不仅适用于衡量个人和家庭经济状况，也常用于衡量一个国家的富裕程度。用弹性概念来表述恩格尔定理就是：在一个家庭（或一个国家）中，富裕程度越高，则食品支出的需求收入弹性就越小；反之，则越大。

食品是人们的生活必需品。恩格尔定理说明了：生活必需品的需求收入弹性小，奢侈品和耐用品的需求收入弹性大。

$$\text{恩格尔系数}=\frac{\text{食品支出}}{\text{全部消费支出}}$$

恩格尔系数可以作为衡量一个家庭或国家富裕程度的标准。恩格尔系数越大，也就是食品支出在全部消费支出中所占的比例越大，表示越贫穷；反之，表示越富裕。按照一般国际惯例，恩格尔系数在 30%～40%为生活富裕水平的标准，40%～50%为小康水平，50%～60%为温饱水平，60%以上为贫穷水平。

五、弹性理论的应用

弹性理论在现实生活中的应用是十分广泛的。不论对于厂商作出价格决策，还是政府制定价格政策，弹性理论都可以提供有价值的参考，正确的经济分析是作出正确决策的基础。我们下面以需求价格弹性与总收益的关系为例，说明弹性理论在厂商价格决策方面的运用。

总收益也称为总收入，是指厂商出售一定量商品所得到的全部收入，也就是销售量与价格的乘积。以 TR 代表总收益，Q 为销售量，P 为价格，则有：

$$TR = P \cdot Q$$

某种商品价格变动时，它的需求价格弹性的大小与出售该商品所能得到的总收益是密切相关的。为了简单起见，假定需求量等于商品的销售量，这样，价格的变动也就引起了销售量的变动。不同商品的需求弹性不同，价格变动引起的销售量的变动不同，从而总收益的变动也就不同。下面将商品需求价格弹性影响总收益的情况分为三种情况来讨论。

第一种，需求富有弹性的商品，价格与总收益成反方向变化。如果某种商品的需求是富有弹性的，那么，当该种商品的价格下降时，需求量增加的幅度大于价格下降的幅度，所以，总收益会增加。这就是一般所说的“薄利多销”。“薄利”就是降价，降价能“多销”，“多销”则会增加总收益。所以，需求富有弹性的商品才能做到薄利多销。反之，如果某种商品的需求富有弹性，那么，当价格上升时，总收益就会减少。

我们可以用图 2-9（a）来加以说明。对于需求富有弹性的商品来说，需求曲线较为平坦。当商品价格为 P_1 时，需求量为 Q_1，厂商的总收益为矩形 OP_1AQ_1 的面积。当商品价格从 P_1 下降到 P_2 时，需求量从 Q_1 增加到 Q_2，厂商的总收益为矩形 OP_2BQ_2 的面积，这个面积大于矩形 OP_1AQ_1 的面积，厂商的总收益增加了。其原因在于，这种商品的需求是富有弹性的，因此需求增加的幅度大于价格下降的幅度。

第二种，需求缺乏弹性的商品，价格与总收益成同方向变化。如果某种商品的需求是缺乏弹性的，那么，当该种商品的价格下降时，需求量增加的幅度小于价格下降的幅度，总收益会减少。

中国流传已久的一句俗语“谷贱伤农”描述的就是这样一种现象。丰收了，农民的收入反而减少了，原因就是谷物是需求缺乏弹性的商品，丰收的年份，粮食的价格下降引起了农民收入的减少。反之，如果某种商品的需求缺乏弹性，那么，价格上升时，总收益就会增加。

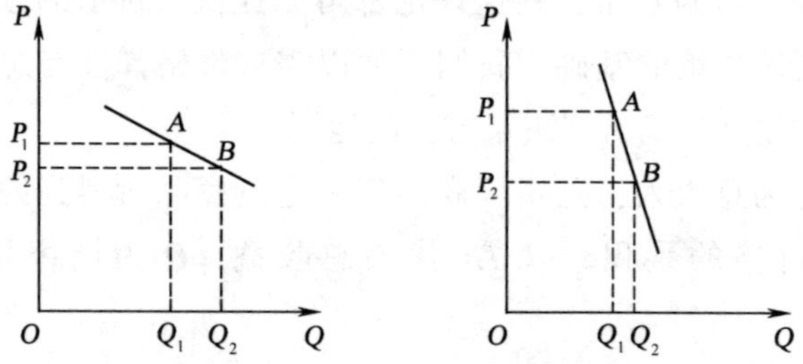

(a) 需求富有弹性的商品　　(b)需求缺乏弹性的商品

图 2–9　需求弹性与总收益的关系

我们用图 2–9（b）来加以说明。对于需求缺乏弹性的商品来说，需求曲线较为陡峭。当商品价格为 P_1 时，需求量为 Q_1，厂商的总收益为矩形 OP_1AQ_1 的面积。当商品价格从 P_1 下降到 P_2 时，需求量从 Q_1 增加到 Q_2，厂商的总收益为矩形 OP_2BQ_2 的面积，这个面积小于矩形 OP_1AQ_1 的面积，厂商的总收益减少了。其原因在于，这种商品的需求是缺乏弹性的，因此需求增加的幅度小于价格下降的幅度。

第三种，需求为单位弹性的商品，价格的变动对总收益没有影响。对于需求为单位弹性的商品，降低或提高价格都不会影响厂商的总收益，这是因为，当 $E_d=1$ 时，厂商变动价格所引起的需求量变动比率和价格变动比率是相等的。价格变动所造成的销售收入的增加量或减少量刚好等于需求量变动所带来销售收入的减少量或增加量，所以，无论降价还是提价，总收益 $TR=P\cdot Q$ 的值都是固定不变的。

与以上三种情况相对应，也可以根据商品的价格变化与其所引起的总收益的变化，来判断商品需求弹性的大小。如果某商品价格变化引起厂商总收益反方向变化，则该商品的需求富有弹性，即 $E_d>1$；如果某商品的价格变化引起厂商总收益同方向变化，则该商品的需求缺乏弹性，即 $E_d<1$；如果厂商的总收益不随商品价格的变化而变化，则该商品的需求是单位弹性，即 $E_d=1$。

第四节　均衡价格

市场的均衡价格，既不能只由需求单方面决定，也不能只由供给单方面决定。现代经济理论认为，市场是由需求和供给两个因素共同决定的，这好比一把剪刀的两刃，需求和供给共同剪出了市场价格。

一、均衡价格和均衡数量

在经济学中，一种商品的均衡价格是指该商品的市场需求量和市场供给量相等时的价格。这时该商品的需求价格与供给价格相等。也就是说，均衡价格是一种商品的需求价格和供给价格趋于一致时的市场价格。在均衡价格水平下的相等的供求数量被称为均衡数量，即该商品的需求量与供给量相等称为均衡数量。从几何意义上说，一种商品的供求达到均衡出现在该商品的市场需求曲线和市场供给曲线相交的交点上，该交点被称为均衡点。均衡点所对应的价格和数量分别称为均衡价格和均衡数量。

图 2-10 是将图 2-1 中的需求曲线和图 2-5 中的供给曲线结合在一起而得到的。可以用图 2-10 来说明一种商品的均衡价格和均衡数量。

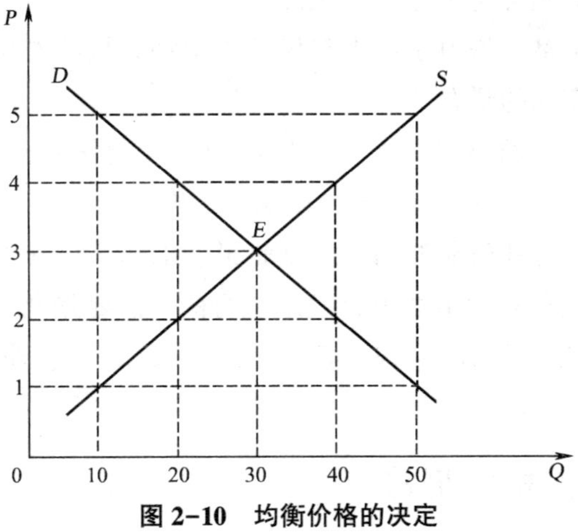

图 2-10　均衡价格的决定

在图 2-10 中，横轴代表数量（需求量与供给量），纵轴代表价格（需求价格与供给价格），D 为市场需求曲线，S 为市场供给曲线。需求曲线 D 和供

给曲线 S 相交于 E 点，E 点为均衡点。在均衡点 E，均衡价格为 3 元，均衡数量为 30 单位。显然，在均衡价格 3 元的水平时，消费者的需求量和厂商的供给量是相等的，都为 30 单位。也可以反过来说，在均衡数量 30 单位的水平下，消费者愿意支付的需求价格和厂商愿意接受的供给价格是相等的，都为 3 元。因此，这样一种状态便是一种使买卖双方都感到满意，并愿意持续下去的均衡状态。

均衡价格与均衡数量也可以用与图 2-10 相对应的由表 2-1 和表2-2组合而成的表 2-3 来说明。由表 2-3 清楚可见，商品的均衡价格为 3 元，商品的均衡数量为 30 单位。

表 2-3　均衡价格和均衡数量

需求量（单位）	价格（元）	供给量（单位）
50	1	10
40	2	20
30	3	30
20	4	40
10	5	50

对均衡价格的理解应注意以下三点。

第一，均衡价格就是由于需求与供给这两种力量的作用使价格处于一种相对静止、不再变动的状态。

第二，需求与供给就像一把剪刀的两刃一样起作用，不分主次。因此，需求与供给的任何一个发生变化都会影响均衡价格的变动。

第三，市场上各种商品的均衡价格是最后的结果，其形成过程是在一个完全竞争、不存在垄断的市场上自发地进行的。需要强调的是，如果有外力的干预（如垄断力量的存在或国家的干预），那么，这种价格就不是均衡价格。

二、均衡价格的形成

均衡价格的形成也就是价格决定的过程。如前所述，商品的均衡价格是商品市场上需求和供给这两种相反的力量共同作用的结果，它是在市场的供求力量的自发调节下形成的。当市场价格偏离均衡价格时，市场上会出现需求量和供给量不相等的非均衡状态。一般说来，在市场机制作用下，这种供求不相等的非均衡状态会逐步消失，偏离的市场价格会自动地恢复到均衡价格水平。

我们可以从以下两种情形来考察均衡价格的形成与决定。仍用表2-3的资料来说明。

第一，市场价格低于均衡价格为 1 元时，商品的需求量为 50 单位，供给量为 10 单位。这是一种需求量大于供给量的商品短缺的市场状况。一方面，迫使需求者提高价格来得到他们所要购买的商品量；另一方面，又使供应者增加商品的供给量。这样，该商品的价格必然上升，一直上升到均衡价格 3 元的水平。在价格由 1 元上升为 3 元的同时，商品的需求量逐步地由 50 单位减少为 30 单位，商品的供给量逐步地由 10 单位增加为 30 单位，从而达到供求量相等的均衡数量 30 单位，如图 2-11（a）所示。

第二，相反地，当市场价格高于均衡价格为 5 元时，商品的需求量为 10 单位，供给量为 50 单位。这种供给量大于需求量的商品过剩的市场状况，一方面会使需求者压低价格来得到他们要购买的商品量，另一方面又会使供应者减少商品的供给量。这样，该商品的价格必然下降，一直下降到均衡价格 3 元的水平。与此同时，随着价格由 5 元下降为 3 元，商品的需求量逐步地由 10 单位增加为 30 单位，商品的供给量则逐步地由 50 单位减少为 30 单位，最后达到供求量相等的均衡数量 30 单位，如图 2-11（b）所示。

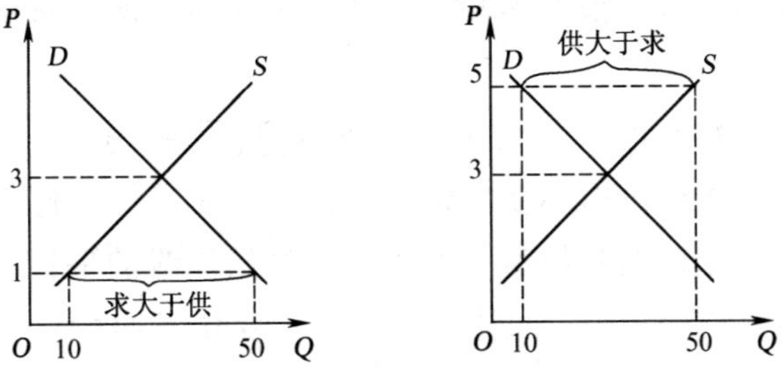

(a) 市场价格低于均衡价格　　(b) 市场价格高于均衡价格

图 2-11　均衡价格的形成

总之，只要价格偏离均衡价格，市场就会有一种使价格趋向于均衡价格的力量，经过多次的反复运动，使价格稳定在均衡价格水平上。此时，既没有过剩供给，也没有过旺需求，市场刚好“出清”（market-clearing）。

三、均衡价格和均衡数量的变动

（一）需求的变化对均衡价格和均衡数量的影响

如前所述，需求的变化是指在价格不变的情况下，影响需求的其他因素变动所引起的需求变动，这种变动在几何意义上表现为需求曲线的平行移动。我们可以用图 2-12 来说明在供给不变的情况下，需求变化对均衡价格及均衡数量的影响。

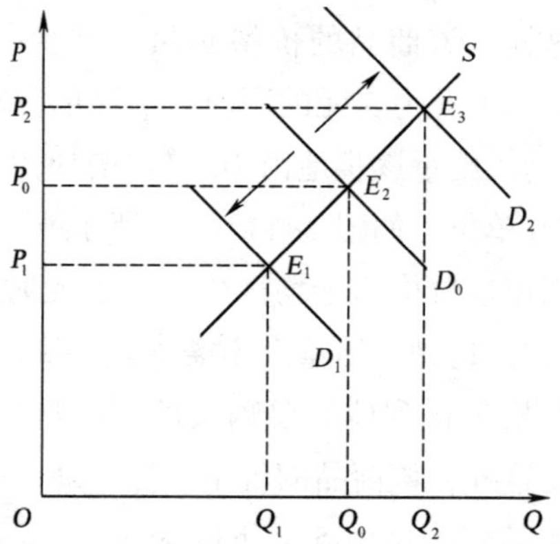

图 2-12　需求变化对均衡价格和均衡数量的影响

可以看出，在供给不变的情况下，需求增加使得均衡价格和均衡数量都增加，需求减少则使得均衡价格和均衡数量都减少，即需求变化引起均衡价格和均衡数量同方向变动。

（二）供给的变化对均衡价格和均衡数量的影响

供给的变化是指在价格不变的情况下，影响供给的其他因素变动所引起的供给变动，这种变动在几何意义上表现为供给曲线的平行移动。我们可以用图 2-13 来说明在需求不变的情况下，供给变化对均衡价格及均衡数量的影响。

由此可见，在需求不变的情况下，供给增加会使均衡价格下降，均衡数量增加；供给减少会使均衡价格上升，均衡数量增加。即供给变化引起均衡价格反方向变动，均衡数量同方向变动。

（三）供求同时变动对均衡价格和均衡数量的影响

对以上两方面的分析可以概括为两个结论：需求变化引起均衡价格与均

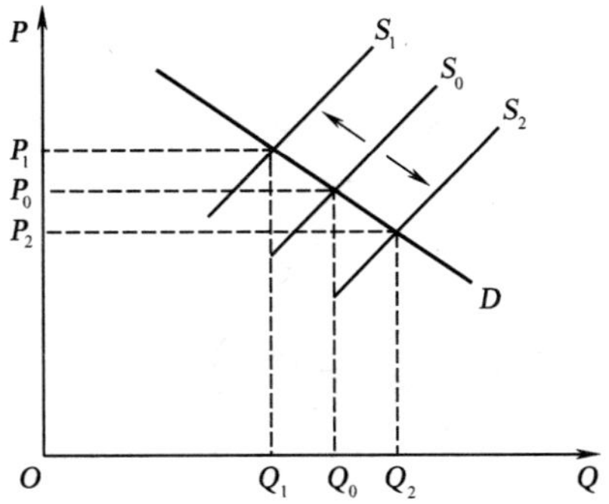

图 2-13 供给变化对均衡价格和均衡数量的影响

衡数量同方向变动；供给变化引起均衡价格反方向变动，引起均衡数量同方向变动。但是当需求和供给同时变动时，均衡价格和均衡数量的变动要视需求和供给变动的方向和幅度的大小而定，没有规律可循。

第五节 政府的价格管制——均衡价格分析的应用

均衡价格的形成与变动的过程实际上就是价格调节经济的过程，价格的这种调节作用就是所谓的“看不见的手”。然而，我们所做的仅仅是一种理论上的分析，在现实生活中，由于种种条件的限制，价格的调节有的时候并不能保证市场的“出清”，市场也会出现“过剩”与“短缺”状态。这时，就需要政府制定一些价格管制政策来调整供求关系，以弥补价格调节的不足。

一、过剩与短缺

在一个经济系统中，有成千上万种商品，在现实的市场价格制度中，每种商品有相应的供给量和需求量。当某种商品供不应求时，就出现短缺；供过于求时，则发生过剩。在商品市场上，短缺与过剩到处可见，同时并存。我们通过供求曲线可以说明短缺与过剩的现象，如图 2-14 所示。

首先，我们来看过剩的含义。假定在某一时期内提供出售的商品数量为 Q_2，商品价格为 P_1。在 P_1 的价格水平下，消费者购买的数量只有 Q_1，导致数量为 Q_1Q_2 的商品销售不出去，出现商品的过剩。这些过剩商品只能保留在

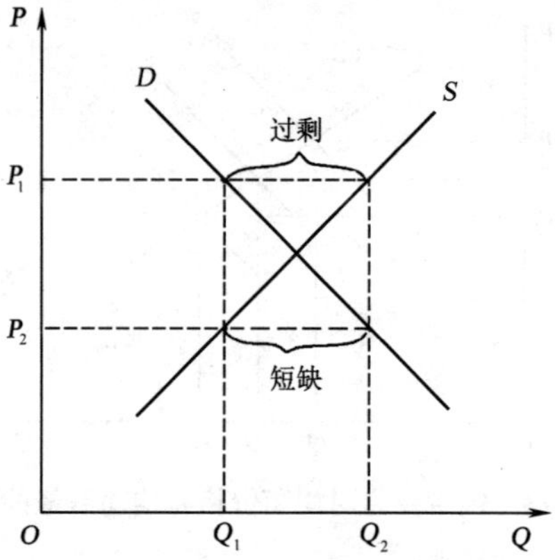

图 2-14　过剩与短缺

货架上或仓库中。此时，商品的销售者要么继续滞存这些过剩商品，要么降低价格。

其次，我们来看短缺的含义。假定提供出售的商品数量为 Q_1 而市场价格为 P_2，因此，当消费者愿意购买 Q_2 数量时，就产生一个等于 Q_1Q_2 的短缺量，这是价格定得太低而造成的。

二、价格管制

价格管制（controlled price）是指政府根据市场状况，运用行政权力直接规定某种商品的价格，并强制执行。价格管制受市场的影响，同时也可以影响市场，从而调整供求关系，以满足国家和居民的需要。价格管制可分为四大类，即支持价格、限制价格、双面管制和绝对管制。其中，支持价格和限制价格被认为是最典型的管制价格，利用均衡价格的有关分析，可以说明政府实行价格管制后的政策效应。

（一）支持价格

1. 农业与支持价格。对于具有周期性生产特点的农产品来说，由于大多数是生活必需品，当它的价格发生变化时，人们对它的需求量不会产生太大的影响，我们把这种情况称之为农产品的需求量缺乏价格弹性。而当农产品的价格变化时，它的供给量就会发生很大的变化，我们把这种情况称之为农产品的供给量富有弹性。因此，如果其他条件不变，当某个年份农产品丰收或歉收时，农产品的价格就会出现波动。这种价格波动会影响下一年度的供求量，这样一来，农民的收入、农业，以及一国经济的发展就可能会受到很大影响。基于这种情况，政府不得不对农产品的价格和产量给予一定的支持和控制。这就是对农业较多采用支持价格的原因所在。

2. 支持价格的含义。支持价格（support price）是政府为了支持某一行业的发展而规定的该行业的最低价格。支持价格总是高于市场均衡价格。在图 2-15中，p_e 表示市场均衡价格，p_1 表示政府所实行的支持价格。在支持价格情况下，生产者愿意提供的数量 Q_1 超过消费者愿意购买的数量，过剩供给量为 Q_1Q_0。

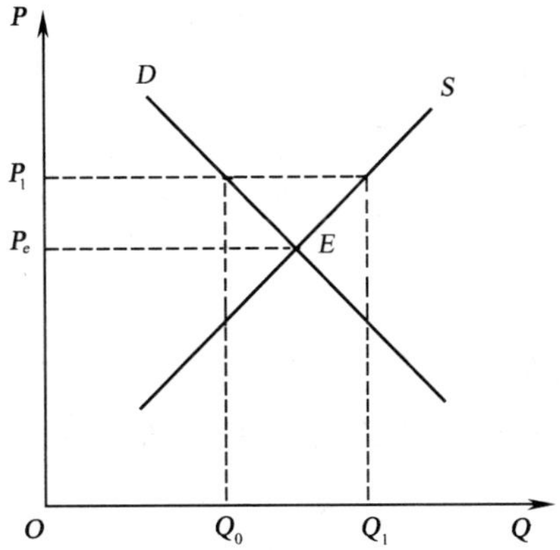

图 2-15　支持价格

（二）限制价格

限制价格（ceiling price）是政府为了防止物价上涨而规定的某种产品的最高价格。限制价格总是低于市场均衡价格。例如，在战争期间，供给不足、需求扩大、发生通货膨胀，政府往往限定最高价格。在一般情况下，政府也会对诸如房租、水电、利息、煤气等采取限价，以保证基本的生产和生活需要。

在图 2-16 中，P_e 表示市场均衡价格，Q_e 表示均衡数量，P_1 表示政府所实行的限制价格。在限制价格下，生产者愿意提供的数量 Q_1 小于消费者愿意购买的数量，超额需求量为 Q_1Q_0。限制价格会带来一系列不良影响：①消费者为了买到价格便宜而又短缺的商品，市场上会出现排队抢购；②为了公平地销售限价后的匮乏商品，政府不得不实行配给制；③出现黑市交易，黑市价格的最低价为 P_2，P_2 不仅高于政府规定的最高价格 P_1，而且高于原均衡价

格 P_e。以上分析表明，商品的短缺意味着它的价格低于均衡价格，解决的办法要么是允许价格按供求状况上升到均衡水平，要么必须实行配给制。正如分析“过剩”的情形那样，价格的管制，必将导致数量的管制。

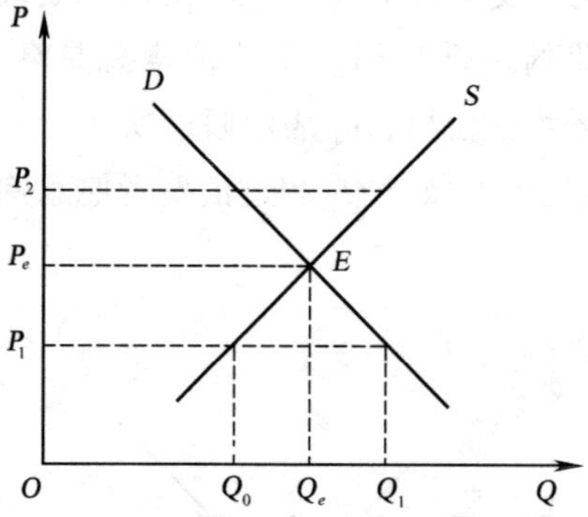

图 2-16　限制价格

（三）双面管制

双面管制是政府对某些产品既规定价格上限，又规定价格下限，只准价格在这个范围内上下浮动。其目的是防止物价暴涨暴跌，维持正常的经济秩序。

（四）绝对管制

绝对管制是最严格的一种价格管制。价格是由政府强行规定的唯一价格，没有任何伸缩余地。如政府希望增加棉花的供应，就可以规定一种较高的棉花价格；政府为了保证消费者的一般生活必需品，就可以直接规定自来水、煤气和居民用电等在一定数量内的较低价格。

三、价格管制的负面影响

价格管制是政府维持经济运行的必要手段。在战争、动乱等特殊时期，政府常常实施价格管制，其目的是为了防止物价快速上升，稳定国家经济秩序，保障人民的基本生活。在正常时期，当经济出现严重通货膨胀时，或者为了扶持本国幼稚工业和脆弱的农业时，政府也会采取价格管制。

但是，干预市场也是要付出代价的。价格管制会导致生产者或消费者接受错误的价格引导，往往引致数量管制，带来低效率。因此，除非在特殊的情况下，比如，在发生战争或通货膨胀已达到不可收拾的情况下，否则不应对竞争性的产品实行限价政策。

具体来说，价格管制对经济的负面影响主要表现在以下几个方面。

第一，造成资源的闲置或浪费。根据我们前面的分析，支持价格高于均衡价格，自然造成商品的过剩；限制价格低于均衡价格，自然造成商品的短缺。在这两种情况下，市场无法“出清”，效率是低下的。

第二，影响产品的质量。在限制价格的条件下，产品是短缺的，会出现粗制滥造、质量下降和缺斤短两等现象；在支持价格的条件下，生产者会想方设法增加销量，成为变相降价。

第三，容易产生黑市交易。限制价格会出现商品的短缺，支持价格会出现商品过剩，这些都会给不法商人带来可乘之机，趁机倒买倒卖，造成黑市盛行。

思考与练习

一、基本概念

需求　需求定理　供给　供给定理　需求价格弹性　恩格尔定理　均衡价格　均衡数量　支持价格　限制价格

二、练习题

1. 需求的变化与需求量的变化有什么区别？
2. 均衡价格是如何形成的？
3. 需求定理有哪些例外情况？
4. 简述价格管制的类型和价格管制的负面影响。
5. 试用需求弹性理论解释“谷贱伤农”这种经济现象。

第三章

消费者行为理论

本章学习重点

- 总效用和边际效用的概念及其相互关系
- 边际效用递减规律
- 基数效用论者的消费者均衡条件
- 序数效用论者的消费者均衡条件

第二章我们讨论了需求和供给如何决定产品的价格，但没有分析需求和供给本身是如何决定的。在微观经济分析中，需求产生于消费，供给产生于生产，也就是说，要研究需求和供给本身，就必须研究消费与生产。本章及下一章将分别讨论消费者的行为决定和生产者的行为决定，分析需求曲线和供给曲线背后的消费者行为和生产者行为，并从对消费者行为的分析中推导出需求曲线，从对生产者行为的分析中推导出供给曲线，进而将需求曲线和供给曲线结合起来，进一步分析产品市场的均衡状态。

本章介绍消费者行为理论，消费者行为理论就是消费者选择理论。作为理性的经济人，消费者的目的是如何将有限的收入用于各种物品的消费上，以获得最大的效用。因此，消费者的行为也要受到主观愿望和客观能力的约束。所谓消费者的主观愿望，指的是消费者对商品或商品组合的偏好程度；所谓客观能力，指的是消费者在收入和商品价格给定的条件下购买商品或商品组合的能力。因此，本章的分析就从欲望和效用入手，然后分析消费者的预算约束，最后研究消费者既定预算约束下的效用最大化条件，即消费者均衡。

第一节　效用论概述

一、欲望

研究消费者行为的出发点是欲望。简单地说，欲望是指人的需要。人类有各种需要，这些需要可以划分为许多层次，低层次的需要满足了，又会产生高层次的需要。我国春秋初期的政治家管仲说过："仓廪实而知礼节，衣食足而知荣辱。"就是说，满足了温饱需要，才会产生礼节与荣辱的需要。管仲这一思想的现代说法就是马斯洛（A. Maslow）的需求层次理论。美国心理学家马斯洛认为，人的需求分为五个层次，低层次需求满足以后就会进入高层次需求的追求。

第一，基本生理、生存的需求，这是最低层次的需求，它是其他一切需求的基础。

第二，安全的需求，希望未来生活有保障，如免于伤害、免于剥夺、免于失业等。

第三，社会交往的需求，诸如感情的需要，爱的需要和归属感的需要等。

第四，尊重的需求，个体自尊心得到尊重，以及受到人们的尊重。

第五，自我实现的需求。它包括对人生价值的追求，实现自己的能力和理想之需要。

在程序上，这五种需求是逐步实现的，当前一种欲望得到满足后就会产生后一种欲望的需求；在层次上，每一种欲望的满足本身表现为不同的层次需求，即低层次物质需求满足后递进为高层次物质需求的满足，每一种需求的更替即表现为层次的不断提高。由此可见，人的欲望与需求的满足是无限的。

二、效用

效用（utility）是指消费者从消费某种商品或劳务中所获得的主观上的满足程度。效用与人的欲望相联系。消费是满足人们欲望的一种行为，一种商品或劳务对消费者是否有效用，取决于消费者对这种商品或劳务是否有欲望，以及这种商品或劳务是否有满足消费者欲望的能力。由于这种满足程度纯粹是一种主观上的享受，无法用统一的客观标准去衡量，因此，某种物品效用的大小就会因人而异。比如说，香烟对吸烟者来说具有很大的效用，而对那些根本不吸烟的人来说就没有效用，甚至有负效用。同样增加一元钱的收入，对于富人来说是"锦上添花"，对于穷人来说可能是"雪中送炭"，显然，穷人从中得到的效用要远远大于富人。因此，同一物品对于不同的人来说产生的效用是不同的。即使对于同一个人来说，同一物品在不同的时间和地点也会产生不同的效用。例如，一件棉衣，在冬天可能具有很大的效用，但在夏天就可能产生负效用；在北方具有很大的效用，在南方效用就很小甚至是负的。因此，效用取决于人的主观心理感受，没有客观的衡量标准。从这个角度来说，效用与价值存在很大的区别。

三、基数效用论与序数效用论

效用表示消费者在消费商品时所获得的满足程度，那么，如何度量效用呢？经济学家对此先后提出了基数效用（cardinal utility）概念和序数效用（ordinal utility）概念，并在此基础上形成了分析消费者行为的两种方法，即基数效用论的边际效用分析方法和序数效用论的无差异曲线分析方法。

在对效用的最初分析中，边际效用学派的创始人如德国的戈森、英国的杰文斯、奥地利的门格尔和法国的瓦尔拉斯等人提出了基数效用的概念，并由英国的马歇尔加以发展和系统化。他们认为，如同长度、重量等概念一样，效用的大小可以用基数（1，2，3…）衡量并可以加总求和，具体的效用量之间进行比较是有意义的。计量效用大小的单位被称为效用单位。例如，对某一个人来说，听一场高水平的音乐会的效用是 10 个效用单位，吃一顿丰盛晚餐的效用是 5 个效用单位，对这个人来说，听音乐会的效用是吃晚餐的效用的 2 倍，这两种消费的效用之和为 15 个效用单位。序数效用论认为，效用是一种主观心理感觉，无法用具体的数字进行衡量，更不能加总求和，只能以序数（第一、第二、第三……）来度量满足程度的高低和顺序。例如，在上面的例子中，消费者只需要回答更偏好哪一种消费，即听音乐会的效用是第一的，而吃晚餐的效用是第二的。

下面，我们分别使用基数效用论的边际效用分析方法和序数效用论的无差异曲线的分析方法对消费者的行为进行分析，进而推导需求曲线。通过本章分析可以看出，基数效用论和序数效用论只是分析方法有所不同，得出的分析结论是相同的。

第二节　基数效用论和消费者行为

一、总效用和边际效用

（一）总效用

总效用（total utility，TU）是指消费者在一定时间内，消费一种或几种商品所获得的效用总和，它取决于消费者在一定时间内消费商品的数量，总效用函数如下：

$$TU=f(Q)$$

（二）边际效用

边际效用（marginal utility，MU）是指消费者在一定时间内增加一单位商品的消费所引起的总效用的增加量。

在经济学中，边际分析方法是最重要也是最基本的分析方法之一。这也是基数效用论的重要贡献所在，在经济学史上称为“边际革命”。“边际”的含义是增量，边际量一般表示自变量每增加一单位所引起的因变量的增加量。由总效用函数的公式，可将边际效用函数表示为：

$$MU=\frac{\Delta TU}{\Delta Q}$$

当消费者消费商品增量为无限小时，即 ΔQ 趋近于零时，则有：

$$MU=\lim_{\Delta Q\to 0}\frac{\Delta TU}{\Delta Q}=\frac{\mathrm{d}TU}{\mathrm{d}Q}$$

关于总效用和边际效用及其相互关系，可用表 3-1 加以说明。

表 3-1　总效用和边际效用

商品消费量 Q	0	1	2	3	4	5	6	7
总效用 TU	0	10	18	24	28	30	30	28
边际效用 MU		10	8	6	4	2	0	-2

从表 3-1 可看出，当消费量从 0 到 1 时，总效用为 10，边际效用也为 10。当商品消费量从 1 增加到 2 时，总效用由 10 上升为 18，边际效用从 10 下降为 8，依此类推。从表 3-1 中可看出，总效用和边际效用的变化规律为：随着商品消费量的增加，总效用不断增加，边际效用递减；当边际效用为零时，总效用最大；当边际效用为负时，总效用下降。具体如图 3-1 所示。从图3-1 中可看出：①边际效用是递减的；②边际效用下降时，总效用增加；③当边际效用为 0 时，总效用最大；④边际效用为负时，总效用下降。

二、边际效用递减规律

（一）边际效用递减规律

随着消费某种商品数量的不断增加，消费者从中得到的总效用以递减的

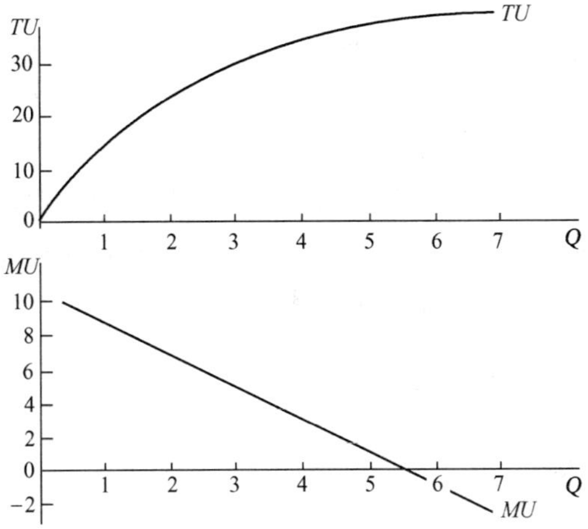

图 3-1　总效用和边际效用

速度增加，达到最大值后逐渐减少；边际效用随总效用增加也在逐渐减少，并在总效用达到最大值后变为负数。由于这种现象普遍存在于一切物品的消费中，所以被称为边际效用递减规律（the law of diminishing marginal utility）。

为什么会出现边际效用递减呢？一般认为有以下两方面的原因。

1. 生理或心理的原因。虽然人的欲望具有无限性，但就某一个具体的欲望来说却是有限的。随着一种物品消费数量的增多，欲望进而效用会逐渐减少甚至产生负效用。

2. 物品本身用途的多样性。每一种物品都有多种多样的用途，而这些用途的重要性却不同。消费者总是首先把物品用于最重要的用途，即效用最大的地方，然后才是次要的用途。这样一来，随着物品的用途重要性的递减，该物品的边际效用也会递减。

如同需求定理和供给定理一样，边际效用递减规律描述的也是一个一般性的现象，在现实生活中，边际效用递减规律也有两种例外的情况。一种是“嗜好成癖”，如喝酒成瘾的人喝酒的边际效用就是递增的。另一种是“成龙配套”，如集邮爱好者收集一套邮票时，收集越接近齐全，他的满足感就越大，也就是说，新收集到的那张邮票的边际效用是递增的。尽管这样，就一般现象而言，边际效用是递减的。

（二）消费者剩余

根据边际效用递减规律可以解释微观经济理论中一个十分重要的概念——消

费者剩余。

消费者剩余（consumer's surplus）是指消费者对某种商品所愿意支付的价格，超过他实际支付的价格的余额。因为这个余额可以看成是消费者额外得到的心理上的满足，所以称为消费者剩余。例如，消费者愿意为某种商品支付 10 元，而这种商品的市场价格只有 6 元，于是，消费者就得到了 4 元的消费者剩余。根据边际效用递减规律，随着对某种商品购买数量的增加，消费者愿意支付的货币数量在逐渐减少，因而从每单位商品购买中所获得的消费者剩余也在减少，如图 3-2 所示。

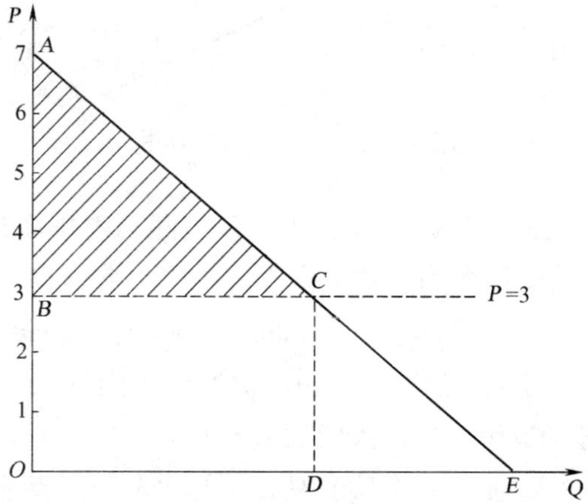

图 3-2　消费者剩余

图 3-2 中，*AC* 为需求曲线，表示消费者对每一单位商品愿意支付的价格，是主观的价格；*BC* 为价格线，表示市场上的均衡价格，是客观的价格。消费者购买 4 件消费品，实际支出 12 元。当消费者购买第一件消费品时，愿意支付价格为 6 元，产生消费者剩余 3 元；当消费者购买第二件商品时，愿意支付价格为 5 元，产生消费者剩余 2 元；当消费者购买第三件商品时，愿意支付价格为 4 元，产生消费者剩余为 1 元；当消费者购买第四件商品时，愿意支付价格和实际支付价格均为 3 元，无消费者剩余。上述消费者剩余合计为 6 元。不难看出，在图 3-1 中，如果消费者购买 4 件消费品，消费者愿意支付价格为 *ACDOB* 围成的面积，由矩形面积 *BCDO* 和三角形面积 *ABC* 组成。消费者实际支付价格为矩形面积 *BCDO*，消费者愿意支付价格和实际支付价格之差为三角形面积 *ABC*，这就是消费者剩余，即图中阴影的三角形面积。

因此，消费者剩余是用需求线以下、价格线以上区域面积来表示的。

消费者剩余是经济学，特别是福利经济学中的重要概念。它是对消费者从交换中所得净收益的一种货币度量，因此，这一概念常常被用来测度消费者福利的变化。

三、基数效用论者的消费者均衡

消费者均衡就是研究消费者如何把有限的货币收入用于各种商品的购买以获得最大化效用的行为，简单地说，就是消费者的最佳购买行为。当消费者购买的商品组合和数量达到了这样一种情况，即增加或减少某一种商品时，都会使消费者总效用减少，我们就说消费者已经达到了效用最大的相对静止状态，即均衡状态。

从基数效用理论考察，在消费者的收入和市场上各种商品价格固定的情况下，消费者实现效用最大化的均衡条件就是：消费者购买各种商品的边际效用与价格之比相等，即单位货币的边际效用相等，并且等于一个常数，我们把这个常数称为货币的边际效用，用 λ 表示。

假定消费者的总收入为 M，购买 n 种商品，价格分别为 P_1，P_2，…，P_n，MU_1，MU_2，…，MU_n 分别代表各种商品的边际效用，X_1，X_2，…，X_n 分别代表购买各种商品的数量，则消费者均衡条件可用下式表示：

$$\frac{MU_1}{P_1}=\frac{MU_2}{P_2}=\cdots=\frac{MU_n}{P_n}=\lambda$$

消费者购买商品的限制条件，可用下式表示：

$$P_1X_1+P_2X_2+\cdots+P_nX_n=M$$

假定消费者只购买两种商品 A 和 B，则消费者均衡条件公式和限制条件公式，可简化如下：

$$\frac{MU_A}{P_A}=\frac{MU_B}{P_B}=\lambda$$

$$P_AX_A+P_BX_B=M$$

当 $\frac{MU_A}{P_A}<\frac{MU_B}{P_B}$ 时，说明消费者用 1 元钱购买 A 商品所得到边际效用小于购买 B 商品的边际效用。这样，消费者会调整购买这两种商品的数量，即减少对 A 商品的购买，增加对 B 商品的购买。在这种调整过程中，消费者用减少 A 商品购买的支出来购买 B 商品，这样，消费者购买 A 商品的边际效用减少

量必然小于购买 B 商品的边际效用增加量，这表明消费者总效用增加。同时，由于边际效用递减规律的作用，商品 A 的边际效用会随其购买量的不断减少而增加，而商品 B 的边际效用会随其购买量的不断增加而减少，即$\frac{MU_A}{P_A}$增加，$\frac{MU_B}{P_B}$减少，当两者相等时，即用 1 元钱购买两种商品的边际效用相等时，则消费者获得最大的效用。

同理可说明，当$\frac{MU_A}{P_A}>\frac{MU_B}{P_B}$，必然使$\frac{MU_A}{P_A}$不断减少，而$\frac{MU_B}{P_B}$不断增加，最终使$\frac{MU_A}{P_A}=\frac{MU_B}{P_B}$。此时，消费者获得最大效用。

四、基数效用论者对个人需求曲线的推导

我们在第二章中分析了商品的需求与价格之间具有一种反方向变化的关系，也就是说需求曲线是向右下方倾斜的。那么，消费者行为理论作为需求理论的核心，将对需求曲线的形状做何解释呢？这就是我们下面要讨论的问题。

消费者购买商品是要付出一定代价的，这个代价就是货币。由于货币也是一种商品，因此货币也具有效用，并且一般假定，一个有既定收入的消费者在既定时期内货币的边际效用是固定不变的。当消费者购买某种商品能带来较大的效用时，他愿意支出的货币就多；反之，当带来的效用较小时，他愿意支出的货币就少。由于随着消费商品数量的增加，给消费者带来的边际效用是递减的，因此，消费者愿意支出的货币也是递减的。以货币单位来计算消费者购买某种商品时愿付出的代价，称为需求价格。需求价格等于商品的边际效用与货币的边际效用之比，公式如下：

$$P=\frac{MU}{\lambda}$$

式中：P——价格；

λ——货币的边际效用。

由于假设 λ 是固定不变的，因此，随着 MU 的递减，P 也是递减的。所以消费者对某种商品的边际效用曲线决定了该商品的需求曲线，边际效用递减导致了需求曲线向右下方倾斜。

第三节 序数效用论和消费者行为

一、序数效用的假设条件

如前所述，序数效用理论者认为，效用是一种心理现象，是无法具体衡量的，效用的大小只能与消费者偏好的排列顺序有关。在用序数效用理论分析消费者偏好时，要规定一些基本假设条件，主要如下。

（1）完备性假设。对于任何两个商品 A 和 B，消费者只能作出三种判断中的一种：对 A 商品的偏好大于对 B 商品的偏好；对 A 商品的偏好小于对 B 商品的偏好；对 A 商品和 B 商品的偏好相同。对 A 商品和对 B 商品的偏好相同，称为对 A 商品和 B 商品无差异。这就是完备性假设。

（2）传递性假设。对于任何三种商品 ABC 的组合，如果消费者偏好 $A \geqslant B, B \geqslant C$，则消费者对 A 和 C 的偏好为 $A \geqslant C$；同理，消费者偏好 $A \leqslant B$，$B \leqslant C$ 时，则可得出 $A \leqslant C$。这就是传递性假设。

（3）对消费者而言，所有商品都是“好”的，不管哪一种商品，都是多比少好或越多越好。

二、无差异曲线

无差异曲线（indifference curve）最初由美国经济学家埃奇沃斯（F. Y. Edgeworh）在 19 世纪 80 年代提出，到 20 世纪初，被意大利经济学家帕累托（V. Pareto）所完善，到 30 年代，英国经济学家艾伦（R. G. D. Allen）和希克斯（J. R. Hicks）以序数效用为基础普及化无差异曲线，并用来表示消费者的嗜好和偏好，以及消费者如何花费其收入以获得最大的效用满足。

无差异曲线是用来表示在其他条件相同的情况下，对消费者偏好相同的两种商品的不同数量组合点的轨迹，或者说，它表示给消费者带来相同效用水平或相同满足程度的两种商品不同数量的组合。无差异曲线的效用函数可用下式表示：

$$U=f(X, Y)$$

式中：X，Y——分别表示两种商品的数量；

U——常数，代表一定的效用水平。

效用无差异曲线可用表 3-2 和图 3-3 说明。

表 3-2 效用无差异表

商品组合	*a*	*b*	*c*	*d*	*e*	*f*
X	5	10	15	20	25	30
Y	30	18	13	10	8	7

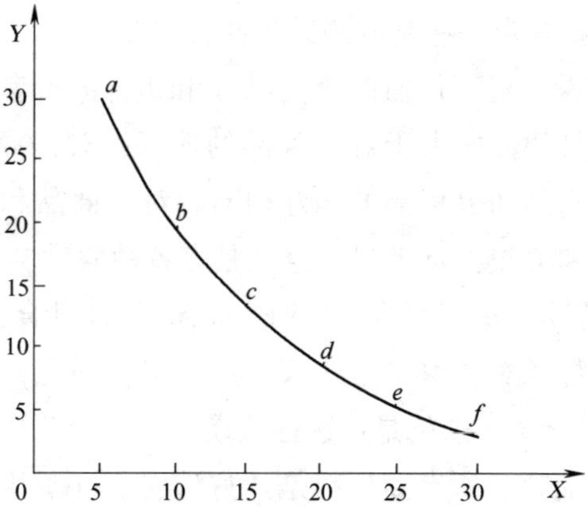

图 3-3 效用无差异曲线

从效用无差异表中可以看出，对某一个消费者来讲，消费 5 个 *X* 商品和 30 个 *Y* 商品、10 个 *X* 商品和 18 个 *Y* 商品、15 个 *X* 商品和 13 个 *Y* 商品、20 个 *X* 商品和 10 个 *Y* 商品、25 个 *X* 商品和 8 个 *Y* 商品、30 个 *X* 商品和 7 个 *Y* 商品，对消费者的效用或满足程度是相同的。假定上述效用相同的两种商品组合点分别为 *a*、*b*、*c*、*d*、*e*、*f*。将这些点连接起来，就得到了无差异曲线 *U*。在无差异曲线上，虽然商品的组合不同，但效用或满足程度是相等或者说是无差异的。

从图 3-3 中可看出，无差异曲线是一条向右下方倾斜的曲线，其主要特征如下。

第一，在同一坐标平面上，有无数条无差异曲线。这表明在坐标图的商品空间上，消费者可以对两种任意组合商品进行效用或偏好对比，确定它们的效用是无差异的，或者确定一种组合商品的效用大于另一种组合商品的效用。

第二，一般来说，无差异曲线具有负斜率，即无差异曲线向右下方倾斜。不仅如此，无差异曲线是凸向原点的，即随着 X 商品的连续增加，无差异曲线的斜率的绝对值是递减的。对于这一特征，我们将用商品的边际替代率递减规律加以说明。

第三，任意两条无差异曲线不能相交，如图 3-4 所示。

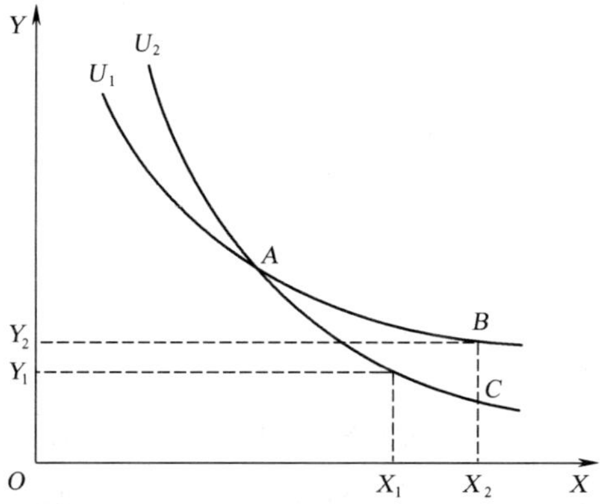

图 3-4 任意两条无差异曲线不能相交

我们用反证法来说明这一结论。假定图 3-4 中无差异曲线 U_1 和 U_2 相交，交点为 A。按照无差异曲线的定义，在无差异曲线 U_1 上，A 点商品组合和 B 点商品组合效用相同，同理，在无差异曲线 U_2 上，A 点商品组合和 C 点商品组合效用相同，根据传递性假设，B 点商品组合和 C 点商品组合效用也应相同，根据无差异曲线的第三个假定，即消费者多比少好的假定，B 点商品组合效用应比 C 点商品组合效用大，这两个结论是矛盾的。所以，无差异曲线不能相交。

第四，在同一坐标平面上，有无数条无差异曲线，其中，离原点越近的无差异曲线代表的效用水平越低，离原点越远的无差异曲线代表的效用水平越高。

在同一坐标平面上，实际上有许多条无差异曲线，通过每一个两种商品组合点都可以有一条无差异曲线，而且每两条无差异曲线不能相交，每一条无差异曲线代表一种效用水平。如图 3-5 中，无差异曲线 U_3 效用水平最高，无差异曲线 U_1 效用水平最低，无差异曲线 U_2 效用水平居中。但是按照序数效用理论，只能表明无差异曲线 U_3 效用比 U_2 和 U_1 高，不能表明 U_3 效用水平比 U_2 和 U_1 高多少倍。

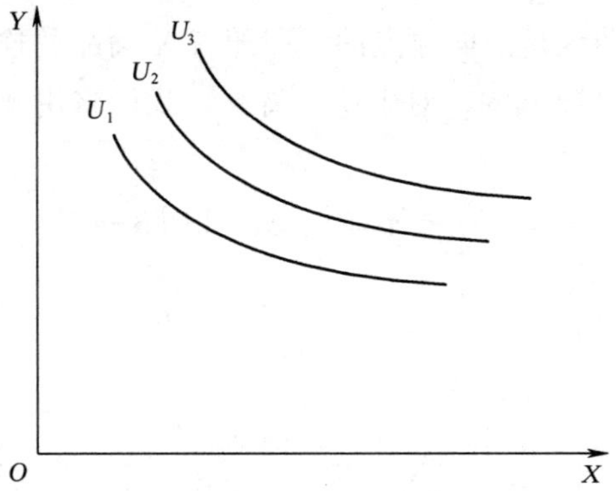

图 3-5　无差异曲线

三、商品的边际替代率

无差异曲线表明，商品的不同组合可以产生相同的效用水平，这就意味着在保持消费者效用水平不变的条件下，可以用一种商品代替另一种商品，即减少一种商品消费而增加另一种商品消费。这就是商品边际替代率的内涵。

商品的边际替代率（marginal rate of substitution），是指消费者为保持原有的效用水平或满足程度不变的前提下，增加一单位某种商品的消费时，需放弃另一种商品的消费数量，一般用 *MRS* 表示。如下式：

$$MRS=-\frac{\Delta Y}{\Delta X}$$

式中 X 和 Y 分别代表两种商品，ΔX、ΔY 代表两种商品的增量，式中负号表明 ΔX 和 ΔY 变动的方向相反，加负号之后，使其值为正，便于分析研究。

商品的边际替代率可用图 3-6 表示。

在图 3-6 中，U 为无差异曲线，消费者为保持效用水平不变，欲将 X 商品增加 ΔX 个单位，则 Y 商品必须减少 ΔY 个单位。这表明在无差异曲线 U 上，在效用水平不发生变化的情况下，从 A 点运动到 B 点，增加 X 商品的同时必须减少 Y 商品。此时的商品边际替代率 *MRS* 可表示如下：

$$MRS_{XY}=-\frac{\Delta Y}{\Delta X}$$

当 ΔX 趋近于零时，则

$$MRS_{XY}=\lim_{\Delta X\to 0}-\frac{\Delta Y}{\Delta X}=-\frac{\mathrm{d}Y}{\mathrm{d}X}$$

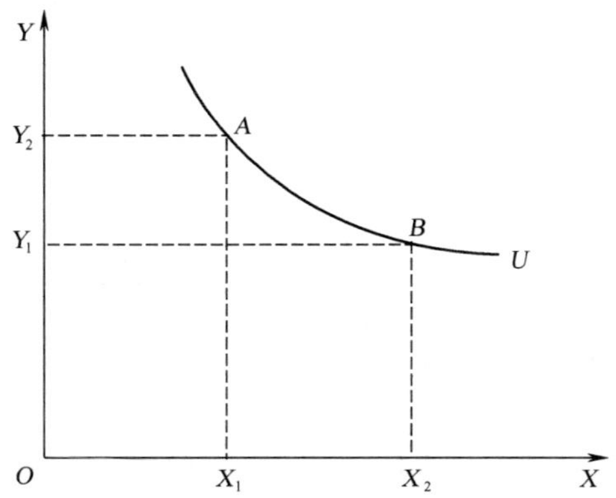

图 3-6　商品的边际替代率

上式表明，无差异曲线上任意一点的商品替代率等于无差异曲线在该点斜率的绝对值。

斜率为负的无差异曲线存在边际替代率递减规律，它是指在保持效用水平不变的条件下，为得到单位 X 商品的增加，放弃 Y 商品的数量是递减的。边际替代率递减规律说明人们的偏好具有一个共同的特征，就是“物以稀为贵”。如表 3-2 或图 3-3 中，从 a 到 b 增加 5 单位 X 商品，放弃 12 单位 Y 商品，从 b 到 c 增加 5 单位 X 商品放弃 5 单位 Y 商品……为什么增加单位 X 商品替代的 Y 商品会越来越少呢？因为在边际效用递减规律的作用下，X 商品少时单位商品效用水平高，Y 商品多时单位商品效用水平低，则可用较少的 X 商品替代较多的 Y 商品，即商品边际替代率较大。随着 a 点到 f 点，消费者拥有 X 商品数量越来越多，相应地每个 X 商品效用水平越来越低，同时，消费者拥有 Y 商品越来越少，相应地每个 Y 商品效用水平越来越高。必须要用较多的 X 商品代替较少的 Y 商品，即商品的边际替代率递减。正因为商品的边际替代率递减，无差异曲线的形状才凸向原点。

但是，在某些情况下也有例外。如果对于消费者来说两种商品是完全替代品，那么，相应的无差异曲线形状为一直线，边际替代率为一常数。如 1 000克玉米粉可以完全代替 500 克面粉，则 2 000 克玉米粉可以代替1 000克面粉，相应的无差异曲线如图 3-7（a）所示。

如果两种商品是完全互补品，那么，相应的无差异曲线呈直角形状，与横轴平行的无差异曲线部分，边际替代率为零；与纵轴平行的无差异曲线部分，边际替代率为无穷大。例如，一只左鞋和一只右鞋组成一双鞋，所以 A 点和 B 点的效用是一样的，如图 3-7（b）所示。

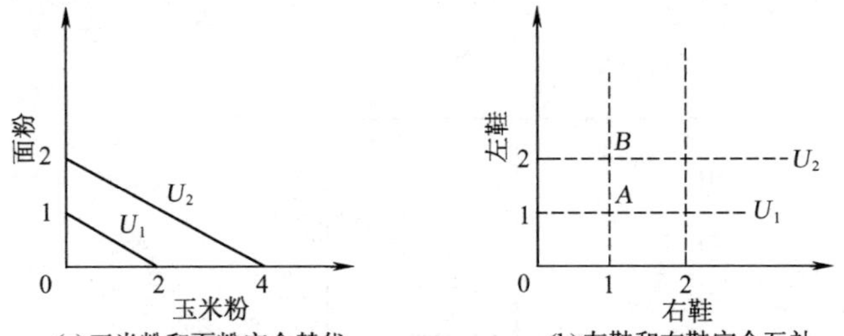

(a) 玉米粉和面粉完全替代　　(b) 左鞋和右鞋完全互补

图 3-7　完全替代品和完全互补品的无差异曲线

四、预算约束线

无差异曲线只是反映了消费者主观上对两种商品不同组合的偏好，但并不表示客观上是否有能力购买各种商品组合的数量。在现实经济中，消费者的主观愿望要受到客观条件的制约，一方面市场上的商品是有价格的，另一方面消费者的收入又是有限的，消费者只能在自己的有限收入的约束下选择最佳的商品组合。

预算约束线又称消费可能线，它表示消费者在一定的收入和价格条件下，所能够购买到的各种商品数量的最大组合。

假定某消费者现有收入 100 元，用来购买 X 和 Y 两种商品。X 商品的价格为每单位 10 元，Y 商品的价格为每单位 20 元。那么，该消费者能购买的最大数量的商品组合可以表示如下：$10X+20Y=100$。

预算约束线的图形如图 3-8 所示。

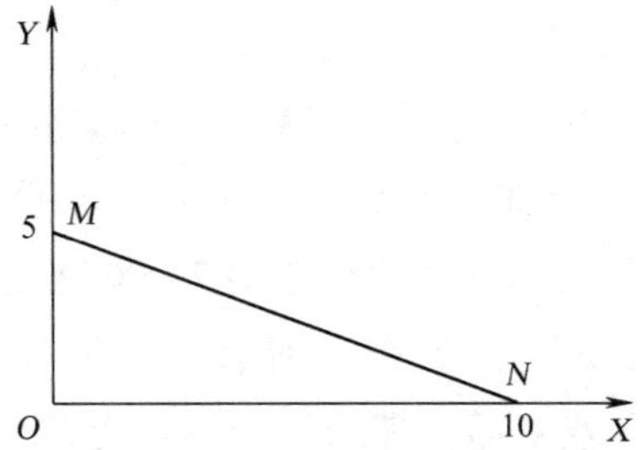

图 3-8　预算约束线

在图 3-8 中，横轴表示消费者对 X 商品的可能购买量，纵轴表示消费者对 Y 商品的可能购买量，MN 即为预算约束线。若消费者把全部收入用于购买 Y 商品，可购买 5 个单位；若把全部收入用来购买 X 商品，可购买 10 个单位。MN 线上的任何一点都表示消费者用完全部收入购买两种商品的最大数量组合，它反映了消费者在现有收入条件下的最高消费水平。在预算约束线以内的任何一点都表示消费者未用完其全部收入，还没有达到最大满足，因此被称为“无效率区域”；在这个空间以外的任何一点都表示消费者在现有的消费收入下客观上达不到的消费水平，因此被称为“不可能区域”。

预算约束线的方程式可以表示为：

$$I=P_XQ_X+P_YQ_Y$$

式中：I——消费者的既定收入；

P_X 和 Q_X——X 商品的价格和数量；

P_Y 和 Q_Y——Y 商品的价格和数量。

预算约束线的斜率为 $dY/dX=-P_X/P_Y$，它表示预算约束线向右下方倾斜。

任何一条预算约束线，都是在一定的收入和价格约束条件下做出的。当消费者的收入和商品价格发生变动时，预算约束线都会发生变化。这可以分四种情况来说明。

第一种情况，在商品价格不变的条件下，消费者的收入发生变化。此时，预算约束线将平行移动。当消费者收入增加时，可以购买更多的商品，预算约束线必然向外移动。由于商品的价格未变，新预算约束线的斜率同原来的一样。因此，当消费者收入增加时，预算约束线是平行地向外移动。相反，当消费者的收入减少时，消费者可以购买的商品数量减少，预算约束线平行地向内移动，如图 3-9（a）所示。

第二种情况，消费者的货币收入不变，商品的价格发生变动。当两种商品的价格按同比例发生变化，由于预算约束线的斜率未发生变化，预算约束线将平行移动。例如，两种商品价格按同比例上升，因为消费者收入不变，可购买的商品量减少，预算约束线将向内平行移动。如果两种商品的价格按同比例下降，消费者可购买的商品量增加，预算约束线将向外平行移动，如图 3-9（a）所示。

第三种情况，当一种商品的价格不变而另一种商品的价格发生变化时，预算约束线的斜率就会改变，预算约束线将会发生移动。假如 X 商品价格上升，消费者以全部收入购买 X 商品则购买量就会减少，预算约束线将从 MN 移到 MN_2；假如 X 商品价格下降，消费者若以全部收入购买 X 商品，购买量就会增加，预算约束线将从 MN 移到 MN_1，如图 3-9（b）所示。

类似地，在图 3-9（c）中，商品 Y 的价格的提高与下降，分别使得预算线由 MN 移动为 M_2N 和 M_1N。

第四种情况，当消费者的收入和两种商品的价格都同比例、同方向变化时，预算线不发生变化。这是因为，此时预算线的斜率和截距都不会发生变化，从而消费者的全部收入用来购买其中任何一种商品的数量都是不变的。

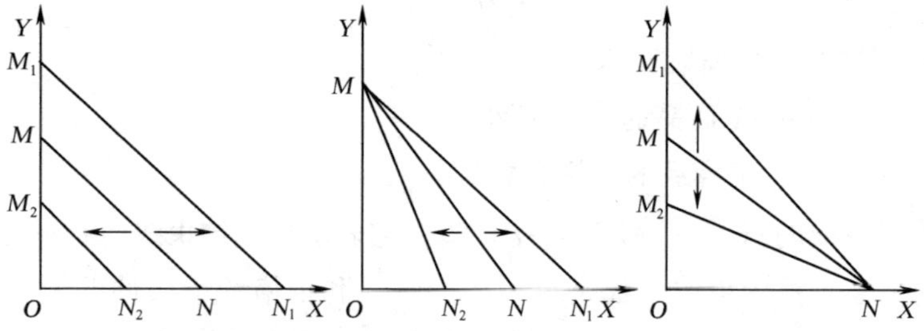

(a) 预算约束线的移动　(b) 预算约束线的转动　(c) 预算约束线的转动

图 3-9　预算约束线的变动

五、消费者均衡

上一节我们从基数效用论出发分析了消费者的均衡问题。这里，我们再从序数效用论的角度，用无差异曲线和预算线来考察消费者均衡。

我们已经知道，无差异曲线表示消费者购买商品的主观愿望，而预算约束线则表示消费者受到的收入和价格的客观约束。因此，要分析消费者如何用有限的货币收入在各种商品间进行有效的配置，来获得效用最大化的消费者均衡问题，就必须将无差异曲线和预算相结合起来分析，如图 3-10所示。

在 3-10 图中，U_1、U_2、U_3 为 3 条不同水平的无差异曲线，MN 为预算约束线。无差异曲线 U_2 与预算约束线 MN 相切于 E 点，无差异曲线 U_1 与预算约束线 MN 交于 a 点和 b 点。如果消费者选择曲线 U_1 上 c 点的商品组合，由于 c 点处于预算空间内，消费者没有用完他的全部收入，也就没有获得最大

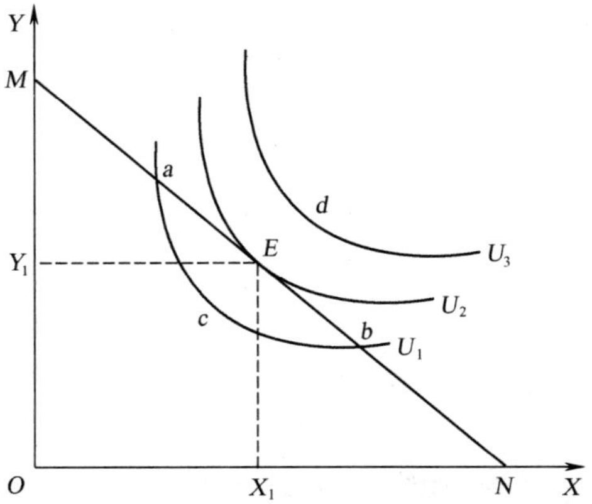

图 3-10　消费者均衡

的满足。如果消费者选样 a 点或 b 点的商品组合，尽管他的收入用完了，但由于曲线 U_1 所代表的效用量较低，消费者仍未获得最大的满足。如果消费者选择曲线 U_3 上 d 点的商品组合，由于 d 点处于预算空间之外，则他无法实现其主观愿望，因为这个商品组合已超过了他的购买能力。只有在 E 点上，消费者才能保证既用完了全部收入，又获得了最大的满足。因此，无差异曲线 U_2 和预算约束线 MN 的相切点 E 点就是消费者均衡点。

在消费者均衡点 E 点上，无差异曲线的斜率的绝对值和预算约束线的斜率的绝对值是相等的，即：

$$\frac{MU_X}{MU_Y}=\frac{P_X}{P_Y}$$

式中：$\frac{MU_X}{MU_Y}$ ——无差异曲线的斜率的绝对值；

$\frac{P_X}{P_Y}$ ——预算约束线的斜率的绝对值。

因此，消费者均衡的实现条件就是：

$$\frac{MU_X}{P_X}=\frac{MU_Y}{P_Y}$$

我们可以发现，序数效用论中得出的消费者均衡的实现条件，实际上同基数效用论中得出的消费者均衡的实现条件是一样的，两种理论运用不同的方法得出了相同的结果。

思考与练习

一、基本概念

效用　边际效用　总效用　无差异曲线　预算约束线　边际替代率　消费者均衡

二、练习题

1. 画图说明总效用和边际效用之间的相关关系。
2. 简述边际效用递减规律。
3. 简述边际替代率递减规律并说明其原因。

第四章

生产者行为理论

本章学习重点

- 企业的组织形式及其行为目标
- 生产函数的概念及其公式
- 边际报酬递减规律的含义
- 总产量、平均产量和边际产量的概念及其相互关系
- 短期生产的合理区间
- 等产量线和等成本线
- 边际技术替代率递减规律
- 长期生产的经济区域
- 生产者均衡条件
- 生产拓展线
- 规模报酬与规模经济

在市场上，需求和供给两种力量相互作用，共同决定商品价格。上一章我们分析了需求曲线背后的消费者行为与需求曲线的来龙去脉。本章我们转向对供给的考察，分析决定供给的生产者行为，即生产者的生产、成本和收益问题。

生产者行为理论的中心问题是研究怎样有效地分配和利用稀缺资源，以达到获得最大利润的目的。利润最大化原则支配着生产者的行为。要实现利润最大化，涉及两方面问题。第一，从有形物质的实物角度考察投入的生产要素与产出的产量之间的物质技术关系，这就构成了生产理论。第二，从无形价格的货币角度考察投入的成本与销售收益之间的经济价值关系，这就构成了成本理论。

生产者行为理论与消费者行为理论有相似之处，理论分析也有类似，如消费者行为理论中的无差异曲线与生产者行为理论中的等产量曲线，消费行为理论中的边际效用递减规律与生产者行为理论中的边际报酬递减规律，对消费者均衡的分析与对生产者均衡的分析等。

第一节　企业概述

一、企业的概念

在经济学中，企业与厂商（firm）是一致的。

企业是一种使用和组织生产要素进行生产并销售产品与劳务的机构。简单地说，企业是为一定目的从事某种经济活动的独立的经济单位。一家企业并不一定只有一家工厂或一家商店等，它可以是同一资本支配的各种经济活动单位的集合。

二、企业组织形式

当今世界上有三种主要的企业组织形式：单人业主制、合伙制和公司制。

（一）单人业主制

单人业主制（proprictorship）是指只有一个所有者（业主）的企业，即通常称为“夫妻店”的个体小企业。该企业的所有者承担无限责任。无限责任是指企业要以自己的全部财产对企业的所有债务承担法律上的责任。如果一个单人业主无力偿还其债务，该企业的债权人就有权占有该单人业主的个人财产。典型的单人业主制有街头商店、个体经营者、艺术家等。例如，小食品店、小饭店、小修理店、个人开业的医生、个人开的电子游戏室等。这种企业在数量上很多，但总销售额很小。在这种企业中，单人业主作出管理决策，是经营所得利润的唯一占有者，他可以获得所有利润，但也要承担全部亏损。单人业主的利润收入要缴纳个人所得税。

（二）合伙制

合伙制（partnership）是指两个或两个以上具有无限责任的所有者的企业。合伙人必须在适当的管理体制和分享利润方面达成一致意见。同样，合伙制中合伙者的利润收入也要缴纳个人所得税。每个合伙者对企业的全部债务都要承担法律责任，被称为“联合的无限责任”。大多数律师事务所和会计师事务所都是合伙制。

（三）公司制

公司制（corporation）是指一个或多个有限责任股东所共同拥有的企业。

有限责任是指所有者只以其最初投资承担法律责任。公司资本被分为若干股份，一份股份就是公司的一部分资本。股份可以在股票市场上进行买卖的公司称为公开公司（或上市公司）。公司为许多购买该公司股票的股东所有。法律核准它是一个完全有别于股东的“法人”，即它能以它自己的名义独立进行经济活动。

股东选举董事会，由董事会任命以总经理为首的高层管理人员，负责实际的经营管理责任。公司从其所有者（股东）那里和通过发行债券来获得其资金。如果公司获得了利润，股东有权分享利润。如果一家公司的亏损已达到破产的地步，根据有限责任，股东只承担相当于自己最初投资量的公司债务，其余的亏损就要由银行和作为债权人的其他公司承担。公司的利润纳税与股东个人收入纳税是分开的，所以，公司的利润实际是缴纳两次税，在公司支付其公司所得税以后，股东本人还要为其所获得的红利收入纳税。

三、企业的行为目标

企业的存在是因为资源存在着稀缺性。企业使我们从稀缺资源中得到的物品与劳务多于没有企业时的情况。这就是说，每个企业都必须使自己所控制的资源能得到最多的成果。为了达到这一目的，企业必须解决下列问题。

第一，用自己的资源生产什么产品与劳务，各生产多少。

第二，生产中需要各种投入品，企业自己生产哪些投入品，向其他企业购买哪些投入品。

第三，在生产中使用什么类型的技术，即用什么生产方法能更好地利用自己的稀缺资源。

第四，使用哪些生产要素，各使用多少。

第五，企业内部采用何种管理体制。

第六，如何给其生产要素的供给者提供补偿，即用什么价格来购买生产要素及其他投入品。

企业从出售物品与劳务中得到的收入称为收益。企业为了得到生产要素服务而进行的总支出称为成本。企业的收益与成本的差额称为利润（收益大于成本）或亏损（成本大于收益）。企业的收益、成本和利润（或亏损）显然要受到在解决上述六个问题时所作出的选择的影响。

企业的行为目标是追求利润最大化，这在单人业主企业和合伙制企业中表现得比较明显，因为他们全部拥有企业并直接负责企业的经营管理。股份制企业的行为动机问题不是非常明显。现有的行为假设包括利润极大化、销售收入极大化、职员人数极大化、市场份额极大化、增长极大化和企业家个人效用极大化等。在公司制企业中，经理不再是所有者。股东的动机是使红利极大化，即利润极大化，但经理的动机是强化其自身的利益。因此，两者动机不完全一致。例如，那些认为自己的特权依赖于企业总收入和企业人数规模的总经理，会牺牲一些利润而使总收入极大化或人数极大化。其他经理可能雇佣自己的亲朋好友或采取一些性别、种族、肤色歧视活动。这些活动都会导致所有者利润的下降。

两者行为动机不一致就可能产生代理关系（agent relationship）。这种代理关系实质上就是两个或多个不同的利益主体之间的关系，比如，企业和所有者的关系、经理与工人的关系、本企业和其他企业的关系。代理关系在股份制企业中可能会表现出一种委托—代理问题（principal - agent problem），代理人是企业（或另外一个人）雇佣的用于完成特定任务的个人（或企业），总经理就是代理人；而委托人就是雇佣他人完成特定任务的个人（或企业），股东就是委托人。当然，在企业内部，总经理又是委托人，而工人则是代理人。

每家企业都面临着信息不全和不确定性问题。对企业所有者而言，不大可能完全知晓经理在负责企业有效运行方面的任何细节。同时，经理也不大可能了解每个工人的工作态度、工作热情和工作绩效。正是由于信息不全和不确定性，因此，就出现了内容丰富、形式多样的各种制度、契约关系和奖惩计划，旨在激励生产效率的提高和规避风险。委托—代理问题迫使我们去思考，应该如何构建一种制度体系用于激励总经理实现股东的目标。这就是制度设计的问题。具体内容我们将在第六章中详细讨论。

第二节 生产函数

一、生产函数

（一）生产函数的含义

生产过程就是各种生产要素进行组合以生产产品的过程。生产一定数量的商品或劳务需要的生产要素可以有多种多样的组合方式，生产要素的数量和组合方式同产出之间存在一定的依存关系。

生产函数就是在一定时期和技术水平条件下，投入某种组合的生产要素与最大可能的产出之间关系的函数。它表明在生产过程中投入和产出之间的技术数量关系。

生产函数一般表达式是：

$$Q=f(a, b, c, \cdots, n)$$

式中：Q——总产出量；

a，b，c，…，n——各种不同生产要素的投入量。

生产中使用的生产要素有 4 种，L 代表劳动，K 代表资本，N 代表土地，E 代表企业家才能。则生产函数的公式可以表示为：

$$Q=f(L, K, N, E)$$

如果只考察劳动和资本对产出的影响，生产函数的公式可以简写为：

$$Q=f(L, K)$$

（二）柯布—道格拉斯生产函数

20 世纪 30 年代初，美国经济学家柯布和道格拉斯根据美国 1899—1922 年的历史统计资料，考察了资本和劳动投入对产出的影响，得出这一时期美国的生产函数，公式为：

$$Q=AL^{\alpha}K^{1-\alpha}$$

式中：Q——总产量；

L 和 K——投入的劳动和资本；

A——大于零的常数；

α——大于零小于 1 的常数。

这就是“柯布—道格拉斯生产函数”。

上式表明，在生产函数中，劳动与资本收益的相对份额是相对不变的，不论其他投入怎样变化，在总产量中工资的相对份额为 α，资本收益的相对份额为 $1-\alpha$。

根据美国的统计资料，求出几个参数值，使公式具体化为：$Q=1.01L^{0.75}K^{0.25}$。这表示在这一期间的总产量中，劳动所得的相对份额为 75%，资本所得的相对份额为 25%。

二、生产的技术系数

（一）固定技术系数与可变技术系数

技术系数是指生产某一单位产品所需要的各种生产要素的比例。厂商进行生产时，投入的各种要素在量上必然存在一定的比例，这个比例的大小和变化反映着技术水平的高低和变化。技术系数分为固定技术系数和可变技术系数。相应地，生产函数也分为固定技术系数生产函数和可变技术系数生产函数。

1. 固定技术系数的生产函数。当生产某种产品所需要的各种生产要素配合的比例不能改变时，被称为固定技术系数生产函数。这种函数表明，生产要素之间不能替代，生产要素的比例和搭配也不能改变。当产出增加或减少时，各种生产要素也必然同比例地增加或减少。

2. 可变技术系数的生产函数。当生产某种产品所需要的各种生产要素的配合比例能够在一定范围内变动时，称为可变技术系数的生产函数。这种函数表明，要生产一定数量的产出，可以有各种生产要素不同的投入组合，投入的生产要素可以互相替代，如生产中可以多使用劳动少投入资本，也可以多投入资本少使用劳动。

在现实的经济活动中，严格固定的技术系数的生产函数是不多的，大量存在的是可变技术系数的生产函数。

（二）短期与长期

所谓短期，指的是无法改变某些要素投入数量的那段时期。在短期中，根据要素的可变性，投入要素可分为两大类（固定要素与可变要素）。固定要素是指在一定的时期内，其数量不随产量的变动而变动的要素；而可变要素正相反，即在一定的时期内，其数量随着产量的变动而变动的要素。一般来讲，固定要素是厂商的机器设备、厂房等相对稳定的要素；而可变要素是劳动、原材料、易耗品等容易改变的要素。在两种要素投入的生产函数中，我们往往把资本 K（以机器、设备、厂房为主）定义为固定要素，把劳动 L 定义为可变要素。所谓长期，指的是厂商在这段时期内可以改变所有要素投入的数量。在长期中，由于一切要素的数量都可以改变，所以没有可变要素与固定要素之分。

短期和长期并没有一个时间上的具体规定。它主要涉及对固定要素调整速度的快慢、调整难度的大小及调整成本的高低。对不同的行业来说，“短期”的实际时间长短可以有很大差别。比如，对于食品厂、服装厂来说，厂商很容易租用到合适的厂房，购买现成的设备，也较容易雇用合适的技术工人，因而“短期”对其来说就很短；而对于汽车、钢铁、石化等行业来说，不可能在很短的时间内调整它的生产设备，因此，“短期”的时间就较长。

从短期与长期的划分出发，下面对生产函数的研究是建立在以下两个假定基础上的。

第一，在短期内，假定其他生产要素的投入量不变，研究一种生产要素投入量变动与产量变动的关系。因此，短期生产理论也被简称为“一种可变要素的生产函数”。

第二，在长期内，假定所有的生产要素投入量都发生变动，即劳动和资本都发生变动。因此，长期生产理论也被简称为“两种可变要素的生产函数”。

第三节　短期生产理论

一、边际报酬递减规律

（一）边际报酬递减规律的含义

边际报酬递减规律（the law of diminishing marginal return）也称边际收益递减规律，是指在其他生产要素保持一定时，连续地增加同一单位可变投入量，所引起的产量增量出现递减的趋势。

在技术水平既定的情况下，如果一种可变投入量不变，另一种可变投入量增加，相对于固定投入来看，将使总产量增加；当超过某点后，增加相同可变投入量而增加的产量会越来越少，即同等投入的边际报酬递减，这就是边际报酬递减规律。

边际报酬递减规律是从现实经济活动中引申出来的，并在生产实践和科学实验中经过了大量的验证，特别是在农业生产中表现得更为明显。早在1771年，英国农学家杨格就用在若干相同的地块上施以不同量肥料的实验，证明了肥料施用量与产量增加之间存在着这种边际报酬递减的关系。此后，国内外学者又以大量事实证明了这一规律。我国在1958年，有些地方在有限的土地上盲目密植、造成减产的事实也证明了这一规律。这一规律同样存在于其他部门。如工业部门中劳动力增加过多，会使生产率下降；行政部门中机构过多、人员过多也会降低行政办事效率，造成官僚主义。我国俗话所说的“一个和尚担水吃，两个和尚抬水吃，三个和尚没水吃”，正是对边际报酬递减规律的形象表述。

边际报酬递减规律是我们研究短期生产理论的出发点。

（二）边际报酬递减规律的前提

边际报酬递减规律要发生作用必须具备以下三个前提条件。

（1）技术水平既定不变，即现有的生产方法、工艺和技术是确定不变的。如果在技术水平发生变化，比如，技术水平提高了，当保持其他生产要素不变而增加某种生产要素时，边际报酬不一定递减而可能递增。

在技术水平不变的前提下，一般生产过程都会出现边际报酬递减现象，特别是在农业生产中。但如果引入了新的生产技术，则可能避免报酬递减。19 世纪英国经济学家托马斯·马尔萨斯（Thomas Malthus）曾提出，由于土地是有限的，随着人口的增长，光靠劳动投入的增加必然带来劳动边际报酬递减，最后造成普遍的饥荒。但马尔萨斯没有预见农业技术的发展导致劳动生产率大大提高，使很多国家的农业增长超过了人口的增长。

（2）生产要素投入时的比例是可变的。这就是说，在维持其他生产要素既定而只增加某种生产要素的投入量情况下，边际报酬才会出现递减的现象。因此，边际报酬递减规律只适用于短期生产理论。

（3）增加的生产要素必须具有同等的效率，或者投入的生产要素是同质的。如果增加的生产要素比以前的更有效率，那么边际报酬不是递减而可能是递增的。

边际报酬递减规律是一个很古老又被普遍承认的规律，现在仍被广泛地运用在一切生产函数的投入产出分析中，成为经济学某些概念的理论基础和分析工具。

二、总产量、平均产量和边际产量

（一）总产量、平均产量和边际产量的概念

在短期生产理论中，我们假定资本是固定不变的，分析劳动的总产量、平均产量和边际产量。

总产量（total product，TP）是指使用既定生产要素所能生产出来的全部产量。

平均产量（average product，AP）是指平均每单位生产要素所能生产的产量。它等于总产量除以劳动量，公式为：

$$AP=\frac{TP}{L}$$

边际产量（marginal product，MP）是指每增加一单位生产要素所带来的总产量的增量，即：

$$MP=\frac{\Delta TP}{\Delta L}$$

或：

$$MP=\lim_{\Delta L\to 0}\frac{\Delta TP}{\Delta L}=\frac{dTP}{dL}$$

（二）总产量曲线、平均产量曲线和边际产量曲线

根据以上的定义公式，可以编制一种可变要素的生产函数的总产量、平均产量和边际产量的表列，如表 4-1 所示。同时，可以绘出总产量、平均产量和边际产量曲线，如图 4-1 所示。

表 4-1　总产量、平均产量和边际产量

劳动投入量 L	劳动的总产量 TP_L	劳动的平均产量 AP_L	劳动的边际产量 MP_L
0	0	0	
1	3	3	3
2	8	4	5
3	12	4	4
4	15	$3\frac{3}{4}$	3
5	17	$3\frac{2}{5}$	2
6	17	$2\frac{5}{6}$	0
7	16	$2\frac{2}{7}$	-1
8	13	$1\frac{5}{8}$	-3

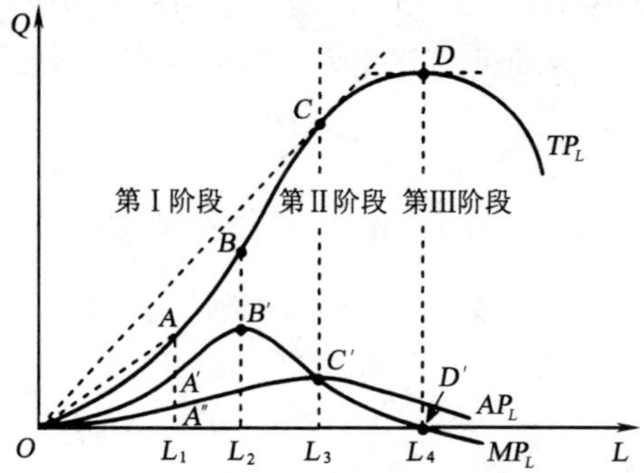

图 4-1　总产量曲线、平均产量曲线和边际产量曲线

在图 4-1 中可以清楚地看到，由边际报酬递减规律决定的劳动的边际产量 MP_L 曲线先是上升的，并在 B'点达到最高点，然后再下降。由短期生产的这一基本特征出发，我们从以下三个方面来分析总产量、平均产量和边际产量相互之间的关系。

1. 关于边际产量和总产量之间的关系。根据边际产量的公式 $MP_L=\mathrm{d}TP/\mathrm{d}L$ 可以推知，过 TP_L 曲线任何一点的切线的斜率就是相应的 MP 值。例如，在图 4-1 中，当劳动投入量为 L_1 时，过 TP_L 曲线上 A 点的切线的斜率，就是相应的 MP_L 值，它等于 $A'L_1$ 的高度。

正是由于每一个劳动投入量上的边际产量 MP_L 值就是相应的总产量 TP_L 曲线的斜率，所以，在图 4-1 中，MP_L 曲线和 TP_L 曲线之间存在着这样的对应关系：在劳动投入量小于 L_4 的区域，MP_L 均为正值，则相应的 TP_L 曲线的斜率为正，即 TP_L 曲线是上升的；在劳动投入量大于 L_4 的区域，MP_L 均为负值，则相应的 TP_L 曲线的斜率为负，即 TP_L 曲线是下降的。当劳动投入量恰好为 L_4 时，MP_L 为零值，则相应的 TP_L 曲线的斜率为零，即 TP_L 曲线达到极大值点。也就是说，MP_L 曲线的零值点 D'和 TP_L 曲线的最大值点 D 是相互对应的。

总产量曲线和边际产量曲线的关系可以简单地表述为：只要边际产量是正的，总产量总是增加的；只要边际产量是负的，总产量总是减少的；当边际产量为零时，总产量达到最大值点。

由于在边际报酬递减规律作用下的边际产量 MP_L 曲线先上升，在 B'点达到最大值，然后再下降，所以，相应的总产量 TP_L 曲线的斜率先是递增的，

在 B 点达到拐点，然后才是递减的。也就是说，MP_L 曲线的最大值点 B' 和 TP_L 曲线的拐点 B 是相互对应的。

2. 关于平均产量和总产量之间的关系。根据平均产量的公式 $AP = TP/L$ 可以推知，连接 TP_L 曲线上任何一点和坐标原点的线段的斜率，就是相应的 AP_L 值。例如，在图 4-1 中，当劳动投入量为 L_1 时，连接 TP_L 曲线上 A 点和坐标原点的线段 OA 的斜率即 AL_1/OL_1，就是相应的 AP_L 值，它等于 $A''L_1$ 的高度。

正是由于这种关系，所以，在图 4-1 中，当 AP_L 曲线在 C' 点达到最大值时，TP_L 曲线必然有一条从原点出发的最陡的切线，其切点为 C 点。

3. 关于边际产量和平均产量之间的关系。在图 4-1 中，我们可以看到 MP_L 曲线和 AP_L 曲线之间存在着这样的关系：两条曲线相交于 AP_L 曲线的最高点 C'。在 C' 点以前，MP_L 曲线高于 AP_L 曲线，MP_L 曲线将 AL_L 曲线拉上；在 C' 点以后，MP_L 曲线低于 AP_L 曲线，MP_L 曲线将 AP_L 曲线拉下。不管是上升还是下降，MP_L 曲线的变动都快于 AP_L 曲线的变动。

三、短期生产的合理区间

根据总产量曲线、平均产量曲线和边际产量曲线的形状，可以进一步将生产分为三个阶段：第一个阶段是报酬递增阶段，第二个阶段是报酬递减阶段，第三个阶段是负报酬阶段。

在第一个阶段，平均产量随着要素的增加而递增。这时，每增加一个单位的可变要素的投入都能提高平均产量，因而边际产量高于平均产量。在这一阶段，增加产量是有利的。有理性的厂商不会停留在这一阶段内的任何产量上，他必定会增加可变要素的投入，扩大产量。

在第三个阶段，可变要素的边际产量为负值。这时，每增加一个单位的可变要素的投入反而导致总产量的绝对减少。这样，减少可变要素的投入是有利的，每减少一个单位的可变要素的投入都能提高总产量。因而，有理性的厂商也不会停留在这一阶段的任何产量上，他必然会减少可变要素的投入。

既然有理性的厂商不会选择第一个阶段的生产范围，也不会选择第三个阶段的生产范围，那么他必然要在第二个阶段的生产范围内进行生产。在图 4-1中，第一个阶段与第二个阶段的分界点是 MP_L 曲线与 AP_L 曲线的交点

C，在这一点上平均产量达到最大值。第二个阶段和第三个阶段的分界点是 MP_L 曲线与横轴的交点 D'，在这一点上总产量达到最大值，边际产量等于零。有理性的厂商总会在从可变要素的平均产量最大值到总产量最大值的区间范围内进行选择。

但是，在第二个阶段中，厂商究竟应该选择哪一点进行生产呢？这一问题在这里不能得到解决。具体选择投入多少、产出多少，还取决于产品的市场价格与投入的成本，我们将在后面进行讨论。

第四节　长期生产理论

在长期中，各种要素投入都是可变的，所以同一产量往往可以由各种要素的不同配合比例来实现。那么，生产者所关心的就是要素投入的最佳配合问题。长期生产理论使用的分析工具是等产量线和等成本线。

一、等产量线

生产理论中的等产量线（isoquant）和效用理论中的无差异曲线很相似。等产量线用来表示在一定技术条件下，两种生产要素的不同的投入组合带来的产量完全相同的点的轨迹。

以 Q_0 表示既定的产量水平，则与等产量线相对应的生产函数为：

$$Q_0=f(L,\ K)$$

根据给定的生产函数，可以在同一坐标图上画出无数条等产量线，每一条等产量线分别代表一定的产量，如图 4-2 所示。

在图 4-2 中，等产量线 Q_1 上的任何一点都表示一定量的劳动和一定量的资本组合，任何一种组合都能生产 50 个单位的产量。

与无差异曲线相似，等产量线具有的特征是：在同一坐标平面上有无数条等产量线；离原点越近的等产量线所代表的产量水平越低，离原点越远的等产量线所代表的产量水平越高；同一坐标平面上的任意两条等产量线不会相交；等产量线向右下方倾斜，并且凸向原点。

等产量线与无差异曲线的形状和特征虽然相似，但二者代表的经济含义是不同的。无差异曲线代表消费者对两种消费品不同组合的主观评价，而等产量线代表的是两种生产要素的不同组合与产量之间的技术联系。

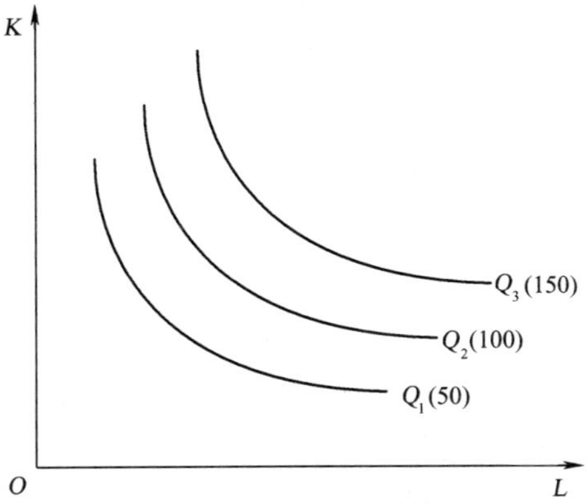

图 4-2　等产量线

二、边际技术替代率递减规律

（一）边际技术替代率的含义

边际技术替代率（marginal rate of technical substitution，MRTS）表示在维持产量水平不变的条件下，增加一单位某种要素投入量时所需减少的另一种要素的投入量。

边际技术替代率的数学表达式为：

$$MRTS_{LK}=-\frac{\Delta K}{\Delta L}$$

式中，ΔK 和 ΔL 分别表示资本投入的变化量与劳动投入的变化量。

由于劳动和资本变化的方向是相反的，因此，$\frac{\Delta K}{\Delta L}$是一个负值，为了研究的方便，我们在前面加上负号使 $MRTS$ 值为正。

当劳动（L）沿着等产量线的变动趋于0时，则边际技术替代率可以写成如下形式：

$$MRTS_{LK}=-\frac{\mathrm{d}K}{\mathrm{d}L}$$

由此可见，等产量线上某一点的边际技术替代率就是等产量线在该点的斜率的绝对值。边际技术替代率还可以表示为两种要素的边际产量之比。证明如下。

设资本和劳动的边际产量分别为 MP_K 和 MP_L。由于减少资本投入所减少

的产量 $\Delta TP=\Delta K\cdot MP_K$，由于增加劳动投入所增加的产量 $\Delta TP=\Delta L\cdot MP_L$，从同一条等产量线上的一点变化到另一点时，产量水平没有改变，这就意味着如下关系式成立：

$$-\Delta K\cdot MP_K=\Delta L\cdot MP_L$$

所以：

$$MRTS_{LK}=-\frac{\Delta K}{\Delta L}=\frac{MP_L}{MP_K}$$

即两种要素的边际技术替代率等于它们的边际产量之比。

（二）边际技术替代率递减规律

在两种生产要素相互替代的过程中，普遍存在这么一种现象：在维持产量不变的前提下，当一种生产要素的投入量不断增加时，每一单位的该生产要素所能替代的另一种生产要素的数量是递减的。这一现象被称为边际技术替代率递减规律。由于边际技术替代率代表了等产量线切线的斜率（绝对值），因此它的递减必定使等产量线凸向原点。

边际技术替代率递减的原因是：根据边际报酬递减规律，在其他投入要素不变的情况下，随着一种要素投入的增加，其边际产量越来越小。这样，在劳动对资本的替代过程中，随着劳动的增加，劳动的边际产量（MP_L）在递减；随着资本的减少，资本的边际产量（MP_K）在递增。根据公式 $MRTS_{LK}=\frac{MP_L}{MP_K}$，分子在递减，分母在递增，则其比值，边际技术替代率呈现递减规律。

三、生产的经济区域——脊线分析

边际技术替代率递减规律解释了等产量线的形状——等产量线的斜率为负，且凸向原点。这表明两种生产要素是可以相互替代的，但两种生产要素相互替代是有一定限度的。如果超出可替代限度，要获得同等产量，就必须同时增加两种生产要素，从而使等产量线的斜率转变为正值。在等产量线的斜率为正值时，表明有一种生产要素的投入比例过大而处在边际产量为负的阶段。在这一阶段内，各种生产要素的组合是不经济的。反之，等产量线斜率为负的区域可以称为生产的经济区域，如图 4-3 所示。

在图 4-3 中，Q_1、Q_2、Q_3 是 3 条既有负斜率也有正斜率的等产量线，在

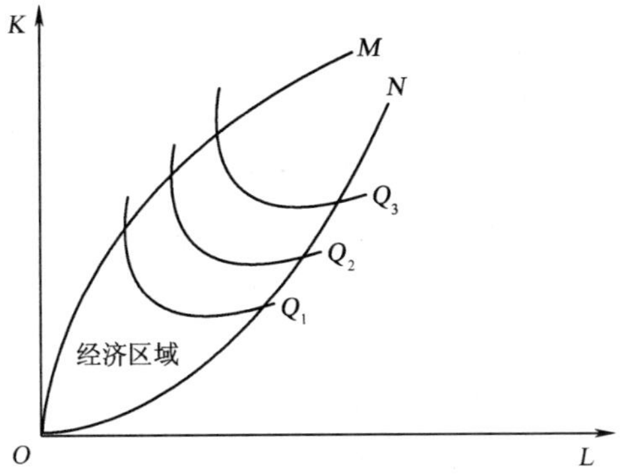

图 4-3　生产的经济区域

OM 和 ON 之内的区域，等产量线的斜率为负；在 OM 之上和 ON 之下的区域，等产量线的斜率为正。

OM 和 ON 就是“脊线”。其中，脊线 OM 是所有等产量线上资本的边际产量为 0 的点的轨迹，在等产量线组与脊线 OM 的所有相交点上，边际技术替代率等于无穷大，即

$$MRTS_{LK}=\frac{MP_L}{MP_K}=\frac{MP_L}{0}=\infty$$

脊线 ON 是所有等产量线上劳动的边际产量为 0 的点的轨迹，在等产量线组与脊线 ON 的所有相交点上，边际技术替代率等于 0，即

$$MRTS_{LK}=\frac{MP_L}{MP_K}=\frac{0}{MP_K}=0$$

脊线以内是生产的经济区域，等产量线的斜率为负值，表明两种生产要素相互替代有效；脊线以外是生产的不经济区域，等产量线的斜率为正值，表明替代无效，此时两种要素投入量都同时增加，也只能维持既定的产量水平。脊线是生产的经济区域和不经济区域的分界线，理性的厂商不可能在脊线以外的区域进行生产。

那么，在脊线以内的经济区域内，厂商会选择哪一点进行生产呢？这要结合等成本线进行分析。

四、等成本线（isocost line）

等产量曲线表示要素投入的数量与产量之间的技术关系。等产量曲线上

每一点的要素投入组合在技术上都是有效率的。但是，厂商生产产品，不仅要考虑到技术上的可行性，还要考虑到经济上的合理性。厂商总是希望以最小的成本来生产既定的产量。这样，厂商究竟选择等产量曲线上哪一种组合来进行生产，还必须考虑到投入要素的成本状况。

假设投入的生产要素仍然只有劳动 L 与资本 K，劳动的价格为工资 w，资本的价格为利率 r，厂商的总成本为 C，则成本为：

$$C=wL+rK$$

与上述方程相对应的曲线，即为等成本线，如图 4-4 所示。

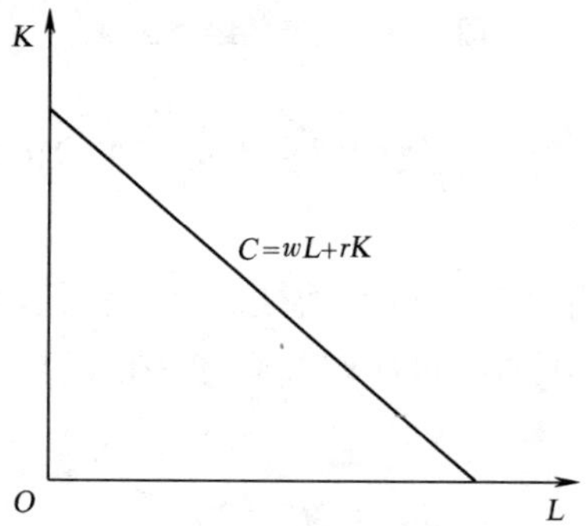

图 4-4　等成本线

所谓等成本线是指在生产要素的价格既定的情况下，一定数量的总成本所能购买的两种生产要素最大组合点的轨迹。对于每一给定的总成本均可以画出一条等成本线。在劳动与资本的价格既定的条件下，总成本越大，等成本线离原点越远。

等成本方程式 $C=wL+rK$ 可改写成：

$$K=\frac{C}{r}-\frac{w}{r}\cdot L$$

很显然，等成本线的斜率的绝对值为$\frac{w}{r}$，即等成本线斜率的绝对值等于两种生产要素的价格之比。

等成本线类似于消费理论中的预算约束线。在消费者行为理论中，我们考察了预算约束线移动的 4 种情况，同理，等成本线的移动也可以分为 4 种情况，读者可以自行分析。

五、生产者均衡

等产量曲线说明了厂商生产各种产量的技术上的可行性，等成本曲线说明了经济上的合理性。生产者的最优选择不仅取决于技术方面是否可能的约束，还取决于经济方面是否合理的考虑。也就是说，厂商的最优选择既取决于生产函数，也取决于成本方程，或者说，既取决于等产量曲线，又取决于等成本线。

厂商为了取得最大利润，必然追求以最小的成本来生产最大的产量。这一行为相当于产量既定时使成本最小，或者成本既定时使产量最大。下面分别加以说明。

（一）既定产量条件下的最小成本

我们用图形来说明这种情况下的生产者均衡，如图 4-5 所示。

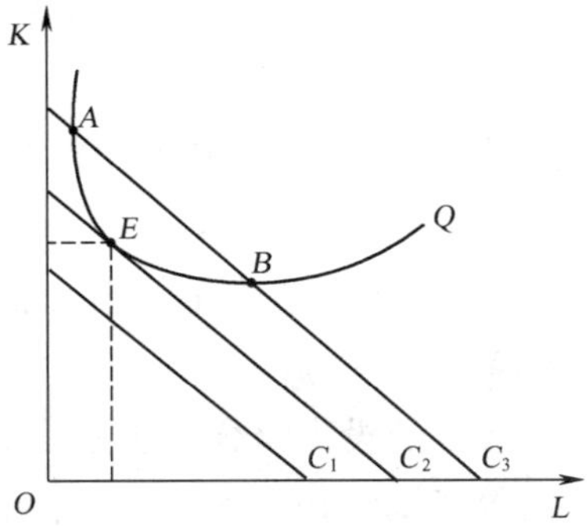

图 4-5　既定产量条件下的最小成本

由于产量既定，所以只有一条等产量曲线。图 4-5 中等产量曲线 Q 与等成本线 C_1 相离（既无交点也无切点），这意味着用低成本 C_1 进行生产不可能达到既定产量；等产量曲线 Q 与等成本线 C_3 相交于 A，B 两点，这意味着交点处的要素组合可以生产既定的产量，但并不经济，成本较高。事实上，只要从 A 点（或 B 点）出发，沿着等产量曲线 Q 向右下方（或左上方）运动，就可以在产量不变的情况下不断降低成本。等产量曲线 Q 与等成本线 C_2 相切，这意味着用成本 C_2 进行生产，既是可能的，又是经济的。切点 E 称为生产者均衡点，它表示产量既定时最小成本的投入组合。

（二）既定成本条件下的最大产量

仍然用图形来说明，如图 4-6 所示。

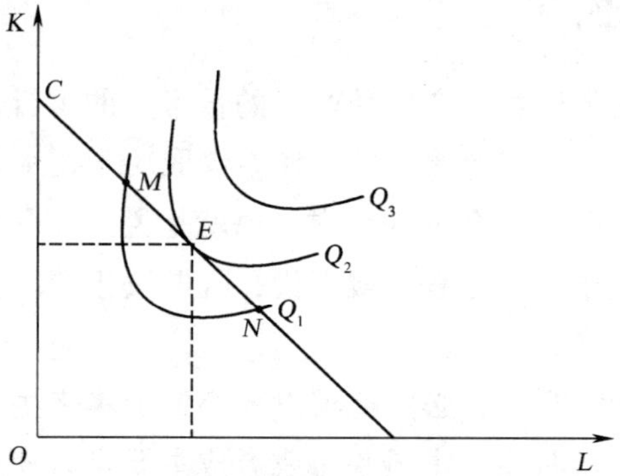

图 4-6　既定成本条件下的最大产量

图 4-6 中等成本线 C 与等产量曲线 Q_3 相离，与等产量曲线 Q_1 相交于 M、N 两点，与等产量曲线 Q_2 相切。这意味着，用既定成本生产产量 Q_3 是不可能的；用既定成本生产产量 Q_1 是可以的，但并不经济。事实上，只要从 M 点（或 N 点）出发，沿着等成本线 C 向右下方（或左上方）运动，就可以在成本不变的情况下不断提高产量。只有用既定成本生产产量 Q_2 既是在技术上可能的，又是在经济上产出最高的。等成本线 C 与等产量曲线 Q_2 的切点 E 称之为生产者均衡点，它表示成本既定时最大产量的投入组合。

（三）生产者均衡条件

无论是产量既定时最小成本的投入组合，还是成本既定时最大产量的投入组合，均为等产量曲线与等成本线切点的组合。在生产者均衡点上，生产者用最小成本生产了最大产量，也就是达到了利润最大化。

在生产者均衡点上，等产量曲线的斜率等于等成本线的斜率。其中，等产量曲线的斜率的绝对值是边际技术替代率，它等于两种投入要素的边际产量之比，即

$$MRTS_{LK}=\frac{\Delta K}{\Delta L}=\frac{MP_L}{MP_K}$$

等成本线的斜率的绝对值等于两种投入要素的价格之比，即

$$\frac{\Delta K}{\Delta L}=\frac{w}{r}$$

所以生产者均衡点 E 有如下特征：

$$\frac{MP_L}{MP_K}=\frac{w}{r}$$

上式也可写成：

$$\frac{MP_L}{w}=\frac{MP_K}{r}$$

这就是生产者均衡条件，两要素的边际产量之比等于两要素的价格之比，或者说，厂商要实现投入要素的最优组合，就必须使购买投入要素的每一单位货币所带来的边际产量都相等。这一条件和我们在消费者行为理论中推导的序数效用论的消费者均衡条件十分相似。

对生产者均衡条件进行进一步分析可以得到如下结论：由于边际产量之比是对两种要素的技术评价，而要素价格之比则是对它们的经济评价，因此，当两种要素的技术评价与经济评价相符时，厂商达到最优生产要素组合。

六、扩展线（expansion path）

假设生产技术和要素价格保持不变，成本的增加会引起等成本线向右上方平行移动，从而不同水平的等成本线与不同水平的等产量曲线相切，将这些不同的最佳生产要素组合点连接起来，即得到生产扩展线，如图 4-7 所示。

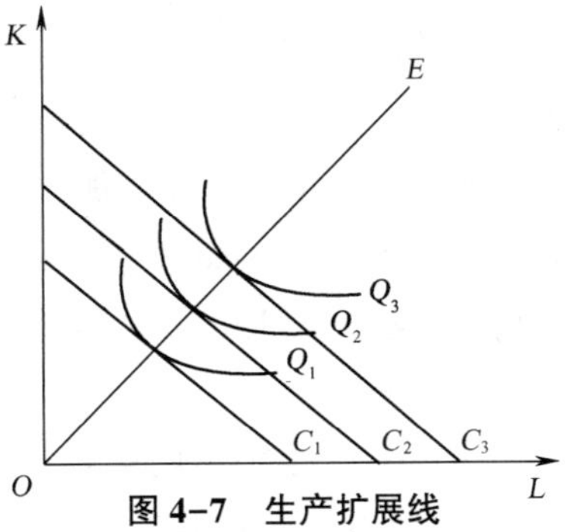

图 4-7　生产扩展线

所有等产量曲线与等成本线的切点都代表一定产量与成本的最优要素组合，这些点都是生产者的均衡点，每一点上的组合都能使生产者在此成本投入上取得最大利润。由此可见，生产扩展线表示在生产技术和要素价格不变的条件下，厂商在不同的生产规模上所能采用的最佳组合的轨迹。

在所有的生产者均衡点上，两种生产要素的边际技术替代率等于两种生产要素的边际产量之比，等于生产要素的价格之比。既然生产要素价格不变，其价格比不变，生产要素的边际技术替代率也不会变化。所以，在生产要素价格不变的条件下，生产扩展线是边际技术替代率相等的点的轨迹。

追求利润最大化的生产者愿意沿着生产扩展线扩大生产。但是，生产者究竟会把生产推到生产扩展线上的哪一点，单凭生产扩展线本身是不能解决这一问题的，还要看市场的需求情况，必须从成本和需求两个方面共同加以考虑。

七、规模报酬

为了更好地理解长期生产函数的性质，我们应思考这样一个问题，如果所有的投入均以同一比率增长，那么，产量是以同一比率增长，或小于这一比率增长，还是大于这一比率增长呢？这便是规模报酬（或规模收益）问题。

（一）规模报酬的定义、类型及其成因

1. 规模报酬（returns to scale）的含义与类型。在长期中，当所有生产要素投入和产量都可以改变时，投入变化与产量变化之间存在的关系就是规模报酬问题。规模报酬又称规模收益，它是指厂商同比例地变动所有要素投入量而引起的产量的变动，也就是因生产规模的变动引起的产量的变动。

一般而言，当生产规模变动时，规模报酬的变动有规模报酬递增、规模报酬不变和规模报酬递减三种情况。

（1）如果将所有投入要素以某一给定比例增加，产量以更大的比例增加，则为规模报酬递增（increasing returns to scale）。例如，当全部生产要素（劳动和资本）都增加100%时，产量的增加大于100%。此种情形可以用“事半功倍”来形容。

（2）如果将所有投入要素以某一给定比例增加，产量也以完全相同的比例增加，则称为规模报酬不变（constant returns to scale）。例如，当全部劳动和资本都增加100%时，产量也增加100%。

（3）如果将所有投入要素以某一给定比例增加，产量增加的比例小于投入增加的比例，则称为规模报酬递减（decreasing returns to scale）。例如，劳动和资本都增加100%，产量增加小于100%。此种情形可以形容为“事倍功半”。

2. 规模报酬的成因。规模报酬递增的原因可能有以下几种。

（1）随着企业规模的扩大，可能会提高劳动力和资本的专业化分工程度，进而提高效率。在大规模生产中，工人可以进行更加有效的分工协作，每个

人专门从事某项具体工作的效率要大大高于每个人从头到尾完成每一道工序的效率。亚当·斯密在《国富论》中指出了劳动分工的优点，以生产别针为例，分工后效率可以提高 4 800 倍。

（2）由于生产要素的不可分割性，某些技术和投入，如自动化装配线，只有在足够大的产量和规模时才可使用。因此，一个较大规模的企业有可能比两个小企业（虽然它们的规模之和等于大企业的规模）更有效率。以汽车制造业为例，如果一家汽车厂的年产量超过 30 万辆，成本就能大大降低。

（3）市场经营和管理上的经济性。厂商活动的规模化会带来资金筹措、购买原料和半成品、销售等方面的便利和好处。例如，在采购大量原材料时可以得到价格上的折扣或优惠；大批量的销售可以降低广告宣传等促销费用；在取得银行贷款、发行股票和债券方面也会得到便利。

（4）规模报酬递增还有可能由于几何算术的关系，比如，长、宽、高各为 1 米的木箱，其空间为 1 立方米；如果使长、宽、高各为 2 米，其空间变为 8 立方米；如果各为 4 米，空间则为 64 立方米。这就是说，企业扩大规模，有可能不仅仅是数量的增加，而更可能是质的飞跃。

规模报酬不变的原因是规模报酬阶段的后期，大规模生产的优越性已得到充分发挥，厂商的种种规模优势逐渐消失。

规模报酬递减的原因在于，企业规模过大，有可能使管理和协调的难度提高，有可能使信息和指令的传递失真，有可能使决策的时间延长。规模过大还会增加企业的监控成本，从而引起成本上升。

一般来说，企业的规模报酬变化呈现出如下规律：当企业从最初较小的生产规模开始逐步扩大时，将面临规模报酬递增阶段；在企业获得了由生产规模扩大带来的全部好处以后，就会面临规模报酬不变阶段，这个阶段可能时间较长；在这以后，企业若继续扩大生产规模，就会进入规模报酬递减阶段。

（二）规模经济与适度规模

1. 规模经济。

（1）规模经济与规模不经济的概念。规模经济（economies of scale）又叫规模节约，是指厂商由于生产规模扩大，使成本递减、收益递增，从而实现节约、增加利润的现象。

企业在生产规模扩大的情况下，有收益（报酬）递增、收益不变、收益递减三种可能，相应地，成本也就有递减、不变和递增三种变化的可能。只有成本递减、收益递增，出现收益增加的幅度大于规模扩大的幅度的情况才是规模经济。

当生产扩张到一定规模以后，厂商继续扩大生产规模所引起的成本上升、收益下降的现象叫规模不经济（diseconomies of scale）。

产生规模经济的原因有来自企业内部的，也有来自企业外部的。来自企业内部的规模经济称为内在经济；来自企业外部的规模经济称为外在经济。规模不经济也可以分为内在不经济与外在不经济。

（2）内在经济与内在不经济。内在经济（internal economies）是指由于厂商自身内部原因引起企业规模扩大后，使得成本降低、收益增加。它只是本企业受益。

内在不经济（internal diseconomies）则是由于厂商自身内部原因引起企业规模扩大后，带来相反的结果，使成本提高、收益下降。

长期生产的规模报酬作用是引起内在经济与内在不经济的主要原因。规模报酬与规模经济有关，但不是同一个概念。规模报酬是一个纯技术性的概念，是规模经济的组成部分，规模报酬特指全部生产要素同比例变化时的产出变化；规模经济的意义更普遍，并不局限于同比例地改变要素投入。

（3）外在经济与外在不经济。外在经济（external economies）是指由于整个行业规模扩大，引起外部生产环境改善，从而使个别企业受益。

外在不经济（external diseconomies）是指由于行业生产规模过大，企业生产的外部环境恶化，引起个别企业的成本上升、收益减少。

引起外在经济的原因是整个行业的发展，使个别厂商得到服务、运输、人才、技术等方面的便利条件，从而降低了成本；引起外在不经济的原因是行业规模过大可能使个别厂商招工困难、动力不足、运输紧张、地价上涨或造成严重的环境污染等，从而使个别厂商成本上升、收益下降。

2. 适度规模（optimal scale）。由内在经济与内在不经济，外在经济与外在不经济的问题，自然就提出企业规模应多大才合适的问题，即适度规模问题。生产规模过小，效率低不经济；生产规模过大，也会产生规模不经济。因此，探讨适度规模理论与总结适度规模的实践，对科学管理企业、提高效益具有重要的意义。

适度规模是厂商能获取最大利润的规模，或者说，以每单位产品的最小成本获得最大收益时的规模就是适度规模。适度规模的原则是：企业的规模扩大以后，至少应该使规模收益不变，生产成本不变，即至少要使得规模扩大的幅度与企业收益增加的幅度相等。

企业的适度规模不能由任何人的主观意志决定，而是取决于企业的生产技术、管理水平和市场条件。只有在这些因素的恰当配合下，才能实现规模报酬递增或不变。

在决定企业规模的条件中，最重要的是生产技术条件，即主要看该产业是否使用大的设备和不可分割的资本物品。一般来讲，劳动密集型的产业规模经济不显著，而资本密集型的产业都不同程度地具有规模经济的特点。例如，铁路、水力发电站所使用的设备耗资巨大，必须是大规模的企业；汽车制造、炼钢、炼油等行业，也需要大型设备，需要大规模生产；而服装厂、玩具厂、塑料制品厂等设备不大，但人员较多，规模大了，不利于管理，成本必然增加。

规模经济的理论，说明了企业规模并非越大越好，而太小了也不利于提高经济效益，应该根据客观条件寻找理想的适度规模。

思考与练习

一、基本概念

生产函数　总产量　平均产量　边际产量　边际报酬　递减规律　等产量线　等成本线　边际技术替代率　生产者均衡　生产扩展线　规模报酬递增　规模报酬不变　规模报酬递减

二、练习题

1. 简述企业短期生产的合理区间。
2. 简述企业长期生产的经济区域。
3. 推导生产者均衡条件。
4. 简述边际报酬递减规律及其成因。
5. 什么是适度规模？确定适度规模应考虑哪些因素？
6. 简述总产量曲线、平均产量曲线、边际产量曲线的关系。

第五章

成本论

本章学习重点

- 会计成本和经济成本
- 经济利润和正常利润
- 短期成本
- 长期成本
- 成本曲线和产量曲线的关系

上一章生产者行为理论说明了生产者均衡条件，即生产者的利润最大化条件，包括既定产量下的成本最小化和既定成本下的产量最大化。生产者要实现利润最大化，就不得不考虑成本问题。从这一角度来说，成本理论可以说是生产者行为理论的一个组成部分。

第一节　成本与利润

一、成本的含义及其衡量

一般而言，成本（cost）是企业在生产经济活动中所必须支付的代价。有两种方式来衡量成本，一种是从会计学的角度衡量，另一种是从经济学的角度衡量。由于目的的不同，导致了衡量标准的不同。会计学计算成本是为了编制损益表，并作为纳税的基础，把出于这种目的和准则而计算的成本称为会计成本。经济学计算成本的目的是从资源的稀缺性出发，如何把有限资源用到最佳用途上去，这种成本称为经济成本。下面讨论会计成本和经济成本的差异。

（一）会计成本

会计成本（accounting cost）指厂商在生产要素市场上购买或租用所需要的生产要素的实际支出。例如，某厂商雇用了一定数量的工人，从银行取得了一定数量的贷款，并租用了一定数量的土地，为此，这个厂商就需要向工人支付工资、向银行支付利息、向土地出租者支付地租，这些支出便构成了该厂商生产的会计成本。会计成本是作为成本费用计入会计账目的支出费用，在账目上一目了然，因此也称为显性成本（explicit cost）。

（二）经济成本

经济成本（economic cost）是指厂商从事某项经济活动的显性成本和隐性成本之和。

隐性成本（implicit cost）是指在生产过程中使用的，但又未被支付报酬的那一部分费用，通常是指厂商自有要素的收入。例如，店主开设小店自任经理，他所付出的劳动也是一种成本，但他不必签订雇佣合同，也不必为自己支付工资，即账面上没有这笔工资支出，故其自任经理的显性成本（会计成本）为零，他所付出的劳动就是一种隐性成本。

在经济学中，厂商感兴趣的是影响其决策的成本。影响厂商决策的不仅仅包括显性成本，也包括隐性成本。下面分别以小型企业和大型企业加以说明。

对于许多小型企业来说，隐性成本所占比重相当高。它包括厂商自己投入的劳动所应得的报酬，投入自有资金和资产所应得的利息，运用自有房产作为生产经营场地所应得的租金等。如果决策中忽略这些因素，就不会做出正确的抉择。

对于大型企业来说，最主要的隐性成本就是在生产经营活动中投入自有资金所应得的利息。它是该笔资金投放到其他各种用途中可得到的最高回报率，即社会上通行的投资回报率。企业在进行投资决策时，不能不将社会上的投资回报率计入经营成本。

由此可见，在经济分析中，生产成本不仅要考虑显性成本，还必须考虑隐性成本，生产成本是显性成本和隐性成本的总和。而会计成本则仅仅包含其中的显性成本，不能作为决策成本；显性成本与隐性成本之和，才能作为决策成本。

根据我们的分析，隐性成本不涉及实际的市场交易，这就带来一个如何衡量和测算隐性成本的问题。从店主自己的角度来说，自任经理的劳动成本是他放弃的其他工作的收入。假设他选择其他工作，这些工作可能给他带来的最高月收入为 1 000 元，那么，这 1 000 元就成了他自任经理的隐性成本。根据机会成本的概念，机会成本是做出某项决策时所放弃的其他可供选择的最好用途，因此，机会成本就是一种隐性成本。

（三）私人成本和社会成本

厂商生产中使用的生产要素包括自有部分和购进租赁部分，其价格就是该厂商的生产费用或经济成本，这也就是这个厂商的私人成本。所以私人成本是会计成本和隐性成本之和，即经济成本。

厂商或私人的生产经营活动会给社会带来不同的影响。如化工厂在生产中排放的废气、钢铁厂排出的烟尘、造纸厂排出的废水等，都会造成环境污染，社会必须投资加以治理，人们受害而支付费用，这就构成了外在成本（external cost）问题，作为厂商并不为此而付出费用。将私人成本和外在成本加总就构成了社会成本，即：

社会成本＝私人成本+外在成本

我们在研究生产者行为，涉及成本分析时，只分析私人成本，即经济成本，而不涉及外在成本问题。有关外在成本问题将在“第八章市场失灵和微观经济政策”中讨论。

（四）交易成本

交易成本（transaction cost）是指厂商在从事生产经营的各种交易活动中为完成交易所付出的代价或资源的耗费。它是一种不直接发生在物质生产过程中的成本耗费，包括直接发生在企业外部交易（市场交易）和企业内部交易过程中的成本耗费。如在市场交易中为获取每种商品信息而支出的信息费用，为讨价还价而付出的谈判费用，为保证契约实施而付出的监控费用等，都属于市场交易成本。

任何交易活动都将发生一定的交易成本。但应指出，在经典的微观经济理论中，有一个隐含的基本假定，即交易没有成本。前面提到的生产总成本中，均未计算交易成本。

二、利润的含义及其衡量

利润是收益和成本的差额。无论是从会计学的角度还是从经济学的角度，收益都没有差别。但由于二者对成本的衡量不同，导致了对利润的衡量不同。

（一）会计利润和经济利润

根据前面对成本的讨论，可知：

会计利润＝收益 － 会计成本

经济利润＝收益 － 经济成本

会计成本就是显性成本，而经济成本不仅包括显性成本，还包括了隐性成本，因此，经济成本是大于会计成本的，而经济利润则是小于会计利润的。

（二）正常利润

正常利润（normal profit）是企业家才能的价格，是企业家才能这种生产要素（资源）所得到的收入，它包括在成本中，性质与工资相类似。从业主经营企业的角度说，正常利润是厂商在生产经营活动中所投入的全部自有资源的机会成本之和。

实际上，正常利润是经济成本中的一个组成部分，也就是全部机会成本中超过显性成本的那部分成本。由前述的成本和利润关系可推算，正常利润是会计利润超出经济利润的部分，即：

正常利润=会计利润－经济利润=经济成本－会计成本

若会计利润>正常利润，则经济利润>0，企业获得超额利润。若会计利润<正常利润，则经济利润<0，企业在经济学意义上是亏损的。若会计利润=正常利润，则经济利润=0，企业不亏不盈，即得到正常投资回报。

经济利润也称为超额利润，正常利润是隐性成本的一个组成部分，即使经济利润为零，厂商仍然获得了全部的正常利润。当经济利润为零时，所获会计利润刚好偿还全部显性成本，所获全部收益刚好偿还全部机会成本（即经济成本）。此时的会计利润就是正常利润，因为它刚好补偿了全部自有资源用于其他用途时可能取得的收益（全部隐性成本）。如果正常利润低于全部隐性成本，企业主将会放弃使用自有资源进行生产经营活动，而转作他用。因此，正常利润是吸引业主将自有资源投放于企业的最低报酬。

三、成本函数和时间因素

（一）成本函数

成本作为生产经营中所支付的费用，要随着经营规模的扩大和产量的增加而变化，可见，成本和产量之间有着密切的依存关系，即成本随着产量的变动而变动。用来表示这种关系的公式就是成本函数，可以写成：

$$C=f(Q)$$

式中 C 代表总成本，Q 代表总产量。其含义是总成本是总产量的函数。

将生产函数公式 $Q=f(L, K)$ 代入成本函数后可得：

$$C=f(L, K)$$

这说明总成本既是总产量的函数，又是生产要素投入量的函数。

（二）成本分析中的时间因素

上一章区分了厂商的长期生产与短期生产，相应地，在成本理论中就有固定成本与可变成本之分，以及短期成本与长期成本之分。

可变成本指厂商在短期内可以改变的可变投入带来的成本，它随着产量的变动而变动。通常包括工人工资、原材料费用、日常经营支付等。

固定成本指厂商在短期内无法改变的固定投入带来的成本，它不随产量的变动而变动。通常包括购置机器和厂房的费用及折旧、资金的利息、租金等。

在短期内，厂商的固定投入量是无法改变的，所以厂商的短期成本就包括了固定成本与可变成本。而在长期，厂商可以改变所有的投入要素，因而，在长期不存在固定成本，所有成本都是可变成本。

第二节　短期成本

一、成本方程与短期成本函数

在生产者行为理论中，已经介绍过成本方程。下面我们分析如何从成本方程推导出短期成本函数。

厂商为了进行生产必须购买各种投入要素，为此而支付的各类费用即为厂商的成本。成本方程为：

$$C=wL+rK$$

上式表示，在要素价格和成本既定的情况下，厂商所能购买的两种投入要素的所有组合。在既定的成本支付 C 下，有理性的厂商是在生产者均衡点 E 上进行生产，这时生产要素的组合为最优组合，如图 5-1 所示。

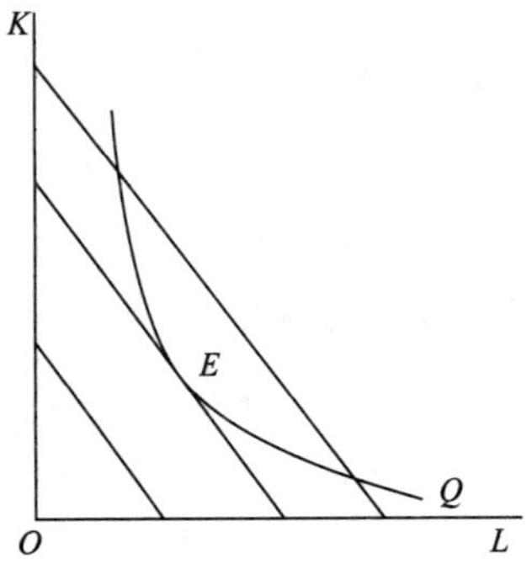

图 5-1　生产要素的最优组合

现在将 L 看成是所有的可变投入要素，K 看成是所有的固定投入要素，则成本方程为 $C=wL+rK=wL+b$，公式也可改写为 $C=f(Q)+b$。

上式即为短期成本函数，其中 $f(Q)$ 与 b 分别代表可变成本与不变成本，C 为两者之和，表示总成本。

二、短期成本的类型

短期成本分为以下七种类型。

1. 总固定成本（total fixed cost，TFC）。厂商支付固定生产要素的费用叫固定成本，这是在既定生产规模下的固定开支，并不随着产量的变化而变化，例如，地租、利息、厂房设备折旧、房租等，其公式是：

$$TFC=C_0$$

其中，C_0 是大于零的常数。

如图 5-2 所示，总固定成本曲线 TFC 是一条平行于横轴的直线，说明它不随产量的变化而变化，即使产量为零，它也仍然存在。

2. 总可变成本（variable cost，TVC）。厂商在短期内支付可变生产要素的费用叫作可变成本，主要有工资、原材料、动力燃料费等项支出，由于可变生产要素的数量随着产量的变化而变化，可变成本 TVC 也随着产量的变化而变化，是产量的函数，其公式是：

$$TVC=F(Q)$$

随着产量增加可变资本也增加，$TVC=f(Q)$ 是增函数。可变成本曲线 TVC 是一条从原点开始从左下方向右上方上升的曲线。如图 5-2 所示。

3. 总成本（total cost，TC）。总成本是生产一定数量产品的成本总额，是固定成本和可变成本之和，其公式是：

$$总成本=固定成本+可变成本$$

即：

$$TC=TFC+TVC$$

总成本（TC）随着产量的增加而增加，是产量的增函数，因为总成本中的可变成本 VC 是产量的增函数，所以总成本曲线 TC 是一条以纵轴截距为起点的由左下方向右上方上升的曲线，如图 5-2 所示。

4. 平均固定成本（average fixed cost，AFC）。平均固定成本是每单位产品所均摊的固定成本，其公式是：

$$平均固定成本=固定成本/产量$$

或：
$$AFC=\frac{TFC}{Q}$$

平均固定成本随产量的增加而不断降低，由于既定的固定成本分摊在越来越多的产品上，每单位产品所包括的固定成本必然越来越少。因此，平均固定成本曲线 *AFC* 是一条从左上方向右下方倾斜的曲线，且越来越贴近横轴。如图 5-2 所示。

5. 平均可变成本（average variable cost，*AVC*）。平均可变成本是指平均每单位产品所消耗或均摊的可变成本，其公式是：

$$平均可变成本=\frac{总可变成本}{产量}$$

即：
$$AVC=\frac{TVC}{Q}$$

平均可变成本曲线通常为 U 形，开始下降，达到最低点以后又上升。

6. 平均成本（average cost，*AC*）。平均成本是每单位产品所消耗或均摊的总成本，其公式是：

$$平均成本=总成本/产量$$

即：
$$AC=\frac{TC}{Q}=\frac{TFC}{Q}+\frac{TVC}{Q}=AFC+AVC$$

公式说明，平均成本是产量的函数。一般情况下，平均成本开始会随产量增加而递减，达到最低水平后开始递增。同平均可变成本曲线相似，平均成本曲线也是一条 U 形曲线。

7. 边际成本（marginal cost，*MC*）。边际成本是指产量每增加一单位所带来的总成本的增量，即等于总成本增量（ΔTC）与产量增量（ΔQ）之比，其公式是：

$$MC=\frac{\Delta TC}{\Delta Q}$$

当 ΔQ 趋于无穷小时，则有：

$$MC=\lim_{\Delta Q\to 0}\frac{\Delta TC}{\Delta Q}=\frac{\mathrm{d}C}{\mathrm{d}Q}$$

上式表明，边际成本 *MC* 是总成本函数的一阶导数，并且是产量 *Q* 的函数。一般来说，边际成本随产量的增加呈现先递减、后递增的特征，这样的变化特征是由边际报酬递减规律决定的。

三、各种短期成本曲线的相互关系

各种短期成本曲线的关系如图 5-2 所示。

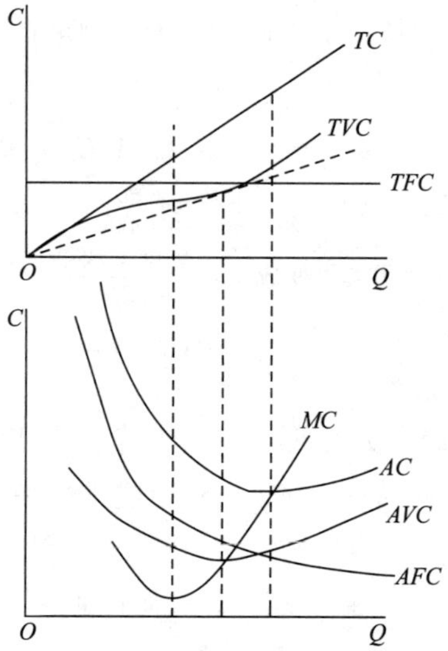

图 5-2　短期成本曲线

1. 总成本曲线、可变成本曲线与固定成本曲线。在图 5-2 中，*TC*、*TVC*、*TFC* 分别为总成本曲线、可变成本曲线与固定成本曲线。其中，固定成本为一常数，与产量的变动无关，所以固定成本曲线是一条与横轴平行的水平线，它到横轴的距离为固定成本的金额。

因为 $TC=TFC+TVC$，而 *TFC* 为定值，所以 *TC* 曲线的形状与 TVC 的曲线的形状相同，表现为 *TVC* 曲线向上平移 *TFC* 个单位。

总成本曲线随着产量的增加而逐步上升。由于边际产量随着投入的增加，由递增向递减转变，因此，随着产量的上升，总成本开始以递减的速率上升；当产量上升到一定水平之后，便以递增的速率上升。可变成本曲线的变化情况与总成本曲线的变化情况完全相同。

2. 平均总成本曲线、平均固定成本曲线、平均可变成本曲线与边际成本曲线。在图 5-2 中，*AC*、*AFC*、*AVC* 与 *MC* 分别是平均总成本曲线、平均固定成本曲线、平均可变成本曲线与边际成本曲线。

AFC 曲线是正双曲线的一支，它随着产量的增加而不断降低，逐渐趋向

于零。这是因为一定数量的固定成本分摊到越来越大的产量上，*AFC* 的值必然越来越小。

AC 曲线、*AVC* 曲线与 *MC* 曲线都是先下降后上升，呈现 U 形的特征。在这三条 U 形曲线中，最先降到最低点的是 *MC* 曲线，然后是 *AVC* 曲线，最后是 *AC* 曲线。*MC* 曲线上升时先通过 *AVC* 曲线的最低点，然后通过 *AC* 曲线的最低点。

边际成本曲线呈 U 形，是由可变投入的边际产量变化所决定的。边际成本从递减转入递增恰好与可变投入的边际产量的变化相对应，即与边际产量递增部分对应的是边际成本递减阶段，而与边际产量递减部分对应的是边际成本递增阶段。

3. 总成本、可变成本与边际成本的关系。边际成本即每增加一个单位的产品引起的总成本（或可变成本）的增加量，为总成本曲线与可变成本曲线的切线的斜率。由于边际成本先是递减的，然后才是递增的。因而，总成本曲线与可变成本曲线也是先以递减的增长率开始上升，然后以递增的增长率上升。在图形上表现为总成本曲线与可变成本曲线先向下凹入，然后转为向上凸出。

4. 边际成本、平均可变成本、平均成本之间的关系。当边际成本小于平均成本时，每增加一个单位产品的生产，单位平均成本比以前较小，所以平均成本是下降的。反之，如果边际成本大于平均成本，每增加一单位产品的生产，单位平均成本比以前大一些，所以平均成本是上升的。边际成本曲线只能在平均成本的最低点与之相交。平均可变成本与边际成本之间的关系同平均成本与边际成本之间的关系完全相同，如图 5-2 所示。

（1）*MC* 曲线位于 *AC* 曲线与 *AVC* 曲线的下方时，*AC* 曲线、*AVC* 曲线均处于递减阶段。

（2）*MC* 曲线位于 *AC* 曲线与 *AVC* 曲线的上方时，*AC* 曲线、*AVC* 曲线均处于递增阶段。

（3）*MC* 曲线分别在 *AC* 曲线、*AVC* 曲线的最低点与之相交。

5. 平均成本、平均可变成本、平均固定成本之间的关系。由于 $AC=AVC+AFC$，所以 *AC* 曲线始终位于 *AVC* 的上方。*AFC* 始终是递减的。当 *AVC* 递减时，*AC* 必然递减；当 *AVC* 由递减转为递增后，只要其增幅小于 *AFC* 的降幅，*AC* 仍然是递减的；当 *AVC* 的递增幅度大于 *AFC* 的递减幅度时，*AC* 才开始递增。因而，平均成本曲线达到最低点时的产量大于平均可变成本曲线达到最低点时的产量，平均成本曲线的最低点位于平均可变成本的右上方。

6. 平均成本与总成本、平均可变成本与可变成本之间的关系。平均成本是总成本对产量的平均数，在图形上表现为总成本曲线上各点与原点的连线的斜率。当平均成本达到最低时，连线的斜率最小，总成本曲线与该连线相切。在切点的左边，连线的斜率递减；在切点的右边，连线的斜率递增。平均可变成本与可变成本之间的关系同平均成本与总成本之间的关系相同。

四、成本曲线与产量曲线的关系

由于成本是产量的函数，因此有必要分析成本曲线和产量曲线之间的关系。

平均可变成本（*AVC*）曲线、边际成本（*MC*）曲线与平均产量（AP_L）曲线、边际产量（MP_L）曲线之间的关系如图 5-3 所示。

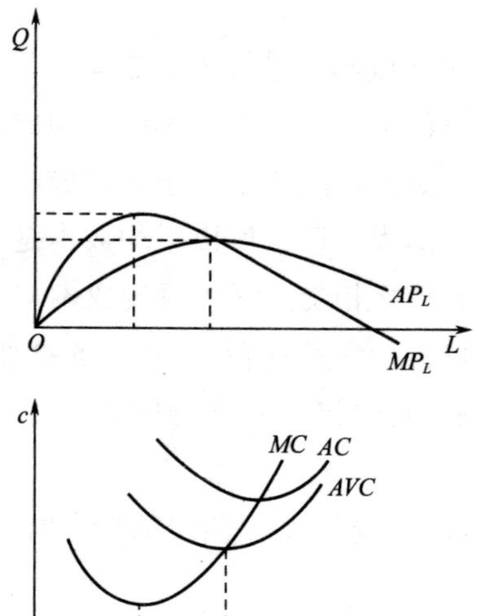

图 5-3　成本曲线与产量曲线

如图 5-3 所示，AP_L曲线和 MP_L曲线都是向上凸出的，而 *AVC* 曲线和 *MC* 曲线则都是向下凹入的，两种曲线凸出的方向是相反的。AP_L 最大时的

产量恰好是 AVC 最小时的产量；MP_L 最高时的产量恰好是 MC 最低时的产量。

这说明，在其他条件不变的情况下，生产函数与成本函数之间存在着对偶关系，即在 AP_L 与 AVC 之间、MP_L 与 MC 之间存在着反比关系，前者越高，后者越低，其重要的关系是，当平均可变成本 AVC 最小时，平均产量 AP_L 最大；当边际成本 MC 最小时，边际产量 MP_L 最大。

第三节　长期成本

由于在长期内，生产要素没有可变与不变之分，因此，长期成本曲线只分为长期总成本曲线、长期平均成本曲线和长期边际成本曲线三种。

一、长期总成本

长期总成本（long-run total cost，LTC）是厂商在长期中生产一定量产品所需要的成本总和。长期总成本曲线从原点出发并且向右上方倾斜，说明随着产量的增加，长期总成本是递增的，但其递增的速率呈现先递增、又递减再递增的态势。原因是在技术条件不变的情况下，开始投入大量的生产要素，但产量较低，所以成本增加的比率大于产量增加的比率，LTC 以递增的速率增加；当产量达到一定规模时，各种要素投入保持稳定，并开始得到充分利用，这时成本增加的比率小于产量增加的比率，即实现了规模经济，LTC 以递减的速率增加；当产量超过一定规模时，各种成本增加的比率又大于产量增加的比率，规模收益递减，LTC 又以递增的速率增加，如图 5-4 所示。

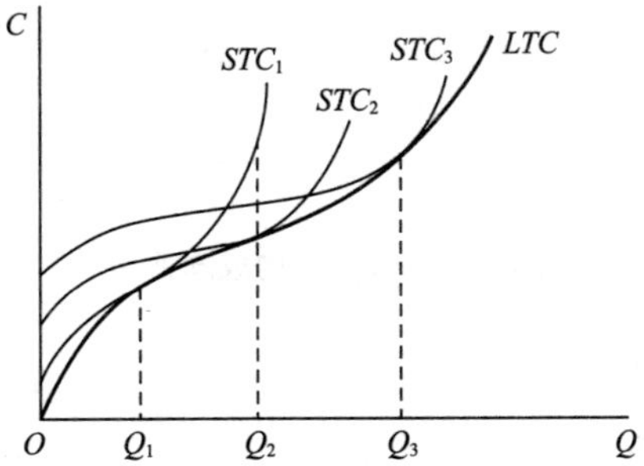

图 5-4　长期总成本曲线

实际上，长期总成本曲线是企业在各种产量下的最低成本的轨迹。企业长期目标是由若干短期目标组成的，相应地企业要追求若干个最低短期总成本。理论上，也可以把企业的生产规模无限细分，对每一规模企业都将追求最低成本。于是，总可以找到若干个产量下的最低成本，长期总成本曲线就是这些短期总成本曲线的包络线。

二、长期平均成本

长期平均成本（long-run average total cost，*LAC*）是指长期生产中厂商对每单位产品的平均成本支出，或单位产量所分摊或消耗的长期总成本，其公式是：

$$LAC=\frac{LTC}{Q}$$

下面分析长期平均成本曲线所反映的产量与平均成本之间的关系。同分析长期总成本曲线一样，可以把企业的生产规模无限细分，这样就有无数个短期平均成本曲线。如图 5-5 所示，此时由各条 *SAC* 曲线交点以下的部分形成的 *LAC* 曲线就逐渐接近于一条平滑曲线。它是一条 *SAC* 曲线的包络线，其形状与 *SAC* 曲线相同，但较为平坦。

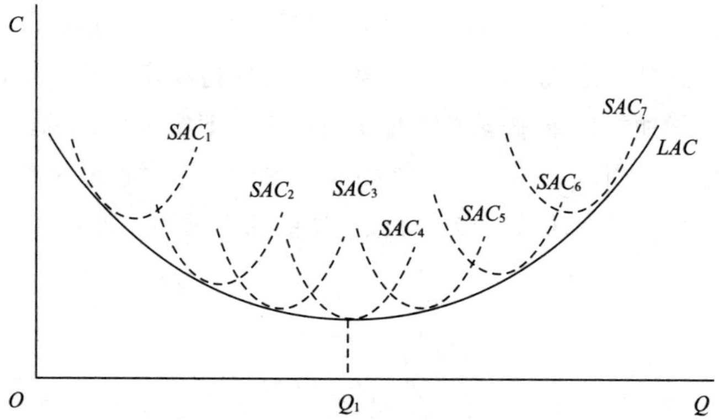

图 5-5　长期平均成本曲线

在所有的规模中，能使平均成本最低的规模是 *SAC* 曲线最低点与 *LAC* 曲线最低点相切的这一条 *SAC* 曲线所代表的规模，这一规模称为最优规模。在图 5-5 中为 SAC_3。

需要指出的是，除了最优规模 SAC_3 以外，*LAC* 曲线并不是与其他 *SAC* 曲线的最低点相切。在 *LAC* 曲线最低点的左边，*LAC* 曲线与其他的 *SAC* 曲线相切于 *SAC* 曲线最低点的左侧；在 *LAC* 曲线最低点的右边，*LAC* 曲线与 *SAC* 曲线相切于 *SAC* 曲线最低点的右侧。

因此，在 *LAC* 曲线的任何一点都可以建立一个最优的短期生产规模，但除了 *LAC* 曲线的最低点外，一般都不在 *SAC* 曲线的最低点。

LAC 曲线之所以呈 U 形，是因为在企业的生产过程中，随着产量的增加，依次出现规模报酬的递增、不变和递减，因此，*LAC* 曲线先呈现下降态势，然后经历一个不变的阶段，最后又开始上升。

三、长期边际成本曲线

1. 长期边际成本曲线的推导。长期边际成本（long-run marginal cost，*LMC*）是指在长期中增加一单位产量所引起的总成本的增量，其公式是：

$$LMC=\frac{\Delta LTC}{\Delta Q}=\frac{\mathrm{d}LTC}{\mathrm{d}Q}$$

长期边际成本曲线可以由长期总成本曲线得到。因为 $LMC=\mathrm{d}LTC/\mathrm{d}Q$，所以，只要把每一个产量水平上的 *LTC* 曲线的斜率值描绘在产量和成本的平面坐标图中，便可得到长期边际成本 *LMC* 曲线。

长期边际成本 *LMC* 曲线也可以由短期边际成本 *SMC* 曲线得到。下面将对这种方法予以说明。

从推导长期总成本曲线的过程可见，长期总成本曲线是短期总成本曲线的包络线。在长期的每一个产量水平，*LTC* 曲线都与一条代表最优生产规模的 *STC* 曲线相切，这说明这两条曲线的斜率是相等的。由于 *LTC* 曲线的斜率是相应的 *LMC* 值（因为 $LMC=\mathrm{d}LTC/\mathrm{d}Q$），*STC* 曲线的斜率是相应的 *SMC* 值（因为 $SMC=\mathrm{d}STC/\mathrm{d}Q$），因此可以推知，在长期内的每一个产量水平，*LMC* 值都与代表最优生产规模的 *SMC* 值相等。根据这种关系，便可以由 *SMC* 曲线推导 *LMC* 曲线。但是，与长期总成本曲线和长期平均成本曲线的推导不同，长期边际成本曲线不是短期边际成本曲线的包络线。它的推导如图 5-6 所示。

图 5-6 中，在每一个产量水平，代表最优生产规模的 *SAC* 曲线都有一条相应的 *SMC* 曲线，每一条 *SMC* 曲线都过相应的 *SAC* 曲线最低点。在 Q_1 的产

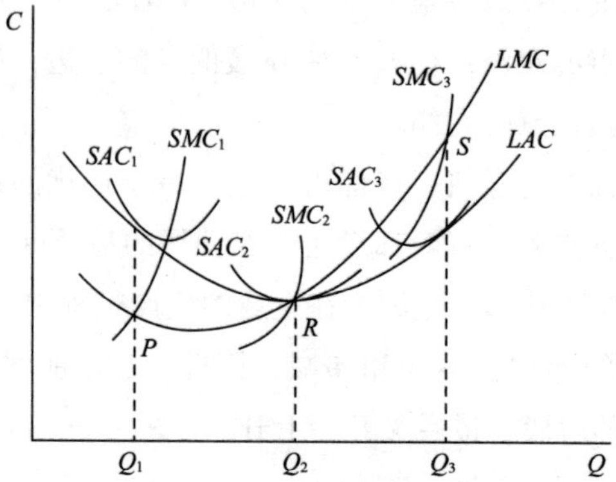

图 5-6 长期边际成本曲线

量上，生产该产量的最优生产规模由 SAC_1 曲线和 SMC_1 曲线所代表，相应的短期边际成本由 P 点给出，PQ_1 既是最优的短期边际成本，又是长期边际成本，即有 $LMC=SMC_1=PQ_1$。或者说，在 Q_1 的产量上，长期边际成本 LMC 等于最优生产规模的短期边际成本 SMC_1，它们都等于 PQ_1 的高度。同理，在 Q_2 的产量上，有 $LMC=SMC_2=RQ_2$。在 Q_3 的产量上，有 $LMC=SMC_3=SQ_3$。在生产规模可以无限细分的条件下，可以得到无数个类似于 P、R 和 S 的点，将这些点连起来便得到一条光滑的长期边际成本 LMC 曲线。

2. 长期边际成本曲线的形状。如图 5-6 所示，长期边际成本曲线呈 U 形，它与长期平均成本曲线相交于长期平均成本曲线的最低点。其原因在于，根据边际量和平均量之间的关系，当 LAC 曲线处于下降段时，LMC 曲线一定处于 LAC 曲线的下方，也就是说，此时 $LMC<LAC$，LMC 将 LAC 拉下；相反，当 LAC 曲线处于上升段时，LMC 曲线一定位于 LAC 曲线的上方，也就是说，此时 $LMC>LAC$，LMC 将 LAC 拉上。因为 LAC 曲线在规模经济和规模不经济的作用下呈先降后升的 U 形，这就使得 LMC 曲线也必然呈先降后升的 U 形，并且，两条曲线相交于 LAC 曲线的最低点。

进一步地，根据 LMC 曲线的形状特征，可以解释 LTC 曲线的形状特征。因为 LMC 曲线呈先降后升的 U 形，且 LMC 值又是 LTC 曲线上相应的点的斜率，所以，LTC 曲线的斜率必定要随着产量的增加表现出先递减达到拐点以后再递增的特征。

第四节　收益和利润最大化原则

一、收益的概念

收益（revenue）是指生产者销售商品或劳务而获得的收入。收益可分为总收益、平均收益和边际收益。

1. 总收益（total revenue，TR）。总收益是指厂商生产并销售一定数量商品和劳务的收入总额。假如厂商生产多种多样的商品，那么总收益就是每种商品的卖价（用 P 表示）与每种商品销售数量的乘积的加总。

若用 P_1、P_2、P_3、…、P_n表示每种商品的销售价，Q_1、Q_2、Q_3、…、Q_n表示每种商品的销售量，则有：

$$TR=P_1Q_1+P_2Q_2+P_3Q_3+\cdots+P_nQ_n$$

2. 平均收益（average revenue，AR）。平均收益是厂商出售一定数量的商品时，从出售每单位商品所得到的平均收入，也就是平均每单位商品的价格等于总收益与销售量之比，其公式是：

$$平均收益=\frac{总收益}{销售量}$$

即：

$$AR=\frac{TR}{Q}=\frac{PQ}{Q}$$

可见，平均收益就是单位商品的售价。

3. 边际收益（marginal revenue，MR）。边际收益是厂商增加销售一单位商品而获得的总收益的增量，即最后一单位商品的卖价。

如果用 ΔTR 代表总收益的增量，ΔQ 表示产量的增量，则：

$$MR=\frac{\Delta TR}{\Delta Q}$$

当 ΔQ 趋于零时，则有：

$$MR=\lim_{\Delta Q\to 0}\frac{\Delta TR}{\Delta Q}=\frac{\mathrm{d}(TR)}{\mathrm{d}Q}$$

这说明边际收益 MR 也是销售量 Q 的函数，是总收益增量对销售量增量的一阶导数。

二、利润最大化原则

利润最大化原则是厂商实现最大利润所必须遵循的边际收益等于边际成本的原则。

总收益与总成本的变化主要体现在边际收益与边际成本的变化上。在边际收益大于边际成本时，厂商必然要继续扩大生产，使获得的总利润随着产量的扩大而增加。反之，在边际收益小于边际成本时，厂商必然会减少生产，以避免亏损。最后，在边际收益等于边际成本时，厂商再也不能通过增减产量来增加利润了。在这一点上，厂商获得的总利润最大，实现了厂商均衡，厂商处于一种很满意的状态，如果没有干扰，这种均衡会保持下去。利润最大化原则用公式表示为：

$$\text{边际收益}=\text{边际成本}$$

即：

$$MR=MC$$

利润最大化原则还可以用数学方法来证明。

令厂商的利润等式为：

$$\pi(Q)=TR(Q)-TC(Q)$$

满足上式利润最大化的一阶条件为：

$$\frac{d\pi(Q)}{d(Q)}=\frac{dTR(Q)}{d(Q)}-\frac{dTC(Q)}{d(Q)}$$

$$=MR(Q)-MC(Q)=0$$

即：

$$MR(Q)=MC(Q)$$

所以，厂商应该根据 $MR=MC$ 的原则来确定最优的产量，以实现最大的利润。需要说明的是，$MR=MC$ 的均衡条件也被称为利润最大或亏损最小的均衡条件。这是因为，当厂商实现这一均衡条件时，并不意味着厂商一定能获得利润。但是它能保证厂商处于由既定的成本状况和既定的收益状况所决定的最好境况之中。也就是说，如果在 $MR=MC$ 时，厂商是获得利润的，则厂商所获得的利润一定是相对最大的；相反，如果在 $MR=MC$ 时，厂商是亏损的，则厂商所遭受的亏损一定是相对最小的。

思考与练习

一、基本概念

会计成本　经济成本　显性成本　隐性成本　固定成本　可变成本　平均固定成本　平均可变成本　平均总成本　长期总成本　长期平均成本　长期边际成本　总收益　平均收益　边际收益

二、练习题

1. 用数学方法推导利润最大化条件。

2. 画图说明短期内平均可变成本（AVC）曲线、边际成本（MC）曲线与平均产量（AP_L）曲线、边际产量（MP_L）曲线之间的关系。

3. 画图说明长期总成本曲线与短期总成本曲线的关系。

4. 画图说明长期平均成本曲线与短期平均成本曲线的关系。

5. 画图说明长期边际成本曲线与短期边际成本曲线的关系。长期边际成本曲线是短期边际成本曲线的包络线吗？为什么？

第六章

市场论

本章学习重点

- 市场类型及其分类
- 完全竞争市场的主要特征
- 完全竞争厂商的短期均衡和短期供给曲线
- 完全垄断市场的成因
- 垄断竞争市场的含义及其条件
- 寡头垄断的特征

生产论和成本论分析的是厂商如何生产的问题，市场论分析的是厂商生产多少的问题，也就是产品的价格决定问题和产量决定问题。这涉及厂商所面临的市场结构，因为在不同的市场结构下，厂商的市场行为是不同的，均衡产量和均衡价格的决定也是不同的。

第一节　市场结构

一、市场的概念

经济学家马歇尔在《经济学原理》中指出：“经济学家所说的市场，并不是指任何一个特定的货币交易场所，而是指任何地区的全部。在这个地区中，买主与卖主彼此之间的往来是如此自由，以致相同商品的价格有迅速相等的趋势。”萨缪尔森在《经济学》中这样阐述了市场的定义：“市场这个词的字面意义，是指买卖商品的地方。在今天，这种市场包括芝加哥交易所在内，在这里进行交易的有小麦、玉米和其他商品。另一个大家都熟悉的例子是纽约股票交易所，在这里买卖的都是大企业的股票。市场的作用有时通过电话来实现（如石油市场的情况）。因此，对我们的目的而言，市场是一种物品的买主和卖主互相作用，以决定其价格和数量的过程。”按现代市场的含义，市场是一切从事交易活动的领域，连接着千千万万的买者和卖者。

市场按不同标准有不同的分类，按地域范围可分为国际市场和国内市场；按商品形态可分为生活资料市场和生产资料市场；按交易方式可分为现货市场和期货市场；按交易对象可分为商品市场和要素市场，商品市场又可进一步细分为产品市场和劳务市场，生产要素市场又可进一步细分为土地市场、资本市场和劳动市场。本章研究的是商品市场。

市场论探讨的是交易对象价格的决定，以及生产者产量的决定，这些都和厂商的利润密切相关。因此，研究市场对生产者来说是至关重要的。

二、市场结构

市场结构即市场类型，是指影响生产者行为的市场组织特征。这些特征主要包括，其一，在某一行业中企业数目的多寡；其二，这些企业生产的产品的差异程度。以上两点是市场结构最主要的特征。还有一些其他的特征，例如，进入或退出该市场的难易程度、厂商对价格的影响力等。

从上述市场特征出发，经济学把市场划分为四种类型，即完全竞争市场、完全垄断市场、垄断竞争市场和寡头垄断市场。市场结构的两极是完全竞争市场和完全垄断市场，前者是指有无数企业生产相同产品的一种市场结构，而后者是指只有独家企业生产异质产品的一种市场结构。在这两种极端的市场结构之间，还有兼具竞争性和垄断性的垄断竞争市场，以及只有少数几家企业生产同质或异质产品的寡头垄断市场。其中，垄断竞争更接近于完全竞争，而寡头垄断则更接近于完全垄断。

各种市场的主要特点如表 6-1 所示。

表 6-1　四种市场类型的主要特征比较

市场类型	完全竞争	完全垄断	垄断竞争	寡头垄断
厂商数量	很多	唯一	较多	较少
产品差异	无差异	差异大	有差异	有差异或无差异
进出难易	非常容易	非常困难	较容易	较困难
对价格的影响	价格接受者（price-taker）	价格制定者（price-maker）	价格搜寻者（price-seeker）	价格搜寻者（price-seeker）
典型产业	农业	公用事业（如供电、供水）	轻工业（如香烟、糖果、服装）	重工业（如汽车、钢铁）

第二节　完全竞争市场

一、完全竞争市场的含义与特征

（一）完全竞争市场的含义

完全竞争市场（perfect competition market）又称纯粹竞争市场，是指一种不受任何阻碍、干扰和控制的市场结构，没有任何外力参与活动，没有厂商的勾结行为。经济学家张伯伦认为，完全竞争就是没有任何“垄断因素”的竞争。

日常生活中的竞争一般是指经济活动中激烈的人格化竞争，参与竞争者的决策要充分估计竞争对手的反应。在经济学中所说的竞争是市场的竞争，这种竞争不同于日常生活中的竞争，它的基本特征是非人格性，即完全竞争企业的数目如此众多，以至于任何一家企业都犹如沧海一粟，他们无力影响价格，也不在乎其他竞争对手的存在及其行为。因此，在经济学意义上的完全竞争市场中，竞争是不存在的，也是没必要的。

（二）完全竞争市场的特征

完全竞争市场必须满足以下四个条件，这些条件也是完全竞争市场的四个特征。

第一，市场上有无数多的买者和卖者。他们的数目多到这种程度，以至于任何个人在市场上所占份额都极小，无法对市场价格产生影响，只能是市场价格的接受者。在这种市场上，价格是完全由市场供求关系来决定的。如果某厂商把价格提高到一般水平之上，消费者就会去购买其他厂商的同类商品。这时，其他厂商的供给与消费者的需求仍然保持基本平衡，市场价格继续稳定。该厂商成为孤家寡人，商品无人问津，价格必定会下降到市场价格水平。

第二，同类商品同质无差别，或者说，同类商品之间有着完全的替代性，任何厂商都不能以产品差别来控制市场的价格。反之，如果同类商品存在着商品本身的差别或销售条件的差别时，消费者就会对某些厂商的商品产生较大的偏爱。这些厂商就有可能利用这种偏爱来提高商品的价格而并不影响自己的商品销路。

第三，各种生产资源可在市场中不受阻碍地自由流动。这时，市场中现有的厂商不能任意抬高价格和利润，只能服从于既定的市场价格。否则，其他厂商将蜂拥而入，使价格很快回落。

第四，市场信息是准确而完备的，厂商与消费者都对有关商品的各种信息了如指掌。这时，消费者只会按照公布的市场价格购买商品，厂商也只会按照应有的市场价格出售商品。

从对上述四个条件的分析可知，完全竞争市场的最大特点是市场价格完全由供求关系决定，任何个人的行为都不能影响商品价格，而只能是市场价格的被动接受者。

在现实经济中，完全符合这些条件的市场是不存在的，只有一些市场近似地符合完全竞争市场的定义。农产品市场通常被看成接近于完全竞争的市场，如大米、小麦、棉花等市场。

二、需求曲线与收益曲线

（一）完全竞争市场上的价格与需求曲线

理解完全竞争市场上的价格与需求曲线需要区分整个行业与个别厂商的不同情况。

1. 完全竞争行业的价格与需求曲线。对整个行业来说，需求曲线是一条从左上方向右下方倾斜的曲线，供给曲线则是一条从左下方向右上方倾斜的曲线。整个行业的均衡价格就是由这种需求与供给的均衡位置决定的，如图6-1（a）所示。

2. 个别厂商的价格与需求曲线。当行业的价格确定以后，对于行业中的每一个厂商来说，这一价格就是既定的价格。单个厂商只能是这一价格的接受者，而且在每一个价格水平上，单个厂商总是可以把他愿意提供的任何数量的产品卖出去。由于在既定的价格条件下，市场对单个厂商产品的需求是无限大的。这就使得单个厂商面临的需求曲线成为一条水平线，如图6-1（b）所示。

图6-1（a）说明了整个行业的供求如何决定价格，这时的价格水平为P_e。图6-1（b）属于单个厂商的情况，这时的价格是市场既定的价格P_e。厂商面临水平的需求曲线表明，在这种情况下，厂商只能被动地接受既定的价格，且厂商不会也没有必要去改变这一价格水平。

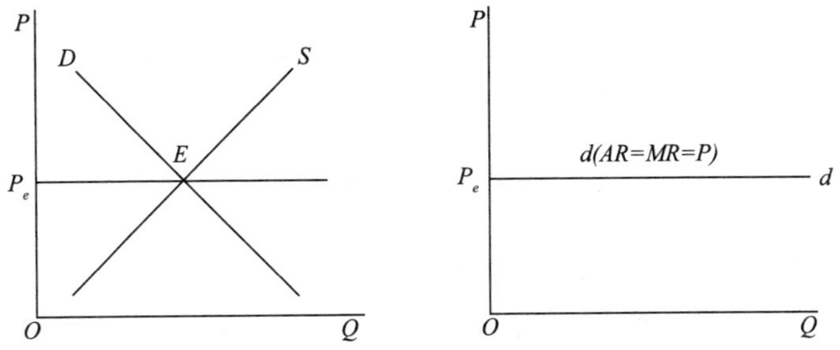

(a)完全竞争行业的需求曲线　　(b)完全竞争厂商的需求曲线

图 6-1　完全竞争行业和完全竞争厂商的需求曲线

图 6-1（b）图中所表示的厂商的需求曲线，是相对于（a）图中的行业需求曲线 D 和行业供给曲线 S 的相交点 E 决定的均衡价格 P_e 而言的。尽管厂商只能被动地接受行业既定的市场价格，但这并不意味着行业的市场价格不会变动。在其他条件（如收入、技术、政府政策等）发生变化时，行业供求所决定的供求均衡位置就会发生相应的变化。随着行业均衡位置的变动，厂商需求曲线的位置也会产生相应的变化。换言之，在行业需求曲线的任何一点上都可能引出一条厂商的需求曲线，它们表示在每一个可能的市场价格下厂商所面临的需求状况。

（二）完全竞争厂商的收益曲线

根据前面介绍的总收益、平均收益和边际收益的概念，在完全竞争市场上，因为销售量与价格无关，所以 $MR=P$，又因为 $AR=P$，所以 $MR=AR=P$。上述价格、平均收益与边际收益之间的关系所决定的完全竞争市场厂商的收益曲线可以用图 6-1（b）表示。完全竞争厂商的收益曲线具有如下特点。

第一，由于价格、平均收益和边际收益都是相等的，所以平均收益曲线、边际收益曲线与需求曲线三线重叠，它们用同一条水平线 d 来表示。对于完全竞争厂商来说，在既定市场价格下的任何需求量上都有 $MR=AR=P$，而完全竞争市场上需求曲线的位置又取决于市场价格的位置，这条需求曲线对于单个厂商来说本身就是一条由既定市场价格决定的水平线。需要说明的是，无论在哪一种市场上，平均收益与价格都是相等的。这是因为每单位产品的售价就是其平均收益。但是只有在完全竞争市场上，对于单个厂商来说，平均收益、边际收益与价格才完全相等。其原因在于厂商的销售数量对于既定的价格没有影响。

第二，由于产品价格不变，总收益递增的速率也是不变的，所以完全竞争厂商的总收益曲线是一条由原点出发的呈上升趋势的直线。其斜率不变是因为每一销售量上的边际收益是相应的总收益曲线的斜率。

三、完全竞争厂商的短期均衡及其供给曲线

（一）完全竞争厂商的短期均衡

在短期内，对完全竞争厂商来说，市场价格是给定的，且 $MR=AR=P$。此外，由于短期中生产要素的投入量无法改变，即生产规模无法改变，厂商只能通过调整产量来实现 $MR=MC$ 的利润最大化的均衡条件。厂商短期均衡的盈亏状况可以分为下列五种典型情况，如图 6-2 中的（a）、（b）、（c）、（d）、（e）所示。

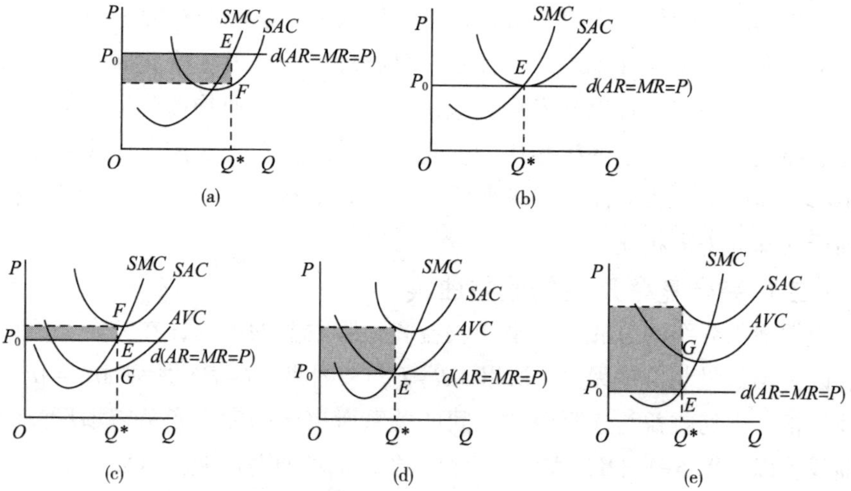

图 6-2　完全竞争厂商短期均衡的五种典型情况

（1）平均收益大于平均总成本，即 $AR>SAC$，此时厂商能够获取经济利润。

在图 6-2（a）中，根据 $MR=MC$ 的原则，厂商的短期均衡位于 MR 与 SMC 相交点 E，对应于 E 点的均衡价格为 P_0，均衡产量为 Q^*。厂商的平均收益为 EQ^*，平均成本为 FQ^*。平均收益大于平均成本，厂商获得的单位产品利润为 EF，利润总量为 $EF \cdot OQ^*$，相当于图中阴影的面积。应当注意的是，此时的平均成本曲线位于平均收益曲线的下方。

(2) 平均收益等于平均总成本，即 $AR=SAC$，此时厂商的经济利润为零。

在图 6-2 (b) 中，厂商的需求曲线 d 与短期平均总成本 SAC 曲线的最低点相切，短期边际成本 SMC 曲线也经过该点。由于该点就是 MR 曲线和 SMC 曲线的交点，所以 E 点就是厂商的短期均衡点，对应的均衡产量为 Q^*。在 Q^* 的产量水平上，平均收益为 EQ^*，平均总成本也为 EQ^*，此时厂商的经济利润为零，但厂商的正常利润全部得到实现。由于厂商在这一点上既无利润又无亏损，所以这一点又被称为收支相抵点（break-even point）。

(3) 平均收益小于平均总成本，但是仍然大于平均可变成本，即 $AVC<AR<SAC$，此时厂商产生亏损。但是只要能够弥补全部可变成本和部分不变成本，厂商就会继续生产。

在图 6-2 (c) 中，对应于 P_0 的市场价格，需求曲线为 d，MR 曲线和 SMC 曲线相交于均衡点 E，决定厂商的均衡产量为 Q^*。在 Q^* 的产量水平上，平均收益为 EQ^*，平均总成本为 FQ^*。由于平均收益小于平均总成本，所以出现亏损，即图中的阴影部分。但是由于此时的平均可变成本 GQ^* 仍然小于平均收益 EQ^*，因此虽然存在亏损，却还能够使得全部可变成本和部分不变成本得到弥补，所以厂商的选择通常是继续生产。

(4) 平均收益等于平均可变成本，即 $AR=AVC$，此时厂商的亏损增大，从而使厂商处于生产和不生产的临界点。

在图 6-2 (d) 中，对应于 P_0 的价格，需求曲线为 d，d 与 AVC 的最低点相切于均衡点 E，同时 SMC 曲线也经过该点。与 E 点对应的均衡产量为 Q^*。此时由于平均收益小于平均总成本，厂商存在亏损，即图中的阴影部分，此时的平均收益与平均可变成本相等，厂商对于是否进行生产的选择处在两可之间。如果继续生产，厂商获得的收益只能弥补可变成本而不能弥补固定成本；如果停止生产，虽然可以不支付可变成本，但是仍然存在固定成本。但是，如果价格跌到 AVC 曲线以下，则连总成本也无法弥补。所以 AVC 曲线与 SMC 曲线的交点成为厂商决定是否继续进行生产的临界点，通常称之为停止营业点（shutdown point）。

(5) 平均收益小于平均可变成本，即 $AR<AVC$，此时厂商的亏损大到无法弥补任何成本，所以必须停止生产。

在图 6-2 (e) 中，对应于 P_0 的价格，需求曲线为 d，$MR=SMC$ 相交于短期均衡点 E，对应的均衡产量为 Q^*。此时平均收益为 EQ^*，小于平均变动成

本 GQ^*。厂商如果继续生产，其全部收益连可变成本也无法弥补，更不用说弥补固定成本。而厂商停止生产，至少可以使得可变成本下降为零。显然，厂商必须停止生产。

综上所述，完全竞争条件下厂商短期均衡的条件为 $MR=SMC$，其中 $AR=MR=P$。在短期均衡状态下，厂商可以获得最大利润，可以利润为零，也可以使存在的亏损降到最小。

（二）完全竞争厂商的短期供给曲线

从完全竞争厂商的短期均衡分析中，可以得到完全竞争厂商的短期供给曲线。如前所述，完全竞争厂商的短期均衡条件为 $MR=SMC$，由于 $AR=MR=P$，所以，该均衡条件也可以表达为 $P=SMC$。这表明，由 $MR=SMC$ 决定的均衡产量与价格之间也存在一种对应关系。这种对应关系可以在图 6-3 中得到说明。

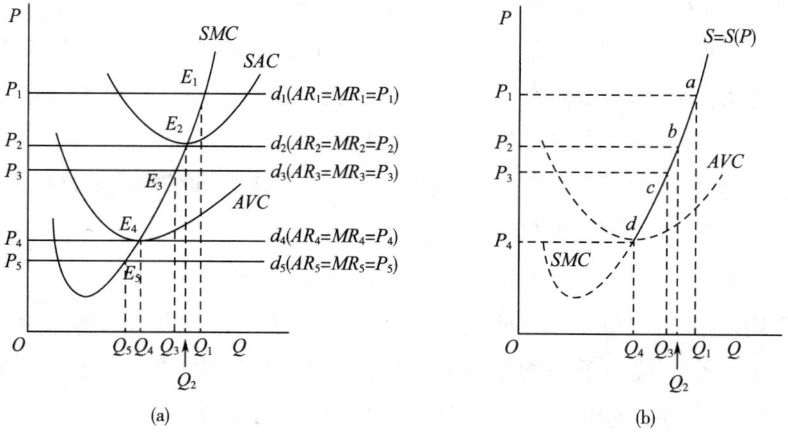

图 6-3　从完全竞争厂商的短期边际成本曲线到短期供给曲线

根据 $P=SMC$ 或 $MR=SMC$ 的短期均衡条件，当市场价格为 P_1时，厂商所选择的最优产量为 Q_1；当市场价格为 P_2时，厂商选择的最优产量为 Q_2，以此类推。可见，对应于每一个给定的市场价格，都存在一个给定的最优产量。这种对应关系可以表达为函数 $Q^S=F(P)$。其中，P 表示商品的市场价格，且 $P=SMC$，Q^S表示厂商的最优产量或供给量。显然，该函数就是完全竞争厂商的短期供给函数。这种函数关系在图 6-3 中体现为表示商品价格和最优产量的各个组合点 E_1、E_2、E_3、E_4。E_5是不可能出现的生产情况。这些点的共同特征是它们不仅都出现在 *SMC* 曲线上，而且都位于 *SMC* 曲线上等于或高于 *AVC* 曲线最低点的部分，即 *SMC* 曲线上等于或高于停止营业点的部分。这部分就构成了完全竞争厂商的短期供给曲线。如果市场价格低于 *AVC* 曲线的最低点，厂商就停止营业，供给量降为零。换言之，完全竞争厂商的短期供给曲线就是 *SMC* 曲线上等于或高于 *AVC* 曲线最低点以上的部分。由于这部分 *SMC* 曲线处在递增阶段，所以斜率为正。

如上所述，我们通过对完全竞争厂商的追求利润最大化的经济行为的分析，推导出了完全竞争厂商向上倾斜的短期供给曲线，从而对本书第二章中阐述的供给曲线作出了进一步的解释，即隐藏在供给曲线背后的是生产者追求利润最大化的经济行为。供给曲线所表明的不只是其他条件不变的情况下，生产者在每一个价格水平上愿意而且能够提供的产品的数量，而且更为重要的是，生产者所提供的产品数量必须是在既定价格水平下能够带来最大利润或最小亏损的产品数量。

四、完全竞争厂商的长期均衡

在短期内，生产规模是既定的，市场价格也是既定的，厂商只能通过调整产量来实现利润最大化的均衡条件。但在长期内，所有的生产要素都是可变的，厂商是通过对全部生产要素的调整，来实现利润最大化的。

厂商在长期中对全部生产要素的调整可以表现为两个方面，一是行业内厂商数目的变化，即厂商进入或退出一个行业，二是单个厂商对生产规模的调整。我们主要分析第一方面的情况。所谓进入（entry）是指企业在一个新的行业进行生产，而退出（exit）是指已在该行业中的企业退出原来的生产。由于在完全竞争市场中，所有的生产要素具有充分的流动性，因此，企业的进退是自由的。单个企业进退活动的目标是实现利润极大化。正是这种动机的存在和进退活动，使得完全竞争企业的长期利润为零。下面进行具体分析。

如果行业内单个厂商可以获得利润，就会吸引其他厂商进入该行业的生产。新厂商的加入使得行业供给增加，导致价格下降从而使得单个厂商的利润下降，直至利润为零，新厂商的加入才会停止。反之，如果行业内单个厂商是亏损的，就会引起行业内部原厂商的退出。行业内原有厂商的退出使得行业供给减少，导致价格上升从而亏损下降直至消失。最后，行业内的每一个厂商都处于既无利润又无亏损的状态，行业内厂商的进入和退出也就停止了。这时，完全竞争厂商便处于一种长期均衡的状态。

五、对完全竞争市场的评价

完全竞争市场最大的优点体现在经济效率上。从经济效率的观点看，完全竞争市场是一种最理想的市场，原因主要包括以下几点。第一，完全竞争将导致尽可能低的价格和尽可能高的产量，一切愿意按边际成本支付价格的人都可以买到商品。第二，在完全竞争条件下，人力、物力、财力都必然各自朝着最有利的行业转移，从而资源得到了最优配置。第三，在长期均衡时所达到的平均成本处于最低点，这说明通过完全竞争与资源的自由流动，使生产要素的效率得到了最大的发挥。第四，可以节省广告支出，因为完全竞争市场上，任何厂商都按市场价格出售他的产品，由于各厂商所提供的产品没有任何差别，因而厂商没有必要通过广告之类的宣传媒介强化自己的产品在消费者心目中的地位，所以在完全竞争市场上不存在非价格竞争所带来的资源浪费。从以上几点来看，完全竞争市场是最理想的。

但是，完全竞争市场也有其缺点，这主要表现在以下几个方面。第一，产品无差别，无法满足消费者的不同需要。第二，完全竞争市场上生产者的规模都很小，没有能力去实现重大的科学技术突破，从而不利于技术进步。第三，在许多行业中只有少数的大厂商才更有可能带来较大的规模经济，以使成本达到最低，这是众多的小规模厂商所不可能做到的。

第三节　完全垄断市场

完全垄断是与完全竞争截然相反的另一种极端的市场结构，如果说完全竞争是一种只有竞争而没有垄断的市场，那么完全垄断就是一种只有垄断而没有竞争的市场。

一、完全垄断市场的成因

完全垄断市场（perfect monopoly market）最突出的特征就是由一家厂商垄断一个行业。形成完全垄断市场的原因可以概括为以下几个方面。

1. 资源垄断。如果一家厂商控制了生产某种产品的资源，那么它就可以垄断这种产品的供给。18 世纪末到 19 世纪 40 年代，美国的铝公司就是由于控制了全美铝土矿的开采权，从而垄断了铝行业。南非的 DeBeers 联合矿业公司也是由于控制了地球上钻石矿的五分之四，从而成为世界钻石市场的垄断者。

2. 自然垄断。自然垄断产生于规模经济。某些产品的生产技术具有这样的性质，单个厂商的长期平均成本曲线在相当大的产量范围内都是递减的，这家厂商能够以有利的价格供给全部市场，从而形成垄断。反之，当厂商数目增加时，平均成本会提高。自然垄断广泛地存在于公用事业，如供水、供电、电话通信、铁路运输等。

3. 法律进入壁垒。法律进入壁垒指通过某些合法的形式限制了其他厂商的进入，从而产生了合法的垄断。第一类法律进入壁垒是政府特许经营，是指政府通过法律赋予某企业供给某种物品与劳务的排他性权利，如国家的邮政服务。第二类法律进入壁垒是政府许可证制度，是控制进入某一职业和某一产业的制度，例如，从事医务、法律、教师、会计师等职业必须由政府许可。许可证制度并没有创造出垄断，但它限制了竞争。第三类法律进入壁垒是专利制度。专利是政府赋予某种产品或劳务的发明者的排他性权利。专利是法律允许的一种垄断形式，非经专利持有人的同意，禁止其他人使用，这样，专利持有人就成了某种产品或技术的垄断者。设立专利制度的目的是为了鼓励创新，因为一项技术的研发成本很高，而仿制的成本却很低，如果没有专利制度，发明者的权益得不到保护，会抑制企业的创新动力。

二、完全垄断厂商的需求曲线和收益曲线

由于完全垄断行业中只有一个厂商，因此整个行业的需求曲线也就是一个厂商的需求曲线。这时，需求曲线就是一条表明需求量与价格呈反向变动的向右下方倾斜的曲线。如果垄断厂商对价格有一定的控制力，它可以通过削减产量来提高价格，也可以通过增加产量来降低价格，而不是像完全竞争市场上的厂商一样，只能被动地接受市场均衡价格。

在任何市场上，由于平均收益都等于价格，因此平均收益曲线就是市场需求曲线，完全垄断厂商也不例外。由于需求曲线是向右下方倾斜的，当销售量增加时，产品价格会下降，从而边际收益减少，这样边际收益就不会等于平均收益，而是小于平均收益，这种关系可以通过图 6-4 来表示。

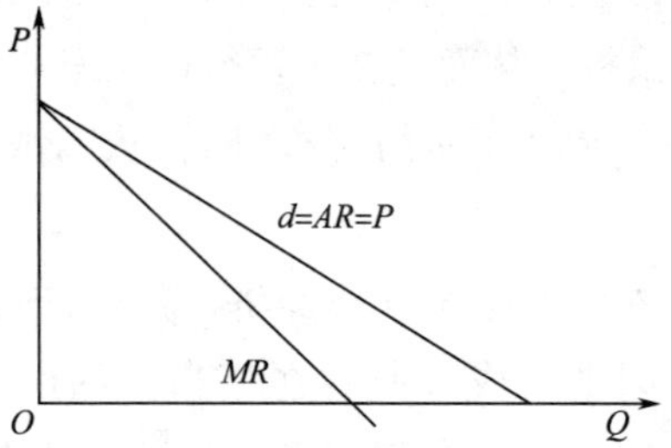

图 6-4　垄断厂商的需求曲线和收益曲线

三、完全垄断厂商的短期均衡

完全垄断厂商为了获得最大的利润，也必须遵循 $MR=MC$ 的原则，在短期内，垄断厂商无法改变固定要素投入量，只能在既定的生产规模下通过对产量和价格的调整，来实现 $MR=SMC$ 的利润最大化的原则，如图 6-5 所示。

在图 6-5 中，SMC 曲线和 SAC 曲线代表垄断厂商既定的生产规模，d 曲线和 MR 曲线分别代表垄断厂商的需求曲线和收益曲线。垄断厂商根据 $MR=SMC$ 的利润最大化的均衡条件，将产量和价格分别调整到 Q_1 和 P_1 的水平。在短期均衡点 E 上，垄断厂商的平均收益为 FQ_1，平均成本为 GQ_1，平均收益大于平均成本，垄断厂商获得利润。单位产品的平均利润为 FG，总利润量相当于图中阴影部分 P_1FGH 的矩形面积。

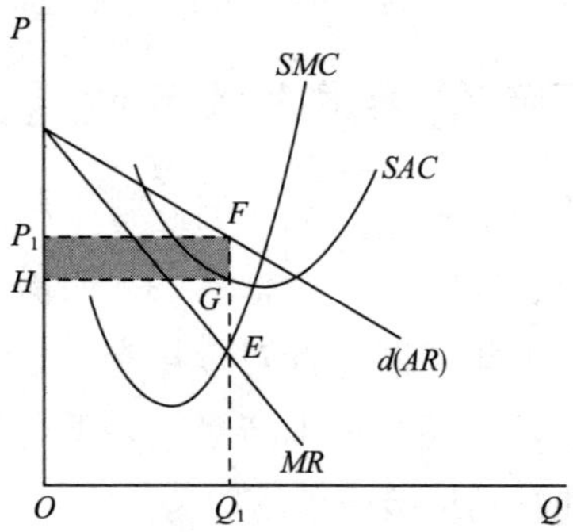

图 6-5　完全垄断厂商的短期均衡

$MR=SMC$ 是垄断厂商利润最大化的均衡条件。这是因为，只要 $MR>SMC$，垄断厂商增加一单位产量所得到的收益增量就会大于所付出的成本增量。这时，厂商会增加产量。反之，当 $MR<SMC$ 时，厂商会减少产量。只有当 $MR=SMC$ 时，厂商实现均衡。这里需要说明的是，垄断厂商在短期均衡点上，可以获得最大利润，可以利润为零，也可以蒙受最小亏损。

四、完全垄断厂商的长期均衡

完全垄断市场是由一家厂商独占市场，不存在新厂商加入该行业参与竞争的问题。但在长期中，随着市场对产品需求的增加或减少，厂商也要不断地调整其生产规模，其目的主要是降低成本，以便达到利润最大化。

一般情况下，垄断者在长期之中会有某种程度的超额利润或至少有正常利润。对垄断者来讲，如果在长期之中经营仍不能弥补其成本，那么垄断者将退出该行业。

在长期之中，厂商取得最大利润的必要条件是 $LMC=MR$，同时出于对利润的追求，也会调整自身的生产规模以使其投入要素组合最佳，即 $LMC=MR=SMC$，于是垄断厂商达到长期均衡的条件是 $LMC=SMC=MR$。此时厂商可得到最大的垄断利润。

在这里还需要说明的是，完全垄断厂商无供给曲线。在完全竞争市场中，由于个别厂商无法影响市场价格，只是市场价格的接受者，他们只能视市场价格多少来决定使利润最大的产量。因此，市场价格与厂商取得最大利润的产量之间存在着一一对应的关系，因而构成了厂商的需求曲线，且恰好就是边际成本曲线。然而在厂商具有市场力量，即他们能对市场进行某种程度的控制时，其利润最大的产量和价格是唯一同时被决定的，垄断者的产量和价格之间不存在一一对应的关系，故不存在供给曲线。也就是说，当个别厂商对市场价格具有影响力时，厂商无供给曲线，当个别厂商为市场价格的接受者时，则厂商存在供给曲线。由此可以得到推论，下一节要介绍的垄断竞争市场和寡头垄断市场也不存在规律性的供给曲线。

五、价格歧视

（一）价格歧视的定义

价格歧视（price discrimination）又称为差别定价，是指垄断者在同一时间对同一种物品向不同消费者索取不同价格的行为。由于完全垄断市场是一家厂商垄断整个市场，所以垄断厂商可以依靠自己的完全垄断地位来实施价格歧视，从而在某些情况下可以获得垄断利润。在现实生活中，价格歧视是广泛存在的。如机票依据时间不同有价格差别，旅游景区依据季节不同收费标准不同，球场门票依据位置不同分为甲票、乙票等。

价格歧视并不包括反映不同生产成本的价格差异，或者说，并不是所有的价格差别都是价格歧视。在许多情况下，产品相似但成本并不完全相同的物品按不同的价格出售是由于成本不同，而不是价格歧视。例如，对高峰时期的用电量收取高价格，是因为这时发电的边际成本递增，并不能视为价格歧视。

从广泛的意义上说，任何具有倾斜需求曲线的厂商，都是一定程度的垄断者，都有一定的独立定价权，因而，他们都可以实行价格歧视政策，只有完全竞争厂商做不到这一点。因此，这里对价格歧视的分析同样适用于后面所要介绍的垄断竞争和寡头垄断市场上的厂商。

（二）实施价格歧视的前提

实施价格歧视的目的是为了获取超额利润。要使价格歧视得以实施，通常需要具备三个条件。第一，市场存在不完全性。当市场存在不完全竞争因素、信息不畅通或者市场由于种种原因被分割时，垄断厂商就可以利用这种市场的不完全性实施价格歧视。第二，各个市场对同一种产品的需求弹性不同。这时垄断厂商就可以对需求弹性较小的市场实施高价，以获取垄断利润。第三，垄断厂商能够有效地把不同市场或相同市场的不同部分分割开来。例如，在电力行业中只有把工业用电网和民用电网分割开，才能实施不同的价格。

（三）价格歧视的种类

英国经济学家庇古（Pigou）最早研究了价格歧视行为，并将它区分为三种类型，即一级价格歧视、二级价格歧视和三级价格歧视。

(1) 一级价格歧视，也称完全价格歧视，是指厂商按消费者愿意支付的最高限额索取每单位产品的价格，即产品的售价等于其需求价格，厂商获得了全部消费者剩余。

实行一级价格歧视的条件包括以下几个方面。市场上购买者的数量较少；厂商确切地了解消费者愿意支付的最高价格；厂商的产品几乎没有其他替代品。在这些条件下，厂商就可以将价格定在消费者愿意支付的最高价格。显然，一级价格歧视在现实生活中是比较少见的。律师、医生、会计师等一些个体职业者根据当事人经济状况收取劳务费，属于一级价格歧视。

（2）二级价格歧视，是指垄断厂商把产品分批定价销售，以获取最大收益。价格是按照购买量的多少收取的，购买量越小，厂商索价越高，购买量越大，厂商索价越低，即表现为“数量折扣”。在二级价格歧视的情况下，厂商可以获得部分消费者剩余。实行二级价格歧视的条件包括市场上有大量的购买者、产品比较容易计量等。

（3）三级价格歧视，是指厂商把购买者分成不同的类别，每一类别就是一个子市场，每一个子市场中存在不同的需求弹性，垄断厂商据此分别收取不同的价格。

三级价格歧视是现实生活中最为常见的一种价格歧视。例如，电力公司对工业用电收费较低，而对居民户用电收费较高，是因为工业用电由于存在较多的替代品，如自己发电，因此需求价格弹性更大。价格歧视者对价格敏感的人制定较低的价格，对价格反应不敏感的人制订较高的价格，从而使自己利润最大化。

六、对完全垄断市场的评价

如果说完全竞争的市场被认为是经济效率最高的市场，那么，与此相反，完全垄断市场被认为是经济效率最低的市场。这主要表现在以下几个方面。第一，生产资源的浪费。由于垄断厂商是按照边际收益等于边际成本的原则确定其价格和产量的，而由于它所面临的需求曲线是向右下方倾斜的，所以垄断价格总是高于边际成本，从而价格相对高于完全竞争市场，而产量则相对低于完全竞争市场。第二，社会福利的损失。垄断厂商实行价格歧视使得消费者所付出的价格高，那么消费者剩余将减少，这种减少则是社会福利的损失。第三，垄断者凭借其垄断地位而获得超额利润，加剧了社会收入分配的不平等，也阻碍了技术进步。

但是，垄断市场并不是一无是处的。首先，有些垄断尤其是政府对某些公用事业的垄断，并不以追求垄断利润为目的。这些公用事业往往投资金额大，投资周期长而利润率低，但它又是经济发展和人民生活所必需的。这样的公用事业由政府进行完全垄断，会给全社会带来好处。其次，由于垄断厂商一般来讲规模都较大，这样有利于社会分工，实行大规模经营，从而降低成本，实现规模经济，提高经济效率。

第四节　垄断竞争市场

前面重点考察了完全竞争市场和完全垄断市场。然而，在现实经济生活中，这两种极端的情况是比较少见的，更常见的市场结构是介于这两者之间的各种不完全竞争的市场结构，也就是下面要考察的垄断竞争市场和寡头垄断市场。

一、垄断竞争市场的含义及其条件

1. 垄断竞争市场的含义。垄断竞争（monopolistic competition）是指这样一种市场，在这种市场上，大量企业通过生产相似但又不能互相替代的产品进行竞争。同时，由于产品存在差别，所以每个提供差别产品的厂商对其产品的价格能够施加一定的影响。这是一种既包含垄断因素、又包含竞争因素的市场结构。它是处于完全竞争和完全垄断之间的一种市场结构。

2. 垄断竞争市场的条件。

（1）垄断竞争市场最重要的条件是出售的产品具有差别。这里所说的产品差别不是指不同类产品存在差别，而是指同一类产品的不同之处。例如，由于包装、商标、广告而引起的形式上的差别；由于原材料、设计、技术不同而引起的功能上的差别；由于出售地点、商店风格、信誉程度、服务态度和工作效率不同而引起的出售条件的差别等。产品有了上述差异，就不能彼此完全替代，所以形成垄断，差异越大，垄断程度就越高，即所谓“有差别存在就会有垄断”。但是因为它们又属同一类产品，彼此之间又有相似之处，所以又存在竞争，替代程度越高，竞争程度就越高。因此，每个厂商既是垄断者又是竞争者。

（2）有差别的产品通常是由不同的厂商生产的，所以垄断竞争市场的第二个条件是厂商数目很多。垄断竞争市场中的每个厂商努力创造自己产品的差异，并通过这种差异来形成垄断和竞争的优势，因此对自己产品的价格有一定的控制力量。但是因为存在竞争，所以垄断厂商又不能通过互相勾结完全控制市场价格。例如，一个厂商如果认为自己产品价格过高，他可以也只能降低自己产品的价格，但不能决定竞争对手的市场行为。从这个意义上说，这些厂商既彼此独立行动，但又互相依存。

（3）与垄断竞争市场上厂商数量众多相关的条件是垄断竞争市场的进入和退出的障碍不大，厂商在市场上进出比较容易，大多数厂商资本不多，规模不大。当垄断竞争市场上存在超额利润时就会吸引新厂商的进入，反之就会导致原有厂商的退出。最典型的垄断竞争行业是手工业、修理业、食品业、印刷业、钟表业以及服装业等轻工业部门。

二、垄断竞争市场与完全竞争市场的比较

垄断竞争市场是一种介于完全竞争和完全垄断市场之间的市场结构，并且在二者之间更接近于完全竞争。但是，垄断竞争与完全竞争之间还是存在一些区别，我们将二者做一比较。

1. 生产能力过剩。我们把平均总成本达到最低点时的产量，也就是平均总成本曲线达到U形的底部时的产量称为“理想的产量”，也是企业的“能力产量”。在完全竞争市场的长期均衡时，恰好达到了理想的产量，在理想的产量上，企业的全部生产能力都得到了使用，不存在过剩的生产能力。但是在垄断竞争的长期均衡时，产量并没有达到这一水平，厂商生产的产量低于平均成本最低时的产量。因此，消费者支付的价格也就高于最低平均总成本。这是由于企业面临着向右下方倾斜的需求曲线。只有在企业面临的需求曲线具有无限弹性，即为一条水平线时，长期均衡的产量才能达到最低平均总成本。只有完全竞争厂商能做到这一点。在垄断竞争下，由于存在产品差别，需求曲线向右下方倾斜，因此产量没有达到理想的产量，存在着生产能力的过剩。实际上，只要市场上存在着垄断因素，就会存在生产能力的过剩，而且，垄断程度越高，生产能力的过剩就越多。这也从另一个角度说明了完全垄断市场是效率最低的市场。

2. 价格加成高于边际成本。完全竞争和垄断竞争之间的第二个差别是价格和边际成本之间的关系。对一个完全竞争厂商来说，价格等于边际成本。而对于一个垄断竞争企业来说，价格高于边际成本，因为企业总有某种市场势力（即垄断竞争市场的垄断成分）使其索取高于边际成本的价格。

在长期中，完全竞争与垄断竞争同样是经济利润为零，那么为什么此为“价格等于边际成本”，而彼则为“价格高于边际成本呢”？这是因为，零经济利润的状况只能保证价格等于平均成本，它并不保证价格等于边际成本。

实际上，在长期均衡时，垄断竞争企业在其长期平均成本曲线向下的部分运营，因此，边际成本低于平均成本。这样，在价格等于平均成本时，价格必定高于边际成本。

3. 非价格竞争。在垄断竞争市场上，厂商可以压低价格来吸引顾客，扩大市场销售。但事实上厂商更偏好另外一些非价格手段，如改进产品性能、精心设计包装、提高售后服务、加强广告攻势等，这些手段统称为非价格竞争。在完全竞争市场上，产品都是同质的，这些非价格竞争毫无意义。

垄断竞争厂商的非价格竞争主要有两种手段，第一是改进产品的品质，第二是通过广告等促销活动。这两种途径都是通过影响消费者的需求来增加销售量，因此被称之为非价格竞争。

（1）品质竞争。所谓品质竞争指的是通过产品品质的改进，形成产品现实的“差别性”。品质竞争是非价格竞争手段之一。

按照不完全竞争理论的创始人之一张伯伦的观点，垄断竞争厂商控制市场的程度取决于产品的“差别性”程度。改变产品品质，如产品的性能、式样、型号、颜色、包装与装饰，以及改进销售服务，如提高服务速度、改进服务态度、改变经营方式和销售地点、售卖单位等，使该产品能够满足消费者特殊的需求。该产品与其他产品有了“差别性”，于是该厂商就有了相对的垄断性，且“差别性”程度越大，垄断的成分越多。当然，在垄断竞争市场上，无论“差别性”有多大，其产品或多或少要遭遇到其他的一些替代品的竞争。

（2）广告竞争。非价格竞争的另一种形式是以广告为主的推销手段。在完全竞争条件下，各个厂商出售的是同质的产品，且他们都能够销售自己愿意销售的任何数量，没有必要使用广告手段。在完全垄断条件下，广告对扩大销售量起一定作用，广告可以使消费者了解、熟悉产品品质而使用或继续使用其产品，但因不存在竞争，广告也不重要。而在垄断竞争市场上，由于各个厂商的产品存在着差异性，广告便成为吸引消费者、影响消费者需求，从而扩大销售量，获得最大利润的重要手段。

广告的方式有两种，一种是直接向消费者介绍产品的性质、用途、使用方法和价格；另一种是向消费者宣扬本产品的特殊性及其优越于其他同类产品之处。无论厂商采取何种方式的广告，其目的都是促使消费者改变偏好，转移需求，以提高该产品在市场上的竞争力。但厂商从事广告活动，必然会增加产品的销售成本，那么，厂商必须在广告支出和产品销售量之间进行权衡，以保证获取最大利润。

第五节　寡头垄断市场

尽管完全竞争和完全垄断是研究企业行为的十分有用的参照，但其与现实的市场结构毕竟相去较远。现实市场上往往有多个企业经营，它们互相竞争，但每个企业都有一定的相互影响力，因此不是完全竞争。每一企业的市场力量又受到其他企业的牵制和约束，因此又不同于完全垄断。这样的市场结构叫作寡头垄断市场。

一、寡头垄断市场及其特征

寡头垄断市场（oligopoly market）是指少数几个厂商控制整个市场中的生产和销售的市场结构。寡头垄断市场应该具备以下条件。

（1）行业中厂商数量较少。寡头垄断市场上，生产者的数量较少，因而每一个厂商在市场中都有相当大的份额，当它改变自己的产量和价格时，会对市场的均衡价格和销售量产生影响，并且会影响竞争对手的利润。也就是说，寡头间的行为是相互影响、相互制约的，因此，厂商既不像完全竞争市场那样是价格的被动接受者，也不像完全垄断市场那样是价格的主动制定者，而是价格的寻求者。

（2）厂商所生产的产品可以是无差别的，也可以是有差别的，前者如钢铁、水泥等行业，被称为纯粹寡头，后者如汽车、家电等行业，被称为差别寡头。

（3）寡头垄断市场的进入壁垒虽然不像完全垄断市场那样高不可越，但也存在比较大的障碍，这种障碍表现在现有厂商比试图进入该市场的厂商在规模经济、技术装备、获得政府特许等方面所占据的优势。

与前几种市场结构相比，寡头垄断市场具有明显的特征。

第一，厂商生产规模缺乏一致性。在完全竞争市场和垄断竞争市场中，厂商数量虽多，但它们在规模上基本都是相同的，而寡头垄断市场上，少数几家厂商规模巨大，同时，也存在着许多小型厂商，它们或者独自生产，在市场上占有的份额很小，或者为大厂商提供零部件等。

第二，厂商之间存在相互依赖性。在前述几种市场结构中，厂商之间是相互独立的，一个厂商的产量或价格决策，一般不会对市场或其竞争对手产生影响，但寡头垄断市场则不同，由于厂商数量少，每一个厂商的产量在市场中占有相当大的份额，而且他们所生产的又是十分接近的替代品，一个厂商的行为会直接影响到竞争对手的行为。因此，每一个寡头厂商在采取某项决策之前，必须首先预测这一行动对其他厂商所产生的影响，以及这些厂商作出各种反应的可能性，然后分析自己对这些反应所采取的对策，这样，才能保证这项决策对自己真正有利。可见，任何一个寡头垄断厂商的利益都会受到行业中所有厂商决策的影响。

第三，竞争方式的多样性。由于寡头垄断厂商之间的相互依赖性，依靠传统的价格竞争方式，往往会遭到对手的报复，反而对自己不利，因此，寡头垄断厂商更多地采用非价格竞争方式，如产品质量竞争、广告竞争等，这就使得寡头垄断市场厂商的行为更加难以预料。

二、寡头垄断模型及其分类

为了分析寡头垄断的行为，必须根据假设来推测其竞争对手的决策及反应方式。寡头垄断市场最重要的特征就是寡头之间的相互依存性和相互斗争性，也就是寡头之间合作与利己的矛盾冲突。由于寡头垄断的上述特征，使得经济学对寡头市场的研究也变得复杂，不可能有一个适用于所有寡头垄断特征的行业模型。

按照不同的标准，可以对寡头垄断行业进行不同的分类。

(1) 从产品性质的角度看，可以将寡头垄断行业分为纯粹寡头和差别寡头。

(2) 从构成一个寡头垄断行业的厂商数目来看，寡头垄断行业又可分为双头垄断、三头垄断和多头垄断。双头垄断的例子如可乐行业的百事可乐和可口可乐，民用飞机制造业的波音和空中客车；三头垄断的例子如美国汽车行业的通用、克莱斯勒和福特；多头垄断的例子如石油输出国组织（OPEC）。

(3) 从行为方式上来看，寡头垄断行业可以分为两种形式，一种是独立行动或非勾结性寡头垄断，另一种是勾结性寡头垄断。

假设在每一时期内，对手的反应方式一经确定后就保持不变并重复出现。以这种假设为前提的模型，称为非勾结性的寡头垄断模型，也称为双头垄断模型。其中具有代表性的是古诺模型、埃奇沃思模型和张伯伦模型。另一种假设是，寡头厂商为避免由于相互依存所产生的不确定性和竞争所导致的两败俱伤，而进行某种形式的勾结或共谋，以协调各自的行动。以这种假设为前提的模型，称为勾结性的寡头垄断模型。勾结性的寡头垄断模型又分为公开的勾结和秘密的勾结两类。由于公开的勾结即卡特尔（Cartel）在不少国家被法律禁止，寡头厂商往往采取非公开的勾结行为，即同行业的厂商共同遵守一些公认的行为准则，如承认削价倾销是违反商业道德的、认可竞争行为的某些惯例、相互尊重对方的市场份额、承认各自的势力范围等。

思考与练习

一、基本概念

市场类型　完全竞争　完全垄断　垄断竞争　寡头垄断　价格歧视

二、练习题

1. 划分市场类型的依据是什么?
2. 简述完全竞争市场的基本性质。
3. 图示完全垄断市场的短期均衡。
4. 图示完全竞争厂商的长期均衡。
5. 试述完全竞争厂商短期供给曲线的形成。
6. 简述完全垄断市场的成因。
7. 图示完全垄断厂商的短期均衡。
8. 比较完全竞争市场与垄断竞争市场。

第七章

博弈论与决策行为

本章学习重点

- 博弈论的概念及其基本要素
- 优势策略均衡和纳什均衡的概念，以及二者之间的关系
- 用“囚徒困境”来验证博弈论的基本思路
- “囚徒困境”和帕雷托最优状态之间的关系
- 重复博弈、有限次重复博弈和无限次重复博弈的概念，以及它们之间的关系
- 序列行动博弈及其“先行者优势”之间的关系

博弈论研究是指在各个经济主体的决策行为相互作用、相互影响的条件下，理性的行为主体是如何进行决策的。在现实经济中，大多数经济行为主体都面对着同自己竞争或合作的经济组织，在做出各种经济决策时，都必须将对方的可能反应考虑在内，并由此采取相应的策略。

博弈论是微观经济学的重要发展，也是现代经济分析的主要工具之一。本章将介绍博弈论的基本知识，并说明它在市场的发展和运作中的应用，以及经营者如何运用博弈论来进行正确的决策。

第一节　博弈论的基本知识

博弈论（game theory）又称为“对策论”或“游戏论”“比赛论”，是美国数学家冯·诺依曼（Von Neumann）在1937年首先提出来的。后来，冯·诺依曼和奥斯卡·摩根斯特恩（Oskar Morgenstern）联手出版了《博弈论与经济行为》一书，首次将博弈论运用到经济学中。时至今日，该书仍然是博弈论的经典之作。“博弈”这个从棋弈、桥牌中借用来的术语，不仅被广泛应用到经济分析中，而且被应用于政治、军事、社会学、心理学等诸多领域。1994年的诺贝尔经济科学奖，就是由纳什、泽尔滕和海萨尼三位对博弈论的应用作出了重大贡献的经济学家所分享的。

一、博弈论的基本概念

博弈是两个或两个以上的个人或组织都在追求各自的利益，却没有人能够支配结果的一种竞争态势。例如，下棋就是一种博弈，两个或两个以上的厂商进行竞争性的广告宣传也是一种博弈。博弈论试图研究在既有冲突又有合作的情况下，个人或组织的决策行为。也就是说，它研究一个主体的选择受到其他人、其他企业或其他组织选择的影响，而反过来影响其他人、其他企业或其他组织选择时的决策问题和均衡问题。

在博弈论中，有一些常用的基本概念，如参与者（或称局中人）、博弈规则、博弈的收益矩阵、博弈中的信息条件等。在所有的场合都存在这些要素，所以，它们是博弈的基本特征。下面我们以"石头、剪子、布"（rock，scissors，papers）的游戏为例，来说明博弈论的这些基本要素。

这一游戏有两个参与者（players），每个参与者有三种策略（strategies）可供选择：①出剪子（用两个手指表示）；②出石头（用拳头表示）；③出布（用手掌表示）。该游戏的规则如下：①如果两个参与者的策略相同（如石头对石头等三种可能性），双方为平局；②如果双方出手不一，则可决定出胜负，石头赢剪子、剪子赢布、布赢石头（即石头砸剪子、剪子剪布、布包石头）。该游戏的奖惩如下：赢家赢 1 元，输家输 1 元，可以用收益矩阵（payoff matrix）或收益表（payoff table）表示。该游戏矩阵如图 7-1 所示。

		参与者 B		
		石头	剪子	布
参与者 A	石头	0，0	1，-1	-1，1
	剪子	-1，1	0，0	1，-1
	布	1，-1	-1，1	0，0

图 7-1 "石头、剪子、布"游戏矩阵

上面的收益矩阵的含义是，A 和 B 各有 3 种策略，如果 A 出石头，B 也出石头，各自收益均为 0；如果 A 出石头，B 出剪子，按照游戏的规则，A 的收益为 1，B 的收益为-1；如果 A 出石头，B 出布，A 的收益为-1，而 B 的收益为 1。这就是上面的收益矩阵中第一行的含义。第二行和第三行的含义以此类推。

通过上面的“剪子、石头、布”的例子，我们可以将博弈论的基本要素总结如下。

（1）参与者（players），也叫局中人，指的是一个博弈中的决策主体。他的目的是通过选择策略以最大化自己的收益。参与者可能是自然人，也可能是法人，甚至可能是若干个国家组成的集团（如欧盟、北约等）。

（2）博弈规则（rules of the game），是用来限定参与者如何使用资源进行行动，以及这些行动所导致的结果。所以说，博弈的规则决定了博弈的均衡。这在上面的“剪子、石头、布”的例子当中我们已经进行了很好的说明。

（3）策略（strategy），也称为战略，是参与者在给定信息的情况下的行动选择。策略告诉参与者如何对其他参与者的行动作出反应，因而策略又称为参与者的“相机行动方案”。显然，每个参与者所采用的策略，对博弈的结果具有决定性的作用，而博弈参与者的策略，在很大程度上又是由他所掌握的信息决定的。

（4）信息（information）。信息是参与者在博弈中的知识，特别是有关其他参与者的特征和行动的知识。

（5）收益（payoff），也称为得益，是指在一个指定的战略组合下，参与者从博弈中获得的效用水平。它是所有参与者的策略或行动的函数，是每个参与者真正关心的东西。对应于参与者的每一个特定的策略组合，都有一个特定的收益情况。

如果一个博弈中只有两个参与者，那么，该博弈的有关特征就可以通过矩阵来表示，这就是一个收益矩阵（payoff matrix），如上例所示。

二、优势策略均衡

优势策略（dominant strategy）又称为“上策”，是指对某博弈方来说，不管其他方采取什么策略，他所采取的都是能给自己带来最大报酬的策略。这是博弈中最简单的一种策略选择。

一般来说，在博弈活动中，一个人的收益依赖于所有其他方的策略。但在一些特殊的博弈中，一个人的最大收益可能并不依赖于其他方的策略选择。这种不论其他方的策略如何，都能使自己的收益最大化的策略就是优势策略。

下面我们以“可乐广告博弈”为例来说明优势策略（单位：亿美元）。如图 7-2 所示。

		百事可乐	
		电视广告	报纸广告
可口可乐	电视广告	2，3	1，2
	报纸广告	3，2	2，1

图 7-2　可乐广告博弈

在上面这个博弈中，两个参与者“百事可乐”与“可口可乐”各有一个优势策略。不管百事可乐选择电视广告还是报纸广告，可口可乐选择报纸广告所得到的利润都比选择电视广告所得到的利润多。这样，选择报纸广告就是可口可乐的优势策略。同样，不管可口可乐选择电视广告还是报纸广告，百事可乐选择电视广告所得到的利润都比选择报纸广告所得到的利润多。这样，选择电视广告就是百事可乐的优势策略。最后，可乐博弈的答案就是——可口可乐选择报纸广告，百事可乐选择电视广告。可口可乐的利润是 3 亿美元，百事可乐的利润是 2 亿美元，即参与者的收益为收益矩阵中的左下角（3，2）。

三、纳什均衡

（一）纳什均衡的含义

是不是在所有的博弈中都存在参与者的优势策略呢？答案是否定的。假设我们前面的可乐博弈中的策略组合改变为下面可乐广告博弈Ⅱ矩阵所示的内容（单位：亿美元），如图 7-3 所示。

		百事可乐	
		电视广告	报纸广告
可口可乐	电视广告	2，3	1，2
	报纸广告	3，2	2，3

图 7-3　改变后的可乐广告博弈

在这个新的条件下，选择报纸广告仍然是可口可乐的优势策略，即不管百事可乐采取什么样的策略，选择报纸广告对可口可乐来说都是最佳策略。但百事可乐不再有优势策略，因为它的最优策略依赖于可口可乐的选择。如果可口可乐选择电视广告，百事可乐应该也选择电视广告，因为这样它获得的收益更多；反之，如果可口可乐选择报纸广告，百事可乐应该也选择报纸广告，因为这样它获得的收益更多。

这样，百事可乐的选择实际上依赖于可口可乐的选择。也就是说，百事可乐必须要“换位思考”，即首先要考虑选择何种广告对可口可乐最有利。在收益矩阵已知的情况下，很容易确定可口可乐的优势策略是选择报纸广告。结果是，可口可乐选择报纸广告，而百事可乐也将选择报纸广告。这样，双方的收益就是收益矩阵中的右下角（2，3）。

可口可乐和百事可乐的这个策略组合是稳定的，因为，在这种情况下，对双方来说都是最有利的，而一旦改变，对双方来说都是不利的。这个策略组合就是一个纳什均衡。

由此我们可以得出纳什均衡的定义：在其他参与者选择的策略既定的情况下，如果每个参与者的策略都是他可能选择的最优策略，则所有参与者的最优策略构成的策略组合，就叫作纳什均衡（Nash equilibrium）。一个纳什均衡，实际上就是一组最优策略（在可乐博弈Ⅱ的例子中，就是可口可乐和百事可乐都选择报纸广告这样一组策略），是每个追求自身利益最大化的参与者所能够作的最好选择。尽管由于其他参与者的行动的影响，有的参与者无法获取更多的利益，例如，在可乐博弈Ⅱ的例子中，可口可乐没有获得收益矩阵中左下角的3亿美元的利润，而只获得了右下角的2亿美元的利润，但是在纳什均衡中，每个参与者都不后悔自己的选择，也没有任何积极性来改变这种选择。从这个意义上说，纳什均衡还可以解释为：给定他人的策略，没有任何参与者有积极性选择其他策略，从而没有积极性打破的一种策略均衡。

（二）优势策略均衡与纳什均衡

通过上面的分析可以总结出纳什均衡和优势策略均衡之间的关系。优势策略均衡的实质是，不管其他参与者如何行动，每个参与者都有一个对自己来说是最好的策略；而在纳什均衡中，需给定其他参与者的行动，每个参与者才可以选择一个对自己来说是最好的策略。因此，纳什均衡的核心思想是“换位思考”。优势策略均衡和纳什均衡的区别在于：在优势策略均衡中，我所做的是不管你做什么我所能做的最好的，你做的是不管我做什么你所能做的最好的；在纳什均衡中，我所做的是给定你所做的我所能做的最好的，你所做的是给定我所做的你所能做的最好的。从二者的关系可以看出，优势策略均衡是纳什均衡的一个特例，一个优势策略均衡首先是一个纳什均衡。

（三）最大化最小策略

纳什均衡是基于参与人的理性假说。各博弈方的策略选择不仅取决于他自己的理性，而且也取决于他对手的理性。百事可乐的策略选择中既包含有可口可乐的理性，也包含有百事可乐自己的理性。假定两个厂商的收益矩阵如图 7-4 所示。

		百事可乐	
		电视广告	报纸广告
可口可乐	电视广告	2，1	1，0
	报纸广告	3，2	2，3

图 7-4 新思路下的可乐广告博弈

按照纳什均衡的思路，百事可乐仍然预期可口可乐将选择报纸广告，因为这是可口可乐的优势策略。这时，百事可乐作相同的选择，因为如果可口可乐选择报纸广告，则百事可乐的最优策略也是选择报纸广告。显然，这个博弈的右下角一组收益（2，3）是一个纳什均衡。

但是，现在从上面的收益矩阵看，万一出于某种原因，可口可乐非理性地选择了电视广告，而百事可乐又确信可口可乐是理性的，则百事可乐选择报纸广告的策略就将是灾难性的，它的利润将是 0。

假若百事可乐有一个谨慎的管理者，他认为可口可乐的管理者可能并不完全清楚该博弈，或不一定理性，他就可能选择电视广告的策略。这样，百事可乐就将保证 1 亿美元的利润，而避免了利润为 0 的可能性。

因为百事可乐所采取的这一策略是一种最大可能的最小收益，或者说，它使可能出现的最小收益最大化。因此，经济学家将这种策略称为最大化最小策略（maxmin strategy），又称为极大化极小策略。

如果百事可乐选择电视广告，则其最小收益是 1 亿美元，而选择了报纸广告，则最小收益是 0。为了最大化最小收益，百事可乐应当选择电视广告。

这种策略是保守的、非利润最大化的。这种策略是在一个参与人假定其他参与人都将采取最有害于自己的策略的条件下，为最大化自己的收益而选择的。许多经济学家认为，那些采用最大最小策略的参与人会放弃相当可观的超额利润，实属不必要的悲观论调。但这种策略有时仍会被采用。

第二节 囚徒困境——一个经典的博弈

囚徒的困境是博弈论的一个经典的案例。通过对这个案例的分析我们可以再次验证博弈论的基本思路——你在作出决策时，一定要分析对手的策略，但是，你必须始终记住对手也在分析你的策略。

一、囚徒的困境

甲、乙两人由于偷汽车而被捕，他们为此要被判处两年的监禁。在审问的过程中，警长感到，这两人很可能参与了上月的银行抢劫案。不过，这只是一种猜测，除非有一人坦白交代，否则，警长不会得到任何证据。于是，警长想了一个主意，他把两人分开监禁，使他们彼此之间无法联系，并且分别跟两个囚徒单独谈话："我已经掌握了足够的证据，证明你们俩人参与了上月的银行抢劫，将偷汽车和抢银行二罪归一，你们将被判处10年的监禁。不过如果你单独坦白，主动交代对方的问题，就可以争取宽大处理，将监禁期缩短为1年，你的同伙则要被判刑10年。但是，如果你们俩人都坦白交代，则都将被监禁5年。"在这种情况下，两个囚徒的反应是一样的，我们以甲为例来说明。甲会想，对我最有利的选择是我交代而他不交代，这样我只被判1年，而他则要坐10年牢。不过如果他也这样考虑，我们两个就都被监禁5年；相比之下，还是两人都不交代要好一些。因为这样我们就只由于偷车而判2年，但是，万一对方出卖了我，等待我的将是10年铁窗啊。是交代好还是不交代好呢？乙也处于同样的两难境地。要是他能知道甲的想法该有多好，因为甲的选择，同样影响他的决策。参见下面的囚徒博弈矩阵（单位：年），如图7-5所示。

		乙犯	
		坦白	抵赖
甲犯	坦白	5，5	1，10
	抵赖	10，1	2，2

图7-5 囚徒博弈矩阵

可以看出，这是纳什均衡的一个典型例子。下面让我们来寻找两个囚徒博弈的均衡。从甲的角度来说，他的结果取决于乙的行动，如果乙不交代，他最好的选择是交代，因为这样就可以只被监禁1年；反过来，如果乙选择了交代，甲最好的选择仍然是交代，因为在这种情况下，他宁可被判5年，而不愿意坐10年牢。这样，甲的推理就是，无论乙如何选择，他最好的选择就是交代。同样的道理，乙也会选择交代，所以，最后甲、乙两人都被监禁5年，这就是囚徒博弈的均衡。

二、囚徒困境的推义

让我们换一个角度来思考两个囚徒的博弈。如果甲、乙二人都抵赖的话，则每个人都只坐2年牢，而不是5年。但他们不可能这样做，因为这样他们等于放弃了争取1年监禁的机会，不符合各自眼前的最好利益，从而不会是两个囚犯“不悔的选择”。

纳什均衡有时并不意味着帕累托最优状态。因此，在博弈论中的“均衡”一词与我们前面的均衡概念是有区别的。在博弈论中，所谓的均衡是指一种稳定的结局，当这种结局出现的时候，所有的参加者都不想再改变他们所选择的策略。而在我们前面讲过的消费者行为理论和生产者行为理论中的均衡指的是消费者的效用最大化和生产者的利润最大化，或者说，那里的均衡指的是目标的最优化或帕累托最优状态；而在博弈论中的均衡，结果可能是帕累托最优状态，也可能不是帕累托最优状态。

囚徒困境还告诉我们一个事实：如果可以合谋的话，合谋对双方都是有利的。当然，合谋是好是坏完全是一个价值判断的问题，在囚犯困境中，对于两个囚犯而言，合谋无疑改善了他们两个的福利；但从社会利益来看，就不一定是好事，正因为如此，聪明的警长将他们单独监禁，不给他们提供合谋的机会。

囚徒困境反映了个人理性与集体理性的冲突。囚徒的两难困境普遍反映在经济、政治和生活现象中。例如，两国的裁军和军备问题就是一个博弈。每个国家都希望拥有比另一个国家强大的军队。如果参与的双方都能裁军，不仅大家都安全，还可以减少大批军费开支，对双方都极为有利。问题是，如果一方主动裁军，而另一方不裁军，裁军的一方就处于弱势并受到威胁。那么，纳什均衡则是双方都扩大军备，大量增加军费预算。

在日常生活中这样的例子也比比皆是。在公共汽车站候车的人们总希望能排队上车，因为排队上车对大家都方便。但是，每个人都在想：如果我规规矩矩排队，而别人却来插队，那我不是“吃亏”了吗？所以，排队是大家都期望的，然而，人人都有插队的冲动。结果候车人的纳什均衡是人人都不排队。

在无处不在的博弈中，就社会和公众而言，纳什均衡有时是合意的，有时是不合意的。如两个囚徒不能合作，其纳什均衡对警察和社会是合意的；

两国在裁军问题上的不合作，其纳什均衡对两国人民和世界人民是不合意的；公共车站的候车人不合作，其纳什均衡对参与者和公众都是不合意的。

第三节　重复博弈与序列博弈

一、重复博弈与“针锋相对”策略

（一）无限次重复博弈——合作策略

根据我们上面分析的囚徒博弈的纳什均衡，其结果是双方的不合作，这在很大程度上是因为上述博弈只进行一次，参与者无法根据这次博弈的结果，再作一次选择。在现实生活中，经常存在着重复博弈（repeated game）的情况。即参与者的行为不是一次性的，而是不断重复进行的。在重复过程中，双方都必须一次又一次地决定自己是否采取欺骗行为。这样，一个博弈方的选择，就会形成关于该博弈方行为的声誉，这种声誉成为对手判断的依据；而竞争对手过去的行为，又成为该博弈方研究的内容和判断的依据，从而影响该博弈方的选择。

在重复博弈中，“针锋相对”（tit for tat）是一种最好的策略选择。我们举例来加以说明。比如，两家百货公司 A 和 B 开展价格战，A 方宣布将商品价格降低 10%，虽然可以暂时地赢得较多的客户，但这很可能惹恼它的竞争对手 B，B 可能用更大幅度的降价进行报复。这就是说，在一种博弈可以重复进行的情况下，一个参与者总有机会惩罚另一个参与者的“坏”行为，这种惩罚方式就是“一报还一报”，也称为“以牙还牙”或“针锋相对”的策略。即如果你在前一时期合作，现期我就与你合作；反过来，如果你在前一时期违约，我在现期就采用违约战略。这种“反应与对抗反应”的博弈如果持续下去，结果必然是两败俱伤，使博弈双方都蒙受损失。这样，参与者有可能从中吸取教训，化干戈为玉帛，寻求一种有效的合作。因此，在重复博弈中，只要重复的次数足够多，“针锋相对”的策略就会导致合作行为的产生和持续。具体到上面的百货公司 A 和 B，他们有可能联手制定协议价格，去获取垄断利润。

（二）有限次重复博弈——不合作策略

上面的分析表明，如果博弈是重复进行的，并且进行的次数足够多，“针锋相对”策略会导致合作均衡的结果。但是，如果博弈重复的次数比较少，结果会是怎样的呢？我们仍以两家厂商A和B的价格竞争为例。我们从最后一次的博弈开始分析。对于厂商A来说，如果他是理性的，他会作出以下推理：“厂商B采取的是针锋相对的策略，但是现在是最后一次了。即使我采取低价竞争的策略，他也无法实施报复。而我则能从低价中获得可观的利润。”因此，厂商A将在最后一次博弈中选择低价竞争的策略。

由于在博弈中双方的信息是完全对称的，因此，B的推理应该与A的完全一致，即B也是在最后一次竞争中采取低价竞争的策略。不仅如此，为了先下手为强，B还会在倒数第二轮博弈中就选择低价竞争策略。以此类推，双方在第一次博弈中也不会有合作行为。这样，在重复次数较少的博弈中，双方的策略与一次博弈的策略相同，结果是双方都定低价，采取的是不合作策略。

但是，即使重复博弈的次数是有限的，只要博弈时间足够长，或者重复的次数足够多，使博弈的双方能够判断出当前采用较高的价格获得的当前和将来的利润之和能够超过采用低价策略的利润之和，双方仍有可能达成合作的结局。在这种情况下，博弈双方相互报复的机会都很多，任何一方的不合作行为都会引起对方的报复，给自己造成较大的损失，选择合作对双方都是有利可图的。

实际上，在成熟的市场上，竞争的厂商大多是在一个较长时间但长度并不确定的博弈中进行。在那些厂商数目较少、市场结构稳定、成本差距不大的稳定性行业，更容易出现合作均衡。反之，在那些产品需求不稳定、市场环境不断变动、厂商的生产成本差异较大的行业，合作均衡就难以出现。因为成本较低的企业可以制定较低的价格，或者企业会因外部环境的变化作出相应的调整。此时，其他竞争对手会认为他是故意削价争夺市场，从而用以牙还牙的策略作出反应，引发不合作博弈。

二、序列博弈与先行者优势

在前面的分析中，博弈的所有参与者都是同时行动的，这些博弈叫作同时行动的博弈（simultaneous-move game）。然而，现实中我们经常看到的情况主要是博弈的一方率先采取行动，然后其他方才依次作出反应。例如，一个厂商作出了广告决策，而后他的竞争者才作出反应；一个市场中已有的厂商先进行投资，然后一个潜在的竞争者才决定是否进入该市场；政府先出台一项新的管制政策，然后被管制的厂商再作出是否投资的反应。这种博弈的每个参与者依次行动的博弈，就叫作序列行动博弈（sequential-move game）。

要表示序列博弈，尤其是两个以上参与者的序列博弈，就不适宜使用收益矩阵的形式，因为收益矩阵适宜于表示两个参与者同时行动的不重复博弈，而对于重复博弈和序列博弈中各参与者可能的行动和结果，用博弈树的形势更容易表示，也更便于分析。博弈树的要素通常包括“结”和“枝”两个方面。所谓“结”包括决策结和终点结两类。决策结是参加者采取行动的始点；终点结是博弈行动路径的终点。在终点结下面通常要标明博弈参加者的收益分布向量。所谓“枝”是一个决策结到它的直接后续结的连线。每一枝代表博弈参加者的一个行动选择，由博弈的开始结点到终止结点的各枝组成的路线被称为博弈的行动路径。

在序列博弈中，首先采取行动的厂商通常具有很大的优势，因为在它作出最优选择后，其他理性的参与者只能在既定的限制条件下进行选择。因此，在序列博弈中，先行者可以占据有利地位，获得更大的收益，这被称之为“先行者优势”。

下面我们通过一个博弈树来说明序列博弈和先行者优势。

假定有 A 和 B 两个厂商，都面临着是否作出扩张生产能力的决定，而且厂商 A 的决策总是在先。如图 7-6 所示，左边的小圆点表示厂商 A，从该圆点出发，厂商 A 有两个决策可以选择，用两个“枝”来表示，一个枝标志着“扩张”，另一个枝标志着“不扩张”，已在图 7-6 上标明。

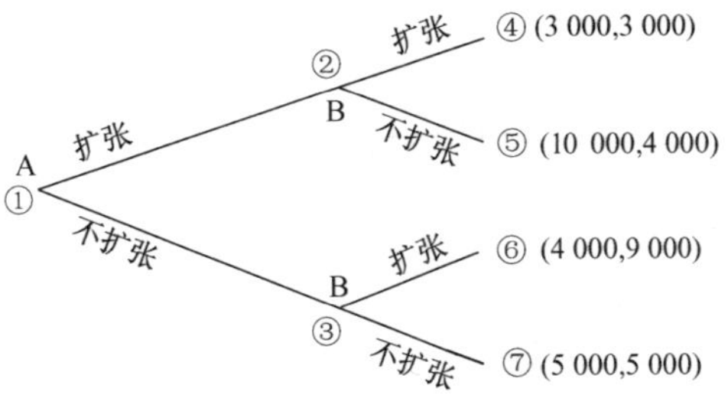

图 7-6　博弈树

在这个序列博弈中，厂商 A 的决策是在先的。如果厂商 A 选择向上的一枝（扩张），显然厂商 B 将不扩张，因为厂商 B 扩张的利润是 3 000 万元，而不扩张的利润是 4 000 万元。如果厂商 A 选择向下的一枝（不扩张），显然厂商 B 将扩张，因为厂商 B 扩张的利润是 9 000 万元，而不扩张的利润是 5 000

万元。这样，厂商 A 将扩张，它扩张的利润将高达 1 亿元（因为此时厂商 B 将不扩张），而如果它不扩张，利润却只有 4 000 万元。结果是，该博弈树表明厂商 A 将扩张，而厂商 B 将不扩张。

对博弈树的求解有一种简单的方法即逆推法。即从博弈树的最后一个决策结开始，逐步向前倒推以取得最优解。对于厂商 A 来说，它可以判断，在结点②，厂商 B 会选择不扩张，即终点结⑤；在结点③，厂商 B 会选择扩张，即终点结⑥。然后厂商 A 再将这两种决策的终点结⑤和⑥进行比较，显然，对于厂商 A 来说，选择终点结⑤对它更加有利。此时，厂商 A 将扩张，厂商 B 将不扩张，终点结⑤为最优解。之所以会出现这样的结果，是因为厂商 A 的行动在先。因此，序列博弈的结果在很大程度上取决于行动的顺序（the order of play）。这种情况正如卡耐基所说的那样："第一个人得到牡蛎，而第二个人得到蛎壳。"

由于在序列博弈中，先行动者将获得"先行者优势"，所以厂商通常都首先承诺自己将率先采取行动，即使它实际上不可能率先实施该项行动，它也这样宣称。例如，厂商 A 实际上不可能在厂商 B 之前扩张，但它仍然宣称自己具有这种能力，并且有可能实施一项价格不菲的宣传活动，试图使厂商 B 相信它注定要先行扩张，从而使厂商 B 死心塌地地采取不扩张策略。

思考与练习

一、基本概念

博弈论　优势策略均衡　纳什均衡　无限次重复博弈　有限次重复博弈　序列博弈　先行者优势

二、练习题

1. 举例说明什么是博弈论。

2. 纳什均衡与优势策略均衡有什么不同？

3. 什么是囚徒困境？

4. 为什么无限次重复博弈会导致合作的结果？如果博弈重复的次数是有限次的，还会导致合作策略吗？

5. 用博弈树说明在序列博弈中，先行者优势是如何产生的。

第八章

市场失灵与微观经济政策

本章学习重点

- 帕累托最优状态及其实现条件
- 完全竞争经济如何自动实现帕累托最优状态
- 政府对垄断行为的价格管制和数量管制
- 寻租的含义
- 公共物品与私人物品的含义和特征，以及它们之间的区别
- 公共选择理论的主要内容
- 环境库兹涅茨曲线及其政策含义
- 外部性对经济过程的影响，以及将外部性内部化的微观经济政策
- 不对称信息的含义
- 逆向选择的含义及其解决方法
- 道德风险的含义及其防范
- 委托—代理问题及其解决途径

在现实的市场经济中，市场机制的作用并不是像经济学理论分析的那样，总是能够自发地实现社会资源的最优配置，即市场并不总是成功的，有的时候市场也会失败，称为市场失灵（market failure）。造成市场失灵的原因是多方面的，主要包括：垄断、公共物品、不对称信息和外部性。在市场机制这只“看不见的手”失灵的时候，政府就要通过“看得见的手”进行干预和矫正，这就是微观经济政策。本章所要研究的主要问题就在于此。

第一节　帕累托最优状态

我们前面曾经提到，在满足完全竞争、完全理性和完全信息这三个假设的前提下，市场经济自动实现资源配置的最优状态。这种状态在经济学中称为帕累托最优状态；反之，就称为市场的失灵。因此，要了解市场失灵，就必须了解帕累托最优状态。

一、帕累托最优及其条件

帕累托最优（pareto optimum）是指这样一种资源配置状态，即任何形式的资源重新配置，都不可能使至少有一人受益而同时又不使其他人受到损害，这一概念是由意大利经济学家帕累托提出来的，并由此而得名。后来，人们又把能使至少一人的境况变好而没有人的境况变坏的资源重新配置称为帕累托改进（pareto improvement），所以帕累托最优状态就是不存在帕累托改进余地的资源配置状态。

我们举例来说明。假设有一艘摆渡的小船，上面乘坐5个人是最合适的，一来没有超重的危险从而保证了乘客的安全，二来船只的运能刚好得到了充分的利用，这就是帕累托最优状态。如果船上只乘坐了4个人，这样就会浪费掉一个座位，未能最佳利用现有的资源，此时只要再多乘坐一个人，就实现了“帕累托改进”，使最后一个人的福利变好，又不会使其他任何人的处境变坏。当船上已经坐满了5个人时，资源配置方式已经达到了“帕累托最优”，因为在这种状态下，已经没有办法在不损害船上乘客安全的同时让另外一个等船人上船以改进他的福利。全社会的经济运行和资源配置也是如此。

帕累托最优状态又可以简称为经济效率，满足帕累托最优状态就是具有经济效率的；反之，不满足帕累托最优状态就是缺乏经济效率的。既然“帕累托最优”是经济运行和资源配置的一种最佳状态，那么，如何才能达到这种状态呢？简单地说，实现帕累托最优，必须同时满足以下三个条件，即交换的最优条件、生产的最优条件和生产与交换的最优条件。

第一，交换的最优条件，使交换双方得到最大满足的条件即为交换的最优条件。其公式为：$RCS_{XY}^{A}=RCS_{XY}^{B}$，其中，$X$，$Y$代表任意两个消费者，$A$，$B$代表任意两种商品。这一公式意味着，如果对于全体社会成员来说，每一对商品的边际替代率都相等，那么，在消费领域，就满足了交换的帕累托最优条件。

第二，生产的最优条件，就是在资源和技术一定的条件下，使产出达到最大的条件。其公式为：$RTS_{LK}^{C}=RTS_{LK}^{D}$，其中，$C$，$D$代表任意两个生产者，$L$，$K$代表任意两种要素。这一公式意味着，如果对于所有生产者来说，使用资源生产任意两种商品的边际技术替代率都相等，那么，在生产领域，就达到了效率的最优。

第三，交换和生产的最优条件，$RCS_{XY}=RPT_{XY}$，即任意两种商品的边际替代率等于边际转换率。要达到帕累托最优状态，分别满足了生产的最优条件和交换的最优条件还不够，还必须同时将生产的最优条件和交换的最优条件结合起来。即要求任何一对产品，其边际转换率必须等于边际替代率。

我们首先对产品的边际转换率作一解释。X 产品对 Y 产品的边际转换率就是：

$$RPT_{XY}=\left|\frac{\Delta Y}{\Delta X}\right|$$

它表示增加 ΔX 就必须减少 ΔY，或者，增加 ΔY 就必须减少 ΔX。因此，ΔY 可以看成是 X 的边际成本（机会成本）；另一方面，ΔX 也可以看成是 Y 的边际成本。又因为 $RCS_{XY}=\left|\frac{\Delta Y}{\Delta X}\right|$，所以交换和生产的最优条件是$RCS_{XY}=RPT_{XY}$。

这是因为，边际转换率反映了生产的效率，边际替代率反映了消费者的偏好，边际转换率等于边际替代率，说明社会生产结构与社会需求结构相一致，产品既不存在短缺，也不存在过剩。

当上述三个条件均得到满足时，整个社会经济就实现了帕累托最优状态。

二、完全竞争与帕累托最优状态

早在 200 多年前，亚当·斯密就曾断言，人们在追求自己的私人目的时，会在一只“看不见的手”的指引下，实现增进社会福利的社会目的。每一个人所考虑的不是社会利益，而是他自身的利益。但是，他对自身利益的追求自然会或不如说必然会引导他选定最有利于社会的用途。所以，每一个人受着一只“看不见的手”的指引，去尽力达到一个并非他本意想达到的目的。古典经济学家将亚当·斯密的上述思想发展为一个更加精致的定理：给定一些理想条件，消费者和生产者在完全竞争经济中的最优化行为将导致帕累托最优状态。

在完全竞争经济中，帕累托最优状态能够自动实现，这意味着其满足了帕累托最优的三个条件。

（一）交换的帕累托最优条件

在完全竞争经济中，产品的均衡价格实现了交换的帕累托最优状态。按照理性的经济人假设，消费者会自动追求效用的最大化。根据消费者行为理论得知，任意一个消费者 A 在完全竞争经济中的效用最大化条件是对于该消费者来说，任意两种商品（X 和 Y）的边际替代率等于这两种商品的价格之比，即

$$RCS_{XY}^{A}=\frac{P_X}{P_Y}$$

同理，其他消费者如 B 在完全竞争条件下的效用最大化条件也是对 B 而言，任意两种商品的边际替代率等于这两种商品的价格之比，即

$$RCS_{XY}^{B}=\frac{P_X}{P_Y}$$

由以上两式即可得到：$RCS_{XY}^{A}=RCS_{XY}^{B}$。这样，完全竞争的市场经济就自动实现了交换的帕累托最优状态，换句话来说，实现了消费领域中的效率最优。

（二）生产的帕累托最优条件

在完全竞争经济中，要素的均衡价格实现了生产的帕累托最优状态。按照理性的经济人假设，生产者会自动追求利润的最大化。根据生产者行为理论得知，任意一个生产者如 C 在完全竞争经济中的利润最大化条件是对于该生产者来说，任意两种要素（L 和 K）的边际技术替代率等于这两种要素的价格之比，即

$$RTS_{LK}^{C}=\frac{P_L}{P_K}$$

同理，其他生产者如 D 在完全竞争条件下的利润最大化条件也是对 D 而言，任意两种要素的边际技术替代率等于这两种要素的价格之比，即

$$RTS_{LK}^{D}=\frac{P_L}{P_K}$$

由以上两式即可得到：$RTS_{LK}^{C}=RTS_{LK}^{D}$。这样，完全竞争的市场经济就自动实现了生产的帕累托最优状态，换句话来说，实现了生产领域中的效率最优。

（三）交换和生产的帕累托最优状态

完全竞争经济是如何同时实现交换和生产的帕累托最优状态的呢？在完全竞争的市场经济中，生产者利润最大化的条件是产品价格等于其边际成本，即 $P=MC$。有了这个结论，就容易说明完全竞争的帕累托最优性质了。

如果用 MC_X 和 MC_Y 分别代表产品 X 和 Y 的边际成本，则 X 产品对 Y 产品

的边际转换率可以定义为两种产品的边际成本的比率：

$$RPT_{XY}=\left|\frac{\Delta Y}{\Delta X}\right|=\left|\frac{MC_X}{MC_Y}\right|$$

其中：$P_X=MC_X$，$P_Y=MC_Y$。

可以得出：$RPT_{XY}=P_X/P_Y$。又因为 $RCS_{XY}=P_X/P_Y$，所以$RCS_{XY}=RPT_{XY}$，这样就得到了交换和生产的帕累托最优状态。

第二节　垄断与寻租理论

一、垄断与政府管制

完全竞争的经济能够自动实现帕累托最优状态，因此完全竞争市场的性质——“价格等于边际成本”又被看成是市场经济效率的象征。满足这一条件就是具有经济效率的；反之就是缺乏经济效率的，或者说是市场的失灵。垄断市场就是一种缺乏效率的市场，是市场失灵的情形之一。因此，政府必须采取微观经济政策加以管制。

如图 8-1 所示，在一个垄断市场上，如果让市场机制自发调节，按照边际收益等于边际成本的利润最大化条件，生产的均衡点位于 E 点，此时的产量为 q_m，价格为 p_m，很明显，此时的价格大于边际成本。这意味着，消费者愿意为增加额外一单位产量所支付的价格超过了生产该单位产量所需要的成本，即存在帕累托改进的余地。例如，假设消费者按照既定的垄断价格 p_m 购买了垄断产量 q_m，现在进一步考虑，是否可以有某种方式使垄断厂商和消费者的状况都变化？如果让垄断厂商再多生产一单位产量，让消费者以低于垄断价格但高于边际成本的某种价格购买该单位产量，则垄断厂商和消费者都从中得到了如下好处：垄断厂商的利润进一步提高，因为最后一单位产量给他带来的收益大于他支出的成本；消费者的福利进一步提高，因为他实际上对最后一单位产量的支付低于他本来愿意的支付，本来愿意的支付用需求曲线的高度衡量，即它等于垄断价格。

垄断产量和垄断价格没有满足帕累托最优条件，所以我们说，垄断导致了资源配置缺乏效率，另一方面，垄断利润也往往被看成是不公平的。因为在 q_m 的产量上，垄断厂商获得了超额垄断利润，即单位产量的利润为 p_m 和 p_z

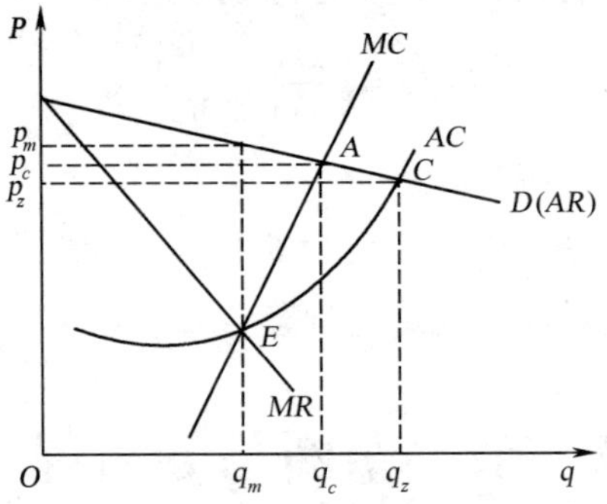

图 8-1　垄断与政府管制

之差。既然垄断是低效率的，又是缺乏公平的，因此政府要加以管制，政府的管制分为价格管制和数量管制两个方面。

如果政府的目的是提高效率，则政府应该将价格定在 p_c 的水平上，即选择 A 点生产，因为此时，价格等于边际成本，从而实现了帕累托最优。但在此时垄断厂商仍然获得了超额利润，即平均收益 p_c 超过平均成本 p_z 的部分。如果政府的目的是消除超额利润以实现公平，则应该选择平均成本曲线与需求曲线的交点 C 生产，此时，经济利润为零，但出现了一个新的问题，帕累托最优条件被违反了，此时边际成本大于价格。这也说明平等与效率是难以兼得的。

二、反托拉斯法

垄断带来了资源的浪费和社会福利的损失，既不利于平等，也不利于效率。因此，政府不得不以各种方法来对垄断进行限制。在诸多限制方法中，最主要的是反托拉斯法（antitrust laws）。反托拉斯法是反对垄断、保护竞争的立法，目的在于禁止或限制垄断。早在 17 世纪，英国法院就有反对国王授予某些人垄断权主要是贸易垄断的不成文法。在近代，美国在 1890 年通过了第一个联邦反托拉斯法——《谢尔曼反托拉斯法》，宣布“旨在限制贸易的联合或勾结”都是违法的。其后，美国国会又先后通过了《克莱顿法》（1914 年）、《联邦贸易委员会法》（1914 年）、《罗宾逊—帕特曼法》（1936 年）、《惠特—李法》（1938 年）和《赛勒—凯弗维尔法》（1950 年）。这些反托拉斯法规定，限制贸易的协议或共谋、垄断或企图垄断市场、兼并、排他性规定、价格歧视、不正当的竞争或欺诈行为，都是非法的。这些法律由联邦贸易委员会（FTC）和司法部反托拉斯处（Justice Department's Antitrust Division）负责实施。

三、寻租理论

根据传统垄断理论的分析，认为垄断会造成低效率。从 20 世纪 60 年代后期以来，一些经济学家开始认识到，垄断的经济损失可能被大大低估了。按照他们的看法，传统垄断理论的局限性在于，它着重分析的是垄断的“结果”，而不是获得和维持垄断的“过程”。一旦把分析的重点从垄断的结果转移到获得和维持垄断的过程，就会很容易地发现，其实垄断的经济损失要大得多。这是因为，为了获得和维持垄断地位从而享受垄断的好处，厂商需要付出一定的代价。例如，向政府官员行贿，或者雇用律师向政府官员游说等。这种为获得和维持垄断地位而付出的代价是一种纯粹的浪费，它不是用于生产，没有创造出任何有益的产出，完全是一种非生产性的寻利活动，被经济学家称为“寻租”（rent-seeking）活动。

由于寻租活动是非生产性的，它们非但不能增加社会福利，反而白白消耗社会资源。寻租活动可能是违法的，也可能是合法的。合法的如企业向政府争取优惠待遇，利用特殊政策维护自身的独家垄断地位；非法的如行贿受贿、走私贩毒等。但无论是合法的还是违法的，其共同特征都是社会经济资源的巨大浪费。具体表现在：①造成资源的市场配置机制扭曲，阻碍了要素的合理流动；②寻租活动本身浪费了社会资源，使本来可以用于生产经营的要素，浪费在这些对社会无益的活动中；③导致其他层次的寻租活动或“避租”活动，比如寻租活动使政府官员得到了特殊利益，从而引发了追求行政权力的浪费性竞争。不仅如此，利益受到威胁的企业也会采取行动“避租”，与之抗衡，从而浪费更多的社会资源。

我们在本章开头时说过，当市场机制不能实现帕累托最优状态时，或者说“看不见的手”失灵时，就需要政府的干预。但寻租理论又使我们认识到，正如市场机制不是万能的一样，政府干预也并不是能够包治百病，它虽然可以在一定程度上对市场的失灵加以矫正，但也为寻租的产生提供了土壤。因此，对政府的行为也应该加以监督，提高政府干预的效率，这就是我们下一节要介绍的公共选择理论的研究内容。

第三节　公共物品与公共选择

一、公共物品与私人物品

经济学认为，整个社会经济可以分为私人部门和公共部门。私人部门提供的物品叫作私人物品（private goods），公共部门提供的物品叫作公共物品（public goods）。我们在本章以前分析的都是私人部门的经济问题。

公共物品是指市场所不能提供的、具有非竞争性和非排他性特征的商品与劳务。非竞争性与非排他性是公共物品的主要特征，正是这一特征使其区分于私人物品。相反，私人物品的主要特征就是竞争性和排他性。

（一）私人物品的特征——竞争性与排他性

在资源既定的条件下，如果某种物品被一个人消费以后，使其他消费者的可用量减少，就说这种物品具有竞争性（rivalry）。私人物品是具有竞争性的物品，它不能供许多人同时消费，或者说某个消费者的消费确实会减少他人的可用量。比如说，一套衣服，你穿了我就不能穿；一块蛋糕，你吃了我就不能吃。这些物品就是私人物品。

私人物品的另一个特征是排他性（excludability）。排他性的含义就是谁付钱谁受益，或者说，人们必须对一种商品支付价格方可消费，只有付费者方能消费，不付费就不能消费。正是因为私人物品具备了这一特征，追求利益最大化的厂商愿意提供私人物品。

（二）公共物品的特征——非竞争性与非排他性

非竞争性（nonrivalry）指的是某人对某物品的消费并不影响他人对该物品的消费。这里包括了两层含义：一是当一个人更多地消费一种物品时并不减少其他人对该物品的消费；二是无论增加多少消费者，都不会减少其他人的消费。比如说那些未经净化的新鲜空气，一个人多吸一些并不会使其他人的消费量减少；再比如说，一盏路灯，一个享受它的照明和多个人享受它的照明效果也是一样的。

非排他性（nonexcludability）指的是在技术上或经济上不可能把不支付费用而要消费的人排除在外，或者说一定有人不支付费用而从中受益。比如说海上的灯塔，它为过往的船只提供照明，却无法一一收费。因为如果对这些船只收费的话，在技术上是不可能的，在经济上也是不划算的。美国经济学家保罗·萨缪尔森曾这样描述公共物品的特征：“每个人对该产品的消费不会造成其他人消费的减少……而公共物品的困难在于，虽然每个人的消费不影响对其他人的供给，但是却无法将任何一个享受者排除出去，或者说排除的成本太高了，以至于我们无法支付。”

公共物品的上述特征主要来自公共物品的不可分性，也称为“非分割性”。国防、消防、公共卫生、道路等，不能再分割为细小部分，只能作为一个整体被人们享用。一种私人物品，比如说一块面包，可以把它分为10份给10个人享用，而一座桥梁却不能锯成若干段分给居民，因为它只有作为一个整体才能发挥作用。既然公共物品是不可分的，它就无法像私人物品那样，实现“谁付钱谁消费”的原则，只好让那些没有承担成本的人也从中受益。经济学上把这种现象叫作“免费搭车”，或者“搭便车”（free-rider）。意思是公共物品就像一辆后门破损的客车，人们可以不付钱就随便上下，而且不会影响其他人得到的服务。

正因为公共物品不用通过市场购买就可以获得，因此，对于私人厂商来说，提供公共物品就无利可图。但公共物品对一个社会来说又是非常重要的，国防、行政管理、立法与司法、治安、环境保护、城市基础设施等，是一个社会正常运转所不可缺少的。私人厂商缺乏提供公共物品的动力，而公共物品又是社会发展必不可少的，因此就需要由政府来提供。

二、公共物品的最优数量

公共物品的特征决定了在这里市场是失灵的，因此公共物品只能由政府来生产或提供。政府提供公共物品也需要各种生产要素支出，但公共物品不能通过市场出卖，所以政府就通过强制性税收来为提供公共物品筹资。在社会上，每个人都有义务向政府纳税，政府用这种税收作为生产公共物品的费用，这样，纳税人都已事先付费，或者说“无票”乘客都已事先买了票。

在一个社会，政府应该提供多少公共物品呢，或者说，公共物品的最优数量应该如何计算呢？这涉及公共物品的供需问题。由于公共物品的非竞争性、非排他性和非分割性的特征，使它的供给和需求也具有了特殊性。从需求曲线的形成来看，私人产品的市场需求曲线可以由所有个人需求曲线的水平加总得到。即将在一定的市场价格水平条件下的个人需求数量加总，便成为这一价格下的市场需求量，将各个价格与市场需求量的组合点进行连线，就得到了私人物品的市场需求曲线，如图 8-2（a）所示。

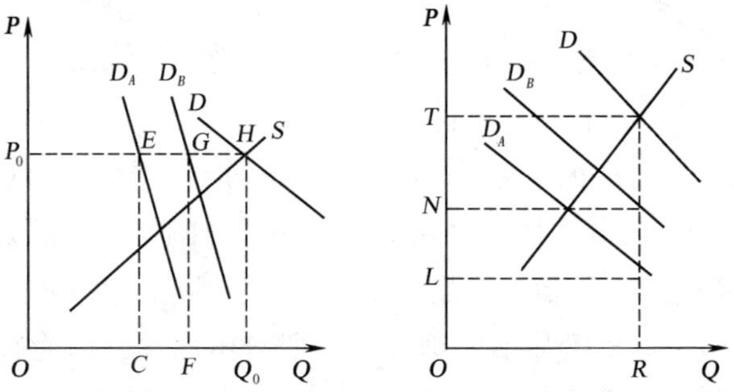

(a) 私人物品　　(b) 公共物品

图 8-2　私人物品和公共物品的市场需求曲线

在图 8-2（a）中，D_A 和 D_B 是消费者 A 和 B 对某种私人物品的需求曲线，D_A 和 D_B 两条需求线水平加总得到市场的需求曲线 D，供给曲线为 S。当价格为 p_0 时，消费者 A 的需求量为 OC，消费者 B 的需求量为 OF，总需求量为 OQ_0。OQ_0 就是该私人物品的最优数量。

再来看公共物品的情况。假定 D_A 和 D_B 是消费者 A 和 B 对某种公共物品的需求曲线，公共物品的市场供给曲线为 S。公共物品的市场需求曲线不是个人需求曲线的水平加总，而是它们的垂直加总。之所以如此，就是因为公共物品消费的非竞争性特点。由于消费的非竞争性，每个消费者消费的都是同一个商品数量，因而每一个消费者的消费量都与总消费量相等；另一方面，对这个总消费量所支付的全部价格，却是所有消费者支付的价格的总和。在图 8-2（b）中，公共物品的数量为 R，消费者 A 和 B 的消费量于是都是 R。此时，消费者 A 愿意支付的价格是 OL，消费者 B 愿意支付的价格是 ON，则价格总和为 OT，OR 是公共物品的最优产量。

其实我们上面的分析中暗含着这样的假设，即每个消费者的需求曲线都是真实的，是以他真实愿意支付的价格为前提的，但事实上这个假设是不现实的。由于“免费搭车”现象的存在，每个人愿意支付的价格都要比实际价格低；另外，由于公共物品的非竞争性和非分割性，每个人都不能准确地表示他所需要的数量。价格不是真实的价格，数量不是准确的数量，单个消费者的需求曲线也只能是虚假的，由此垂直加总出来的公共物品需求曲线因而也是不可靠的。这说明，企图用市场机制解决公共物品最优数量的方法是无效的，即市场选择失灵了，必须代之以公共选择。

三、公共选择

公共选择理论产生的一个主要原因是传统经济学关于人性的善恶二元论。按照古典经济学家亚当·斯密的观点，在经济领域，每个人都是理性的“经济人”，以追求自身利益的最大化为目标；同样是亚当·斯密的观点，到了政治领域，经济人又摇身一变，成了利他主义者。在公共选择理论产生以前，政治学和经济学就是这样一种“两张皮”的关系。其实，经济人的假定，不仅适用于经济领域，也应该适用于政治领域，人的“利益最大化”假设应该是一致的，这就是公共选择理论产生的原因之一。

公共选择理论产生的另一个主要原因是现实条件的变化。第二次世界大战以后，随着社会经济的迅速发展，各个国家公共物品的数量也有较快增长，因此，政府如何提供公共物品成为一个令人关注的问题。这一问题涉及政府的决策和选择，以及集体的决策和选择。公共选择理论（public choice theory）就是这时产生和发展起来的。公共选择理论也称为“集体选择经济学”或“政府经济学”，它是把“经济人”的假定引入了政治学领域，用经济学的方法分析政府行为，说明政府的选择和决策。

（一）私人部门（个人）和公共部门（政府）之间的异同

公共选择理论认为，政府是一个特殊的生产者，它提供的是公共物品。它行为的目的也是个人利益的最大化，在这一点上，政府和私人部门是一样的。那为什么政治家给人的印象总是大公无私的呢？这是因为一来公共物品的利润很难计算，二来即使政府赚了钱，也不归官员所有。他们所追求的个人利益主要是政绩、威信与权利。除了这个相同点之外，私人部门和政府部门还存在着以下两个相同点，即稀缺性和竞争性。

第一，稀缺性。无论何时何地，资源的数量都是有限的，这意味着对私人部门和政府部门来说，都面临着稀缺的约束。政府行为也有机会成本，这一点与私人部门毫无二致。

第二，竞争性。在本章之前，我们一直把竞争性放在私人部门中研究，事实上，在政治市场中，在集体决策中，竞争性仍然存在。在既定的资源约束前提下，官员和政客都在为使用政府资金而竞争。在政府机构中的官员和私人部门中的个人一样，竞争和行动的动力不是整个社会的利益，而是他们个人的利益，即高工资、高职位，以及获得升迁的机会等。

当然，私人部门和政府部门之间还是有差别的，它们的差别主要表现为以下三点。

第一，政府产品是零价格的。政府提供的公共物品是免费供给消费者的，即其价格为零。但价格为零并不意味着成本为零。例如，没有人为消费每个单位的国防或道路而直接付费，人们是通过缴纳税收来为这些事情间接付费。在公共部门中，公共物品的消费和支付之间不是一对一的关系。支付是集体进行的，消费也是集体进行的。

第二，强制力的使用。政府在管理经济事务时能够合法地使用强制力，这一点是不同于私人部门的。例如，政府可以行使征用权。这意味着纳税是强制的，如果某个人拒绝缴税，那么他的资产可能会被没收充公。也就是说，在向政府纳税方面，个人是别无选择的，你无权决定一年内为自己购买多少公共产品。而在私人部门中，这是完全取决于个人的。

第三，政治选举不同于货币选举。在私人部门，消费者购买某种产品就是向这种产品投货币选票，只要支付了货币，消费者就会得到他想要的经济产品。而在公共部门，政治选举的结果却是不确定的。

（二）公共选择的含义

公共选择是指非市场的集体选择，实际是政府选择。公共选择理论也就是把经济学用来分析政府的运行，即所谓政府经济学。公共选择与市场选择的不同点在于：一是市场选择以私人物品为对象，公共选择以公共物品为对象；二是市场选择是通过完全竞争的经济市场来抉择，即消费者用“货币选票”来购买私人物品，公共选择是通过一定政治秩序的政治市场来抉择，即消费者用投票来购买公共物品；三是抉择行为的主体在市场选择下是个人，在公共选择下是集体。但是，公共选择论者认为，公共选择的思想基础和出发点与市场选择一样都是个人主义。抉择者每个人都是依据自己的偏好和最有利于自己的方式进行活动，他们都是利己的、理性的，一切选择都是以个人成本—收益计算为基础，极力追求自己利益最大化。同时，政治市场的均衡也与经济市场一样，由供给和需求双方来共同决定，它的消费者或需求者是选民、纳税人，供给者或生产者是政治家、官员。供求双方通过政治市场的相互交换，最后达到有限资源的最优配置。

第四节　不对称信息——逆向选择与道德风险

传统经济学通常假定，市场的参与者对他们所要作出的经济决策具有完备的信息。而事实上，信息往往是不完全的、不对称的。在信息不对称的情况下，市场也会失灵。不对称信息，以及由此引起的逆向选择和道德风险有助于解释现代经济生活中的许多现象。这就是我们本节所要探讨的主要问题。

一、不对称信息

不对称信息（asymmetric information）是指在交易过程中，一方对交易对象的质量、性能等内在属性比另一方更为了解。在市场中，信息不对称的表现形式是多种多样的，其中，最为常见的是买卖双方的信息不对称。在这种形式中，信息不对称可能发生在当事人签约之前，也可能发生在当事人签约之后，分别称为事前不对称和事后不对称。研究事前不对称信息的理论称为逆向选择（adverse selection），研究事后不对称信息的理论称为道德风险（moral hazard）。

不对称信息会导致市场失灵，经济效率大大降低。微观经济学中的重要假定就是买方与卖方对产品质量拥有对称的信息。当这个假定条件成立时，优质优价、劣质低价才成为可能，均衡价格才能在竞争中形成，“看不见的手”才能充分发挥作用。当这个条件被打破时，一方面，交易中的一方为判断产品质量和发现相对价格必须付出一定的成本，从而使交易费用大大上升，经济运行效率随之下降；另一方面，有些信息由于成本过高实际上是难以获得的，而基于不完全信息对产品质量和价格所作出的交易判断，必然导致资源配置的低效率。

二、逆向选择

（一）逆向选择的含义

逆向选择是指在当事人签约之前，由于双方拥有的信息不对称，合约条款的质量受控于拥有较多信息的一方，其结果对拥有较少信息的一方极为不利。

从生物进化的角度看，逆向选择是相对于人工选择和自然选择

(natural selection)而言的。自然选择，是“物竞天择，适者生存”；人工选择，是“优胜劣汰”；而逆向选择，通俗地说，就是“劣胜优汰”，即“好”的被淘汰了，而“坏”的却被保留下来。经济学上的逆向选择有时又称为隐藏信息（hidden information）问题，指交易或签约人蓄意将对对方不利的信息掩盖起来，以期达成对自己有利的合约条款。

（二）逆向选择的例子

逆向选择在现实生活中是比较常见的，我们分别以旧车市场、信贷市场和保险市场为例来加以说明。

1. 旧车市场。逆向选择典型的例子是“旧车问题”，也称为“柠檬问题”。柠檬问题是由美国经济学家乔治·阿克洛夫于1970年在题为《柠檬市场：市场机制与商品质量的不确定性》这篇论文中首次提出来的。“柠檬”是相对“李子”而言的，在英美俚语中，“柠檬”的意思是“次品”，而“李子”的意思是“正品”。柠檬问题描述了在一个二手汽车交易市场上，泥沙俱下，鱼目混珠，买方怕花了大价钱买了一辆“次品”车，而拥有“正品”的车主在低价位上又不肯出手，因而导致正常市场交易难以进行。

假设在这个旧车市场上有100辆旧车有待出售，其中50辆是质量合格的好车，50辆是质量低下的次车。大家公认好车可卖2 000美元，次车可卖1 000美元。如果汽车的质量容易评定，问题将变得非常简单。但是，只有卖者才知道自己的汽车属于哪一种类型，买者只有开上一段时间后才能知道，因此，存在着信息的不对称。

在这种情况下，买者不得不对每辆汽车价值多少作出猜测。如果一辆车是好车或次车的可能性相等，则买者购买一辆汽车的期望值是：

$$1\ 000\times50\%+2\ 000\times50\%=1\ 500$$

这就是说，买者愿意按1 500美元的价格购买旧车。但是，对于旧车出售者来说，只有次车的拥有者才会乐于出售，因为他们可以获得500美元的额外收益。好车拥有者却不愿出售，因为这大大低于他们想要的价格。

此时，旧车市场上只有次车可供出售。如果买者确定他只能买到次车时，他就只愿支付1 000美元。于是，旧车市场上将只有次车出售。这种现象就是“逆向选择”。在信息不对称的前提下，市场上质量低的商品驱逐了质量高的商品。

2. 信贷市场。信贷市场上的逆向选择指的是，那些最有可能造成不利

(逆向) 结果即造成信贷风险的借款者，常常就是那些寻找贷款最积极，而且是最可能得到贷款的人。由于逆向选择使得贷款可能招致信贷风险，贷款者可能决定不发放任何贷款。

假设你有两位朋友——约翰和汤姆。约翰是一位传统型的人物，只有在确认能够通过投资来归还贷款时才会借款。相反，汤姆是一位积习甚深的赌徒，他刚好遇到了一个迅速致富的项目，如果借得 1 000 美元进行投资，他可能成为百万富翁。但是，向大多数迅速致富项目一样，这项投资失败的可能性很大，这将使得汤姆难以归还贷款，还要损失 1 000 美元。

这两位朋友谁最有可能向你要求贷款呢？当然是汤姆。如果你十分了解你的两位朋友，就是说，如果信息是对称的，你就不会遇到问题。因为你了解汤姆的为人，不愿意借款给他。然而，假定你对他们了解甚少，你将更愿意贷款给汤姆而不是约翰。因为他会极力说服你贷款给他。由于存在着逆向选择，其结果是你可能决定对谁都不发放贷款，即使约翰这位风险很小的贷款者有个值得一做的投资项目向你借款时，你也不愿意提供贷款。

将上述例子扩大到整个金融市场。对于银行来说，它无法拒绝提供贷款，为了避免损失，银行只好提高贷款利率。但是，其结果是把那些低风险的借款者拒之门外，而高风险的贷款者往往得到了贷款。这就是金融市场中的逆向选择。

3. 保险市场。逆向选择不仅广泛存在于商品市场和金融市场当中，也广泛存在与保险市场当中。事实上，关于这方面的研究最早始于保险业，逆向选择这个概念也是保险业首次使用的。购买保险的人并不是在样本总体中随机形成的，他们对自己的身体状况最为了解，因此，只有在保险的收益高于平均水平时才会考虑购买。例如，医疗保险就是这样。个人的身体状况是私人信息，保险公司是无从一一获得的。因此，当采用自愿投保原则时，投保者往往是那些风险高的群体。保险公司维持盈亏平衡的前提条件是将“风险高”和“风险低”的两个群体随机融入保险体系中，而逆向选择的结果却是保险本身具有的这种将风险分散的作用消失了。风险程度的集中将使保险公司的业务运作难以持续下去。

（三）市场信号的显示与甄别

逆向选择会导致市场失灵，解决的方法主要有两种：一是政府对信息不对称的市场进行干预，例如，对医疗保险等存在逆向选择的市场，政府可采取每个人都必须投保的强制保险方式，使风险程度分散化；另一种方法是利用市场信号，通过信号的显示和甄别方式来解决逆向选择问题。

信号显示（signaling）是指市场上占据信息优势即拥有较多信息的一方，率先通过实际行动向对方即处于信息劣势的一方发出一个或一组信息，旨在消除或减少市场参与者的信息不充分的问题。市场信号的范畴极为广泛，从产品质量认证证书、商品或厂商的品牌、就业者的教育证书到商业信誉、质量保证书、广告等，都可以属于它的内容。占据信息优势的一方之所以会在市场上发出信息的显示信号，是因为他可以通过信号的显示把自身优质的产品与其他的劣质产品区分开来，从而获得较高的价格和收益。我们以劳动市场为例来说明信号的显示功能。在劳动市场上，教育文凭就是一种市场信号。在劳动市场上，同样存在着雇员能力的信息不对称问题，雇员知道自己的能力，而雇主不知道。此时，教育文凭可以起到向雇主传递有关雇员能力的作用。因为一般来说，高学历总是与高学历的人才相适应的，高能力的人可以通过选择更高层次的教育把自己同那些低能力的人区分开来。

信号甄别（screening）也称为信号筛选，是指在进行市场交易之前，处于信息劣势的一方对于不同类型的市场信号加以区分，“去粗取精”“去伪存真”，借此来解决自己在交易中所处的信息劣势的地位。甄别机制与诱导机制具有一定的相似性。经济人的天性是趋利避害，因此，以“利”为诱饵，便可以演绎出许多甄别手段来。例如，在保险市场上，投保人占有信息优势，保险公司难以知道投保人的风险类型，投保人也不愿意提供有关信息表明自己的风险类型。这时，保险公司可以根据投保人的“趋利避害”心理，提供不同的保险合同供投保人选择。一种适用于高风险的投保人，规定较高的保险费和较高的赔偿额，一种适用于低风险的投保人，规定较低的保险费与较低的赔偿额。这样，投保人从利益最大化的角度出发，不同类型的投保人可以选择与自己类型相匹配的保险合同，保险公司从投保人选择的保险合同的类型上就容易区分出投保人各自的风险类型，付出的成本会大大降低。

但是，市场信号的传递并不能够彻底解决逆向选择问题，因为信号的显示有时会“失真”，信号的甄别机制也有被滥加利用的可能。如果市场信号可以通过买卖、伪造等手段得到时（例如，购买假的学历文凭或伪造产品质量证明、假冒名牌产品等），就会产生新的逆向选择问题：假的市场信号会将真的市场信号驱逐出市场，其结果就是市场信号失去应有的作用。法律的有效性是能否清除假市场信号的关键，但是，这一手段同样需要一定的费用，因此，如何降低执法的费用也是一个关键问题。

三、道德风险

（一）道德风险的含义

道德风险指的是交易双方在签订交易合约后，占据信息优势的一方在使自身利益最大化的同时损害了处于信息劣势一方的利益，并且不承担由此造成的全部后果的行为。或者说，签订合约后个人采取的一些行为，影响了风险事件发生的概率。因此，道德风险问题又称为隐蔽行为问题。

与逆向选择问题一样，道德风险这个概念也是源于保险业。一个人的行为在购买保险之后可能会改变，这是道德风险的一个典型例子。当保险的购买者改变了他的行为，保险公司不知道人们会采取什么行为可能影响所投保的不利事件发生时，保险公司的赔偿概率就增加，便出现了道德风险问题。

例如，购买了大量意外保险的人可能就不那么小心开车，或者放松了停放车时的保管，因为已经得到很好的保险。其结果是，较之只购买了比较少的保险的人，他们就更可能发生事故或被偷盗。同样，购买了大量医疗保险的人可能在预防性保健方面的支出就要减少，较之购买保险较少的人，他们会更频繁地去医院，并接受更昂贵的治疗。这样，投保后反而提高了事故或疾病的可能性，保险公司不得不付出比预计多得多的赔偿费用，这就是所谓道德的风险。

道德风险的存在不仅会使处于信息劣势的一方受到损失，还会带来很多不利的影响，如使市场上的道德规则遭到践踏，破坏原有的市场均衡，导致社会资源配置的低效率等。因此，必须对道德风险加以防范。

（二）道德风险的防范

对道德风险的防范，指的是通过某种制度设计使占据信息优势的一方约束自己的行为，同时使占据信息劣势的一方有效地回避风险。其方式主要包括以下几个方面。

1. 利益相容机制。利益相容机制是指在交易或合约执行过程中，通过一定的制度安排（例如风险分担），来化解双方的物质利益冲突，以便使各方的物质利益趋于一致。

我们以保险市场为例加以说明。保险市场中存在的道德风险问题与保险公司提供全额保险有关，这使得投保人对投保财产的自我保护刺激不足。解决的有效办法是保险公司不再独自承担全部风险，让投保人也承担部分风险。具体方式有两种：一种是对投保人造成的损失只按照一定的百分比率进行赔偿；另一种是损失发生后，投保人承担某一规定数额的损失，超过的损失则由保险公司赔付。由于非全额保险合同建立起了风险分担机制，大多数投保人在投保后仍然要考虑自己所承担的风险，从而与全额保险合同相比，会增加自己的预防措施，减少道德风险问题的产生。

2. 激励措施。激励措施分为两类：一类是正激励，一类是负激励，即惩罚措施。实行正激励措施的目的在于，鼓励或强化某种在决策人看来是适当的行为；实施负激励措施的目的在于，阻止或弱化某种在决策人看来是不适当的行为。激励措施既可以是物质性的，也可以是精神性的，二者应当结合使用。在企业里，物质激励通常是调动员工积极性的主要方式。值得注意的是，物质激励本身也可能产生道德风险问题，不过，此时的道德风险主体已经发生了变化，委托人有可能采取某种投机主义行为，例如，委托人可以宣称代理人的行为是不适当的，从而取消原来的物质激励承诺，当工作绩效标准难以衡量或主要凭主观判定时，委托人就更容易滋生道德风险行为。

3. 抵押制度。为防止滋生道德风险或发生机会主义行为，很多行业实行了不同形式的抵押制度。在交易或合约执行过程中，一旦发现有欺诈或不适当的行为，以致交易或合约的履行结果远远偏离于双方当时认可的标准，则抵押物归受押方（通常为委托方）所有。例如，在建筑市场上，承包方通常要交一笔押金，若竣工工期、建筑质量等双方事先约定的条款未能实现时，抵押方就要放弃这笔押金。

押金是抵御道德风险的有效措施之一，但也存在着一些问题。如果抵押金额太高，会超出人们的支付能力，使押金制度难以实施；而在押金少、欺诈收益大的情况下，又起不到应有的约束作用。另外，受押方（委托方）也存在着滋生道德风险的可能性。例如，当工程竣工后，受押方可以通过对工程质量吹毛求疵来侵吞抵押方的押金。

（三）道德风险与委托—代理问题

委托—代理问题（principal-agent problem）是道德风险问题在现代企业中的一种典型例证。委托—代理关系指的是这样的一种正式的或隐含的契约，根据这一契约，一些行为主体指定或雇佣另一些行为主体为其提供服务，与此同时，授予后者一定的决策权力，并依据其提供的服务的数量、质量支付相应的报酬。授权者即委托人（principal），被授权者则是代理人（agent）。委托—代理关系在现实经济生活中是十分广泛的，例如，医生是患者的代理人，经纪人是股票所有者的代理人，员工是企业的代理人，总经理是所有者的代理人等。

委托方和代理方追求的效用不尽相同，此时，代理人不一定会全力为委托人的利益服务，不仅如此，他们甚至会以牺牲委托人的利益为代价来谋取私利。正是信息的不对称导致了代理人的这种机会主义行为。代理人知道自己究竟付出了多少努力，以及行动的后果对谁更有利，可是这些最为委托人所关心的信息通常不被委托人完全占有。同时，由于最终的业绩既受代理人努力程度的影响，也取决于其他一些不可控因素，因此，委托人很难对代理人的行为作出估计和评价。

信息不对称的存在给代理人偏离委托人的利益行事提供了可能性，所谓委托—代理问题，就是因为信息不对称引起的委托人与代理人的利益的偏离和冲突。解决这一问题的关键在于把代理人的行为限制在符合委托人的利益的范围内，达到"激励相容"的目的。在现代企业中，可以通过将代理人的报酬与其经营业绩挂钩的制度来对其增加工作激励，以很好地处理委托—代理问题。

第五节　外部性与环境问题

在存在外部性的条件下，市场也会失灵，即"看不见的手"无法实现帕累托最优状态。外部性的最突出表现是环境问题。工业革命以来，日益严重的环境污染已经成为困扰各国的一个世界性问题，因此，如何采取措施控制和消除环境污染，使"外部性"内部化成为经济学研究的一个现实问题。本节对此略做剖析。

一、外部性的含义

外部性理论是由剑桥大学的马歇尔（Marshall）和庇古（Pigou）在20世纪初提出来的，庇古对此阐述较多，因而其理论一直占有统治地位。我们下面介绍庇古对外部性的定义。

外部性（externalities）是指某个人（生产者或消费者）的一项经济活动给社会上其他成员带来了好处，而他并没有因此得到补偿；或者说这项经济活动给社会上其他成员带来了危害，而他并没有为此付出代价。前一种情况就是所说的外部经济，此时，私人收益小于了社会收益，或者说私人成本大于了社会成本；后一种情况就是所说的外部不经济，此时，私人收益大于了社会收益，或者说私人成本小于了社会成本。举一个简单的例子，上游居民植树造林，保持水土，下游居民得到质量和数量有保障的生产用水和生活用水，这就是外部经济；反之，如果上游居民往河里倾倒废弃物，污染了水源，从而影响了下游居民的生产和生活，就是产生了外部不经济。

二、外部性的类型

外部性的类型主要分为以下几种。

1. 互利性的外部性。这是指在生产或消费中有依存性的各经济主体，彼此能从对方的活动中受益。例如，果园业与养蜂业就是彼此依存的活动，果园为蜜蜂提供了花源，而蜜蜂则为果树传授了花粉，彼此都为对方产生了积极的外部性，或者称为产生了“外部经济”（external economy）。互利性的外部性的例子还有社会分工与协作导致的社会效率的不断提高和人们在此过程中生活水平的不断改善。

2. 互损性的外部性。这是与互利性的外部性完全相反的一种外部性，它主要指在有一定联系的不同生产或消费活动中，不同主体彼此会从对方的活动中受损。如在一定面积的牧场上有多个放牧者，如果彼此都想增加自己的放牧量，将导致过度放牧，最终所有放牧者的收入都会下降；在海洋或江河渔业中各渔民间竞相捕捞中的捕捞过度，也会产生同样的结果。这类情况在产权界限不清的自然资源利用中最为常见。我们下文将要介绍的科斯定理分析的就是这类情况。

3. 非有意识的损他性外部影响或单纯的外部不经济。这是指生产者或消费者在实现自己利益的过程中，其活动对非活动者造成不利影响的情况。这种活动并不是活动者为了自身利益的原本性或预谋性活动，而是其在法律允许范围内进行正常活动中所产生的一种伴随性结果。如工业生产会不可避免地产生“三废”，种植业中施用农药化肥等活动，会不同程度地对自然生态造成破坏，并使社会上所有人都程度不同地受其不利影响。

4. 有意识地损他性外部影响或外部不经济。这是指经济主体为了自身的利益（也在法律允许的范围内），有意识地通过外部不经济方式来增加自己利益的一种经济行为。如在治理污染技术已达到一定水平的基础上，生产中的污染量是可以通过一定的治理而减少的，但厂商为了自身的利益，却不愿进行这种投资，而是有意识地向外排污，或者是社会要求厂商投资治理或排污收费，由于后者比前者费用低，厂商也会采取有意识排污的方式来增加自己的利益，或者为了自身的利益，组成利益集团有计划地阻挠有关限制排污法律的制定与通过等，都属于这种有意识地外部不经济行为。在公共场合吸烟也属于这种行为。

5. 利己利他性的外部影响或外部经济。这是指经济主体在追求和实现自身利益的行动过程中，也使其他人受益的一种活动。如厂商为了追求超额利润而进行技术与组织创新，使劳动生产率提高和产品质量改进，从而使整个社会或其中的部分人受益；或者当治理污染的技术达到较高水平，同时原污染物质有较高的市场价值，使得治理污染的效益大于治污成本，或者排污费用高于治理费用时，厂商为了自身的利益，将会积极进行污染治理，由此也提高了其他人的利益。

6. 主要利他性的外部影响或外部经济。这是指经济主体为了特定的目标，在经济活动中的结果主要是使其他人收益的一种经济活动，而行动主体自身则很可能在此过程中受损。如厂商或个人进行的各种社会公益性活动，或者厂商自愿或在法律约束下的治理污染活动都属此例。厂商之间的过度竞争也会产生这种效果。公共物品的生产在这方面最具有典型意义。

三、环境外部性及其特点

外部性的最突出表现是在环境问题上。近些年来，环境污染、资源枯竭、生态失衡已经成为一个世界性的问题，环境外部性在现代生活中已经不是一种偶然的市场失灵，而是一种无处不在、无时不在的经济现象，因此，我们重点探讨环境外部性及其特点。

把外部性理论应用于环境问题，即得到环境外部性的概念。所谓环境外部性是指某项经济活动带来了好的（或坏的）环境影响，而经济主体没有为此得到补偿（或付出代价）。环境外部性与一般的外部性相比，主要有以下 3 个特点：①在传统的微观经济学理论中，一般是把外部性作为一种偶然的“市场失灵”（market failure）加以研究，或者说虽然承认外部性的存在，却认为其作用是有限的，发生是偶然的，影响是次要的。而环境问题的外部性却是人类经济活动中不可避免的一个经济现象，它在环境问题中无处不在，无时不在，大量环境污染和生态破坏的事实已经充分证明了这一点。②环境外部性的作用时间比一般的外部性要长远得多，具有向未来延伸的特性，即现在经济活动的副作用由未来人口承担，当代人品尝着前人遗留下来的环境恶化后果；同样，我们也在不断地将这类后果传递给子孙。③环境外部性的第三个特点是其更多地表现为外部不经济，特别是工业化以来，人们在聚集物质财富的同时，所造成的外部不经济可以说是普遍存在的，如大气污染、废弃物排放、噪声污染等。人类对环境造成了破坏，但在很多情况下，破坏者并没有为其行为付出代价，从而造成了环境的外部不经济。正因为环境外部性存在着发生范围上的广泛性，以及影响时间上的深远性等特点，则成为经济学家关注的重点。

四、外部性对经济过程的影响

外部性对经济过程的影响主要体现在对资源配置的影响和对收入分配的影响。首先我们来看对资源配置的影响，那就是完全竞争下的资源配置将不能够导致帕累托最优状态。我们以外部不经济为例，用图 8-3 加以说明。由于存在着外部不经济（如环境污染），所以社会的边际成本曲线 $MC+ME$（其中 ME 为边际外部成本）高于私人的边际成本曲线 MC。完全竞争的厂商为了追求利润最大化，按照边际收益等于边际成本的原则，将产量定在 X^* 处，而社会收益最大化产量（社会的边际收益等于边际成本）应在 X^{**} 处。因此，外部不经济造成产品生产过多，超过了帕累托效率所要求的水平 X^{**}。

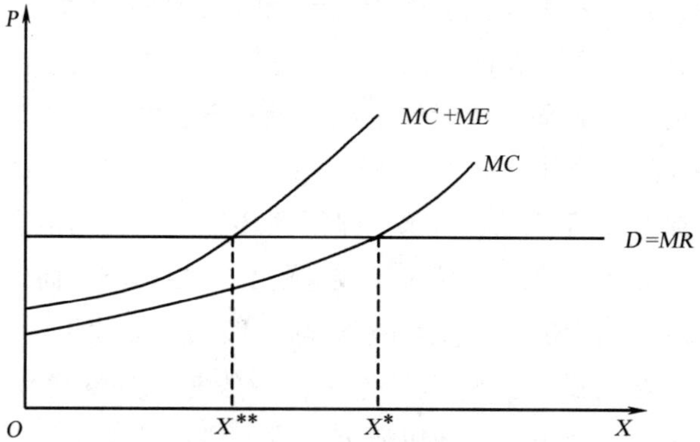

图 8-3　外部不经济导致资源配置失当

以上分析的是生产的外部不经济对资源配置的影响，消费的外部不经济同样会对经济过程产生影响。与生产过程的外部性相比，消费领域的外部性有一个明显的特点，就是它的分散性。尽管对于每个消费者来说，他所造成的外部不经济是微不足道的，但是，千百万人的“微不足道”的影响累积起来，就可能形成巨大的环境损害。例如，消费者广泛使用一次性的塑料包装物品并随意丢弃，造成了全球性的“白色污染”；众多游客不经意地丢弃垃圾使自然风景区遭到破坏等。对于这类现象，经济学上称为“微小行为的暴行”。

除了对资源配置的影响以外，外部不经济还会造成对收入分配的影响，因为一部分人得到了额外的收益而没有为此付出代价，而另一部分人却无端地负担了更多的外部成本。这可以看成是外部不经济对经济过程造成的另一方面的影响。

思考与练习

一、基本概念

帕累托最优　帕累托改进　寻租　公共物品　私人物品　公共选择　不对称信息　逆向选择　道德风险　信号显示　信号甄别　委托—代理问题　外部性

二、练习题

1. 帕累托最优状态必须满足哪三个条件？
2. 为什么说完全竞争经济能够自动实现帕累托最优状态？
3. 为什么说寻租活动会导致社会经济资源的浪费？
4. 画图说明公共物品的最优数量是如何决定的。
5. 公共选择和市场选择的主要区别是什么？
6. 逆向选择与道德风险有什么区别？
7. 举例说明逆向选择的解决途径。
8. 简述道德风险的防范方法。
9. 用图形说明外部性是如何导致资源配置失当的。

第九章

平等与效率——经济学的伦理

本章学习重点

- 平等的含义与衡量
- 效率的含义与衡量
- 平等与效率的关系及其西方学者的相关理论
- 收入分配均等化的理论依据与政策工具

在微观经济运行中，政府的目标主要有两个：一个是收入的均等化，一个是资源的有效配置。前者可以简称为平等问题，后者可以简称为效率问题。如果把整个经济比喻成一块大的蛋糕，平等问题研究如何把蛋糕分割得更加合理，效率问题则研究如何把蛋糕做得更大。平等与效率问题是当代经济学中最重要的理论问题之一，也是困扰着许多国家的现实问题。我们本章对此加以研究。

第一节　平等与效率的含义与衡量

一、平等的含义与衡量

（一）平等的含义

“平等”是一个带有浓厚伦理色彩的范畴，由于人们所处地位和文化背景的不同，对其往往有不同的理解。一般来说，人们常常是从以下三个方面来定义平等的：一是政治权利的平等，即所有人拥有同等的政治权利，包括选举权、法律公正、言论和结社权等；二是经济机会平等，即每个人在市场竞争中站在同一起跑线上，按同一规则平等地参与游戏，包括让人们有同等的受教育和工作机会，消除种族、性别、宗教等歧视，我们可以把这一意义上的平等简称为“机会平等”；三是经济结果平等，即人们在获得收入或效用上的平等，我们把这一意义上的平等简称为“结果平等”。关于政治权利的平等，鉴于篇幅的关系，本书中对此不加讨论，本书中所指的平等是“机会平等”和“结果平等”。

平等是一个社会历史范畴，是社会历史给定的公平尺度，不同社会具有不同的公平标准。因此，平等问题要比效率问题更为复杂，它是一种价值判断，不同的社会制度，社会发展的不同阶段，对平等的价值判断也不同。平等是相对的，绝对的平等是不存在的。

（二）平等的衡量——洛伦茨曲线和基尼系数

关于收入分配平等程度的衡量标准有多种，我们在此主要介绍洛伦茨曲线和基尼系数。

1. 洛伦茨曲线（Lorenz curve）。洛伦茨曲线是由德国统计学家洛伦茨提出来的，是用来衡量社会收入分配平等程度的曲线，如图 9-1 所示。

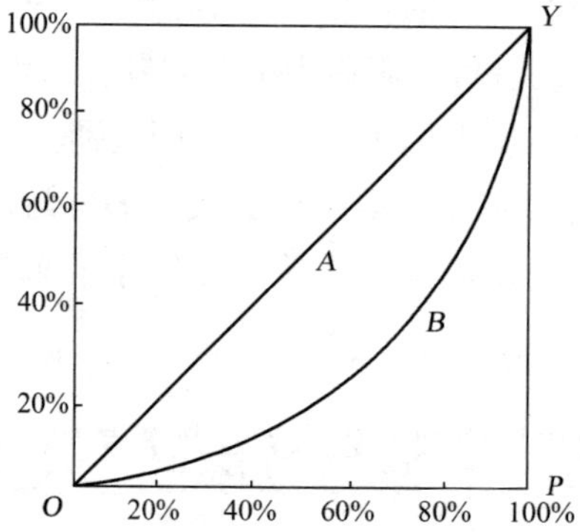

图 9-1　洛伦茨曲线

在图 9-1 中，45 度线 *OY* 称为绝对平等线。在 *OY* 线上，20%的人口得到 20%的收入，因此收入分配是绝对平等的。*OPY* 称为绝对不平等线，100%的人口得到 0%的收入，表明收入分配是绝对不平等的。表明实际收入状况的洛伦茨曲线一般位于 *OY* 和 *OPY* 之间，并且是向下弯曲的。

洛伦茨曲线与 *OY* 越接近，收入分配越平等；洛伦茨曲线与 *OPY* 越接近，收入分配越不平等。

2. 基尼系数（Gini coefficient）。根据洛伦茨曲线可以计算出反映收入分配平等程度的指标，这一指标称为基尼系数。如果用 *A* 来表示实际收入线与绝对平等线之间的面积，用 *B* 来表示实际收入线与绝对不平等线之间的面积。

则：

$$基尼系数=\frac{A}{A+B}$$

基尼系数是表示收入分配平等状态的系数。实际的基尼系数总是大于0而且小于1。基尼系数越小，收入分配越平等；基尼系数越大，收入分配越不平等。

3. 洛伦茨曲线和基尼系数的运用。作为一种分析工具，运用洛伦茨曲线与基尼系数可以对各国收入分配的平等程度进行衡量和对比，也可以对一项政策实施前后的收入效应进行比较。一般国际上采用的衡量标准是：基尼系数小于0.2表示绝对平等，0.2~0.3表示比较平等，0.3~0.4表示基本合理，0.4~0.5表示差距较大，0.5以上表示收入差距拉大。

二、效率的含义与衡量

（一）效率的含义

效率一般是指产出与投入之间的对比关系。对于既定的产出来说，投入越少，效率越高；对于既定的投入来说，产出越多，效率越高。经济效率是指经济运行过程中产出与投入的对比关系。提高经济效率也就是用尽量少的投入取得尽量多的产出。效率作为经济学上的一个概念，是指人们对经济资源的有效利用和合理配置，做到人尽其才、物尽其用、财尽其效。

（二）效率的衡量——帕累托最优状态

帕累托最优状态（pareto optimum）是从效率出发的一种理想状态，是作为资源配置评价的一种基本标准。这就是说，社会资源已得到最优配置，经济运行已达到最高效率，如果做任何改变使某一成员受益，其他成员必然受损。

帕累托最优确实是资源配置的最佳状态，因此它就意味着经济效率，满足帕累托最优就是具有经济效率的，不满足帕累托最优就是缺乏经济效率的。

但是，帕累托最优只是在完全竞争这种“理想世界”中才有的理想状态。在现实生活中，帕累托最优会面临种种难题从而影响它的实现，如垄断、公共物品等。但是，帕累托最优状态中最重要的缺陷还在于它对收入分配问题的忽视。帕累托最优的理论核心是：如果资源配置的任何改变已经不能在无损于任何一个人的福利的情况下增加另一个人的福利，那么原来的资源配置状态就实现了最佳配置。这实际上意味着，每一种初始状态的收入分配都已经存在一个相应的帕累托最优；或者意味着，如果富人更富而穷人没有更穷就是帕累托的福利改进。从这个角度来看，对平等问题的忽视不能不说是帕累托最优的一个缺陷。

第二节　平等与效率之间的关系

一、平等与效率之间的矛盾——“鱼与熊掌不可兼得”

中国的经典故事“三个和尚没水喝”是平等与效率关系的经典写照。一个和尚挑水喝，不存在平等问题，效率最高；两个和尚抬水喝，是平等的，但效率低；三个和尚在挑水和抬水上无法实现平等，既无平等又无效率，最后没水喝。

平等与效率是政府在微观经济运行中追求的两大目标，但这两大目标之间又是有矛盾的，正如美国经济学家阿瑟·奥肯所说的那样：“为了效率就要牺牲某些平等，并且为了平等就要牺牲某些效率。”平等与效率的矛盾或者说交替关系的存在不是偶然的，是市场经济运行机制本身决定的。在市场经济中，要获得效率，就必须给生产要素所有者以相应报酬，这些报酬构成他们的收入。如果收入没差别而一律相等，劳动者得不到刺激和鼓励，社会经济效率必然要降低，因此，有利于效率则不利于平等，而有利于平等又不利于效率，这就是平等与效率之间的交替关系，二者是“鱼与熊掌不可兼得”的。

二、奥肯的“漏桶原理”

美国经济学家阿瑟·奥肯（Arthur Okun）用其著名的“漏桶原理”说明了平等与效率在现实生活中的矛盾关系。

假定有这样一个社会，富人和穷人分灶吃饭，富人那里人少粥多，许多粥吃不完，白白地浪费掉；而穷人那里人多粥少，根本吃不饱，已经有不少人营养不良。于是，政府决定，从富人的锅里打一桶粥，送给穷人吃，以减少不平等现象。政府的这种愿望是好的，但不幸的是，它使用的那个桶，下面有个洞，是个漏桶。这样，把粥送到穷人那里，路上就漏掉了不少。

这只漏桶的实际意义旨在说明，政府如果用税收的办法，从富人那里转移一部分收入给穷人，穷人实际得到的并不是富人那里减少的那一部分，而是少了一些。比如，富人的收入减少了 1 000 元，穷人可能只得到了 600 元，其余的400元就不翼而飞了。为什么会出现这种现象呢？因为追求平等损害了效率，从而减少了国民收入。奥肯有一句名言："当我们拿起刀来，试图将国民收入这块蛋糕在穷人和富人之间进行平均分配时，整个蛋糕却忽然变小了。"这里所说的蛋糕变小，就是效率的损失。

效率损失的原因主要有两个。其一，税收削弱了富人投资的积极性。奥肯在他著名的《平等与效率——重大的抉择》一书中，曾这样写道："如果税收对于储蓄和投资具有重大的和有支配的影响，那么在总量数据方面的证据将是引人注目的而且是明显的。1929年，尽管美国经济处于萧条时期，但由于当时的税率很低，投资还是占了国民收入的16%；在此之后，联邦税的税率上升了好几个百分点，到了1983年，尽管当时的经济处于复苏时期，但投资率仍没有超过14%。"其二，税收影响了劳动的积极性，不仅影响富人，而且影响穷人。比如一个失业工人，由于得到了一份月薪并不算高的工作，而失去了政府所有的补贴，他自然也就对找工作不热心了。失业成本的计算公式为：

失业成本=就业工资-个人所得税-失业救济金

根据这一公式，失业救济金越多，失业成本越少，加上个人所得税，失业成本更少。这时工作还不如失业有利，因此工人不愿去积极谋求就业，削弱了社会生产的增长。在收入分配中，由于"整个蛋糕忽然变小了"，就像政府的那只桶发生了"泄漏"一样，使得富人失去的多，而穷人得到的少。

"漏桶原理"意味着，平等和效率是"鱼与熊掌不可兼得"。那么，在这种情况下，孰轻孰重呢？经济学家、伦理学家、哲学家就此展开了旷日持久的争论。有人认为，人们之所以在平等和效率的抉择问题上争论不休，原因就在于，现实世界是不平等的。富人害怕失去既得的利益，因而鼓吹效率，反对平等；穷人想不劳而获，因此呼吁平等，批评效率。人们都带着"有色眼镜"进行讨论，很难得出一个公正、合理的结论。

在奥肯看来，"效率诚可贵，平等价更高"，二者谁都不能偏废，只能寻找一种折中，既促进平等，又尽量减少对效率的损害。比如，缩小补贴范围，降低补贴标准，就可以控制收入分配对穷人的劳动积极性的影响；调低所得税税率，提高消费税税率，就可以减少收入转移对富人的损害等。

三、里根的减税方案

奥肯用"漏桶原理"说明了平等与效率之间的矛盾，追求平等有时会带来效率的损失，因为高税收会削弱人们劳动和投资的积极性。供给学派的经济学家阿瑟·拉弗（Arthur Laff）用一条曲线说明了这一原理，这就是“拉弗曲线”（Laff curve）。

阿瑟·拉弗是供给学派的代表人物之一，里根总统的经济顾问委员会委员。1974 年初，他在与另外两名经济学家——温尼斯基和切尼进行闲谈时，在餐巾纸上画了一条曲线来说明税率和税收收入的关系，如图 9-2 所示。

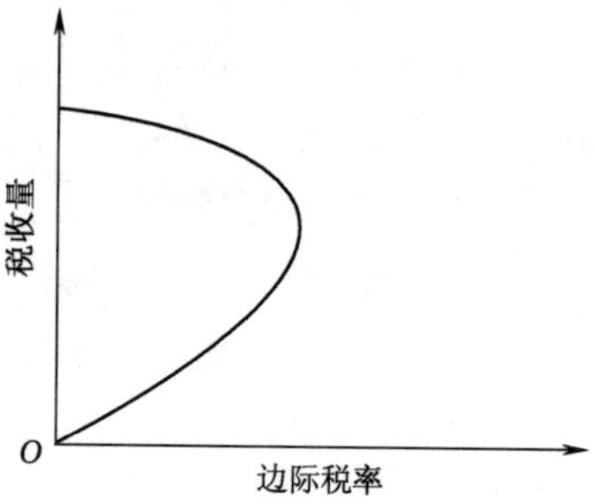

图 9-2 拉弗曲线

拉弗认为，边际税率的高低和税收量的大小不一定按统一方向变化，还有可能按相反方向变化，也就是说，高边际税率不一定会带来收入的增加，相反，可能会减少国民收入。因为高边际税率会降低人们工作的积极性。在美国，为了缩小贫富差距，实行累进所得税，税率随收入的提高而递增。比如，中等收入的纳税人可能面临 25%的边际税率，他多挣 1 美元，就必须用 25 美分纳税。高收入的纳税人可能面临 50%的边际税率，他多挣 1 美元，就必须用 50 美分纳税。这样，高收入者就会少工作甚至不工作，低收入者也有可能依赖政府的福利补助而滋生懒汉思想。在这种情况下，国民经济这块“蛋糕”变小了，平等损害了效率。

美国总统里根用自己的亲身经历证明了拉弗曲线。他说：“第二次世界大战期间我拍电影赚过大钱。在那时，战时附加所得税达 90%。你只要拍 4 部电影就达到最高税率那一档了。因此，我们拍完 4 部电影就停止工作，到乡下度假去了。”高税率引起了工作积极性的降低，这就是里根经历过的拉弗曲线。

当里根 1980 年当选总统时，他把拉弗的减税主张作为其施政纲领，由于减税的目的是刺激供给，因此，也称为“供给学派经济学”。里根上台后，

1981年7月，他将个人所得税率，不分等级，一律在3年内削减23%，这样的大幅度减税，在美国历史上是罕见的，它使美国税收占GNP的比重，从1981年的20%，减到1983年的18.1%。1986年9月，又进行了第二次大规模的减税，这次减税的特点是纳税档次少，减税幅度大，经过这次减税，美国税收制度实际已从过去的“累进制”变为近乎“单一税率制”。

里根政府的减税政策与凯恩斯主义的减税政策区别何在呢？后者削减的是平均税率，是有利于穷人的，其实质是“劫富济贫”；而前者削减的是边际税率，获得好处的是高收入的富人，其实质是“劫贫济富”。例如，据计算，按照1981年通过的减税法案，一个4口之家，到1984年比1980年累计减少的税额，年收入1万美元者，只有83美元；年收入2.5万美元者为683美元；年收入5万美元者为2 158美元，其收入是最低收入者的5倍，但减税的好处则为最低收入者的26倍。

四、弗里德曼的负所得税方案

奥肯用其“漏桶原理”形象说明了平等与效率之间的交替关系，里根的减税政策也说明了在现实生活中，这二者的矛盾是客观存在的。那么，如何在平等与效率之间找到一个合适的均衡点呢？这一工作是由货币主义的代表人物米尔顿·弗里德曼完成的。

在弗里德曼看来，消除贫困，对生活困难的人群给予补助，是政府应尽的职责。但是，如果一个国家决定向贫困开战，就必须选用一种最有效而又最简捷的武器。他认为，美国长期以来实行的给低收入者以补贴的救济计划是根据凯恩斯的福利思想制定的，虽然体现了一定程度上的公平，但是却妨碍了整个社会的效率，因为失业成本过低挫伤了穷人寻找工作的积极性。

弗里德曼指出，高效率来自高竞争，没有竞争就没有效率，给低收入者发放固定的差额补助不利于激发他们的进取心，有损于自由竞争，从而有损于效率；同时，社会还会因政府支出的增加而发生通货膨胀。为了既能消除贫困又不损害效率，弗里德曼参照正所得税体系设计了一个补助穷人的“负所得税方案”，让低收入者依据其各自的收入得到政府支付的不同的所得税。这种方法之所以称为“负所得税”，是想强调它在概念与方法上同现行所得税的一致性。所谓负所得税，是指政府规定某种收入保障数额（最低收入指标），然后根据个人实际收入给予适当的补助。这里所说的适当补助，是指政府发给的补助金要根据个人实际收入的多少按比例发给，以避免把低收入者个人可支配的收入一律拉平。按比例发给的补助金就称为负所得税。其计算公式是：

负所得税=政府规定最低收入指标-（实际收入×负所得税率）

个人可支配的收入=个人实际收入+负所得税

这一计算方法的优势在于，在可得到救济的人群中，收入不同的人可以得到不同的补助，从而使得有收入的人、收入较高的人在接受负所得税后的最终可支配收入，比没有收入的人、收入较低的人高。这种负所得税，可以鼓励人们多工作、多收入，也鼓励穷人挣更多钱的积极性，而不像差额补助那样养成穷人对救济的依赖。

假定政府规定的最低收入指标为1 500美元，负所得税率为50%，则个人实际收入在3 000美元以下者的个人可支配收入如表9-1所示。

表9-1 个人可支配收入　　单位：美元

个人实际收入	负所得税（政府给予的补助）	个人可支配收入
0	1 500-0×50%=1 500	1 500
1 000	1 500-1 000×50%=1 000	2 000
1 500	1 500-1 500×50%=750	2 250
2 000	1 500-2 000×50%=500	2 500
3 000	1 500-3 000×50%=0	3 000

从这些家庭得到的负所得税来看，收入越低得到政府的补助越多。但从最终可支配收入来看，实际收入高的家庭，最终可支配收入也高。可以把3 000美元当作收支平衡点，在这个收入点上的家庭既得不到政府的补助也不必缴纳税收。在这个收入点以下的家庭可以得到“负所得税”，在这个收入点以上的家庭，其实际收入超过3 000美元的部分，则必须按照一定的正所得税税率向政府交税。

可见，负所得税方案最突出的优点在于，它解决了政府补助中公平和效率的矛盾。一方面使低收入者能维持最低的收入水平，另一方面又克服了依赖政府补助金过活的懒汉思想，从而有利于提高个人工作积极性。因此，这一扶贫计划在体现公平的同时，也刺激了经济的效率。

另外，“负所得税方案”是一个统一的现金收入补助计划，它取代了诸如医疗、住房、教育、失业、养老等一大堆令人目眩的福利项目，不仅使扶贫和社会福利方式更为简洁、方便，而且执行该方案的政府机关只需税务部门，因此，那些累赘的、代价高昂的福利官僚机构几乎可以全部撤销。同时，社会所负担的费用可以更简单、明确地反映在税务表上，从而可以避免税务的腐败。

“负所得税方案”提出以后，也遭到了一些学者的反对和质疑，如怎样准确地对贫困家庭的生活状况进行调查，不工作的人是否有资格得到更高的经济补助，如何确定补助的最低标准，以及它对刺激积极性的作用有多大等。这些争论使“负所得税方案”暂时难以在实践中推行。但是，不管怎么说，该方案至少为人们在公平和效率之间如何寻找平衡点提供了一个新思路。

第三节　收入分配均等化的理论依据与政策工具

如上所述，市场机制在促进经济效率提高的同时，也造成了收入分配不平等，导致贫富差距悬殊，甚至会造成社会的不安定。因此，每个国家在追求效率的同时，也在尽力实现收入分配的均等化。本节先阐述造成收入分配不平等的主要原因，然后对收入分配均等化的理论依据和政策工具进行论述。

一、收入分配不平等的主要原因

在不同的市场经济社会中，收入分配不平等的原因不完全相同，但各个社会收入不平等的原因也有一些共性。

在市场经济中，每个人的收入取决于自己拥有的生产要素的效率和数量，因此，收入分配不平等首先是个人拥有的生产要素的质量与数量的不同引起的。在现代社会中，劳动是个人拥有的最主要生产要素，每个人的劳动质量和数量都不同。劳动质量是个人能力，包括天赋（脑力与体力的差别）和后天获得的能力（由正规教育、在职培训和工作经验中获得的人力资本）。经验证明，在人的能力中教育最重要。劳动的数量取决于人努力的程度，每个人的机遇不同影响着人的能力的发挥，也是引起个人收入差别的一个因素。人的资源还包括资本与土地。这些是过去积累的结果，也是个人收入差别的历史原因。

社会制度也是引起个人收入差别的重要原因。户籍制度会阻碍劳动力流动，加剧了收入分配差别；工会制度引起工会会员与非工会会员的工资差别。此外，许多国家存在的性别、种族或其他歧视，作为一种无形的制度（习俗）也引起受歧视者的收入偏低。

此外，各国的收入差别与其经济发展阶段相关。美籍俄国经济学家库兹涅茨根据统计资料提出了倒 U 形理论，用它来表示经济增长与收入分配的关系。他在 1954 年美国经济学会年会上所作的演说中，首次论述了如下观点：随着经济发展而来的“创造”与“破坏”改变着社会、经济结构，并影响着收入分配。他得出了如下结论：“在经济未充分发展的阶段，收入分配将随同经济发展而趋于不平等。其后，经历收入分配暂时无大变化的时期，到达经济充分发展的阶段，收入分配将趋于平等。”如图 9-3 所示。

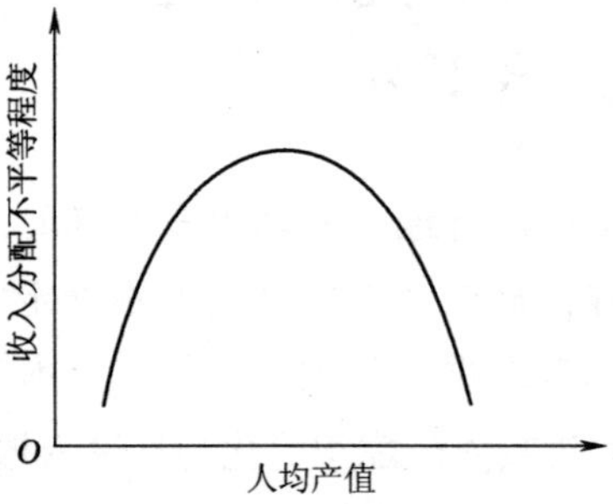

图 9-3　倒 U 形理论

在图 9-3 中，如果用横轴表示经济发展的某些指标（通常为人均产值），纵轴表示收入分配不平等程度的指标，则这一假说所揭示的关系呈倒 U 字形，因而被命名为库兹涅茨的倒 U 字假说，又称库兹涅茨曲线。

库兹涅茨假说提出后，一些学者曾就有关倒 U 字形形成的过程、导致倒 U 字形的原因，以及平等化过程进行过较多的讨论。经济发展的资料表明，库兹涅茨曲线不符合一些国家的实际情况，换言之，随着经济的发展，一些国家的收入不平等越来越悬殊，并没有向平等方向转变。发达国家在二战后，收入分配向平等化的方向发展，但 20 世纪 80 年代之后由于知识经济和经济全球化，收入分配不平等有加剧的趋势。

二、收入分配均等化的理论依据

收入分配均等化的理论依据是福利经济学的理论。福利经济学的福利一词，包括的内容十分广泛，除了财富的占有之外，享受闲暇、社会地位、家庭幸福甚至生活的尊严都可以给人带来满足，从而构成个人全部福利的一部分。如何增进个人乃至整个社会的福利，就是福利经济学的核心目标。由于福利包含的内容十分广泛，其中一部分福利是很难计算的，同时它又跟财富的多少密切相关，因此，经济学主要研究与财富有关的那部分福利，即经济福利。那么，如何才能增加一个社会的经济福利呢？按照福利经济学的代表人物庇古的观点，主要有两个办法：一是增加财富，即国民收入，国民收入越大，经济福利越大，这一内容我们将在经济增长理论中阐述；二是促进个人之间收入的均等化。

为什么收入的均等化可以增加整个社会的经济福利呢？我们举一个简单的例子。我国明朝的周容写过一篇文章，叫《芋老人传》。文中有一个故事，讲的是一个穷书生进京赶考，没有钱住店。有一天傍晚，饥寒交迫的他在一个农夫家的屋檐下避雨，被农夫叫到屋里。农夫给了他一块芋头吃，他吃得香甜无比，对农夫千恩万谢。后来，穷书生金榜题名，当了相国，吃遍了天下的山珍海味，越吃越觉得没有味道。于是，他开始怀念赶考途中吃过的芋头，便找来当初的那位农夫，请农夫煮一块芋头给他尝尝，结果大失所望，扔下筷子问："何前者香而甘也？"（为什么以前的芋头就那么香甜可口呢？）农夫感慨地说："时位之移人也。"这个故事，其实就蕴含着福利经济学的收入均等化原理。当故事的主人公还是个穷书生时，一块芋头，他吃得香甜无比，从中得到了很大的满足，而做了相国以后，同样的芋头，就变得不好吃了，从中得到的满足很少。农夫看到了同一个人的这种变化，于是发出了"时位之移人也"的感慨。其实，对于贫富不同的两个人，这个故事仍有说服力，也就是说，同样的消费品，穷人从中得到的满足要比富人多。比如说，穷人的儿子如果在圣诞节能够得到一辆 100 元的自行车，就会欣喜若狂；而富人的儿子就算得到了一辆 20 万元的汽车，也换不来多大的快乐。所以，富人要用更多的钱才能换来和穷人一样的快乐。同样增加 1 元钱的收入，对于富人是锦上添花，而对于穷人来说，则是雪中送炭，显然，穷人从中得到的福利要比富人多。如果我们将富人的一部分收入转移给穷人，富人的收入虽然有所损失，但他仍然是富人，不会伤筋动骨，而穷人则可以增加更多的福利。这样，收入均等化政策一方面减少了富人的福利，另一方面又增加了穷人的福利，但由于富人的福利损失小于穷人的福利增加，将个人的福利加总以后，社会的总福利无疑是增加了。

正因为实行收入分配政策以后，整个社会的福利可以得到增加，因此，“收入均等化”被视为“福利国家”的重要标志。收入均等化所奉行的伦理原则就是要使社会上的大多数人广泛地分享经济进步的成果。它直接针对的目标就是消除贫困状况的存在，缓解或抑制市场机制所造成的贫富过分悬殊的矛盾。

三、收入分配政策

为了实现收入分配平等化，缩小收入差距，政府制定了收入分配政策。既然造成收入分配不平等的原因主要有源于机会不均等的收入不平等和在机会均等情况下出现的收入不平等，因此，解决收入均等化的政策措施也在这两方面发挥作用：第一，克服机会不均等，为每人提供均等的机会；第二，直接调节收入水平，调整收入分配差距。

（一）解决机会不平等

由于机会不平等而带来收入不平等，是不公平、不合理的，也是令人难以接受和容忍的，因此，必须努力克服机会的不平等。为了实现这个目标，政府采取的措施主要如下。

1. 政府要为公民提供均等的就业机会。主要调节措施如下。

（1）创造和增加就业机会，实现充分就业。一是运用财政政策和货币政策刺激经济增长；二是兴办私人不愿意办的基础公共产业；三是通过提供资助和减免税办法，鼓励企业扩大规模；四是限制移民，特别是外国移民。

（2）促进人力资源流动。人力难以流动，不但造成严重失业，还会扩大工资差距。为促进流动，政府要提供健全的劳动力市场，提供就业信息，对失业人员进行重新培训，并清除劳动力流动的障碍。

（3）消除种族歧视和性别歧视，实现平等就业。出台关于公正就业的立法，有效防止了在就业中的种族歧视、肤色歧视、信仰歧视、性别歧视。

2. 实行普及教育，促进教育机会平等。受教育和训练程度的差别，常常会造成收入差距。为促进教育机会均等，从而达到收入均等，政府应该制定和实施公共教育政策，提供义务初等教育，发展高等教育，实行专门培训计划。

3. 促进财产占有的机会均等。财产占有机会不均等，必然会带来收入的不均等，财产越多，收益越高。

（二）缩小收入差距

缩小收入差距的政策工具主要是税收政策、社会保障与福利政策、价格政策。

1. 税收政策。收入分配中的税收政策不同于宏观财政政策中的税收政策，其目的是通过税收减少富人的收入，缩小收入差距。用于这种目的的税收政策包括个人所得税、遗产税和财产税，以及消费税。其中所得税是最重要的。根据税率变动趋势与税基变动之间的关系，可以将所得税分为三种：累进税（progressive tax）、累退税（regressive tax）和比例税（proportional tax）。其中，累进税是指税率随税基的扩大而增大，累退税是指税率随税基的扩大而变小，比例税则是税率不随税基的变化而变化。为了缩小收入差距，一般采取累进所得税的形式，高收入者按高税率征税，低收入者按低税率征税，低于一定水平的收入免征所得税。

2. 社会保障与福利政策。如果说税收政策是通过对富人征税来实现收入平等化，那么，社会保障与福利政策则是要通过给穷人以补助来实现收入分配平等化。首先，由于失业、残废、患病、年老等不能得到收入者，政府通过社会保障提供津贴或补偿。其次，为保证公民的最低生活水平，政府实行公共救济计划，比如，提供免费食品、食品券等。最后，通过医疗保健的社会福利计划，为穷人和老人提供医疗照顾等。

3. 价格政策。通过价格政策来缩小收入差距主要包括以下三方面的内容。

第一，商品价格政策。通过控制价格水平的高低促进收入均等，对于购买商品，低收入者付低价，而高收入者付高价。

第二，最低工资政策。规定最低工资，使分配有利于低收入者。最低工资虽由劳资双方议定，必要时政府要加以干预和调节。

第三，利息率政策。政府通过优惠贷款方式促进收入均等化。比如，向低收入阶层提供低息住宅贷款，改善其居住条件；向农业部门提供低息贷款，促进农业发展，提高农民收入，缩小城乡差别。

思考与练习

一、基本概念

洛伦茨曲线　基尼系数　拉弗曲线　倒 U 形理论　累进税　累退税　比例税

二、练习题

1. 试比较里根的减税方案和弗里德曼的负所得税方案。
2. 收入分配不平等的主要原因是什么？
3. 试用福利经济学的理论说明收入分配均等化的理论依据。
4. 简述解决收入分配均等化的主要政策措施。

第十章

国民收入决定理论

本章学习重点

- 国民收入核算体系中的一些重要概念
- 国内生产总值核算的三种方法：支出法、收入法和增值法
- IS-LM 模型
- 总需求—总供给模型

第二章至第九章是微观经济运行的内容，主要说明市场经济中个人与企业如何决策来实现资源的最优配置。但是，在经济个体的资源实现了最优配置之后，在整体经济中，却有可能存在着资源的稀缺或者浪费问题，20 世纪 30 年代的经济大萧条就是一个典型的例子。如何在整体经济中实现资源的有效利用，就是宏观经济所要研究的主题。形象地说，如果将整个经济比喻成一个馅饼，微观经济研究馅饼里的馅是什么，但不关心整个馅饼有多大；宏观经济研究影响馅饼大小的因素，却不关心里边的馅是什么。

宏观经济的目的在于把馅饼做大。那么，如何衡量馅饼的大小呢，或者说，如何衡量一个经济的整体运行情况呢？这就涉及宏观经济的衡量指标与核算体系的问题。

第一节　国民收入的核算

一、国民收入核算的历史

国民收入核算理论与方法是由国民收入统计发展起来的。说起来可能令人难以置信，尽管经济学已经存在了 5 个世纪，然而，直到 20 世纪 40 年代之前，人们竟然不懂得国民收入的核算。那时的经济学，主要是研究怎样把有限的资源分配到各种用途上去，至于这样做会对国民收入产生怎么样的影响，却谁都无法回答。这很像一个憨厚的农夫，只知道给庄稼除草、浇水，一年忙到头，却不知道打了多少粮食，是丰收了还是歉收了，粮食够不够吃。这似乎很可笑，

然而，4 个半世纪的历史，经济学的确是这样走过来的。

二战以后，国民收入统计理论有了较大的发展，并逐步形成了国民经济核算体系。这主要归功于美国经济学家和统计学家西蒙·库兹涅茨。1937 年，库兹涅茨出版了《国民收入和资本构成》一书，概括地说明了国民收入和国民生产总值的定义和估算方法。1941 年，他又出版了《国民收入及其构成》一书，在此书中，库兹涅茨利用大量的统计资料，详细地研究了国民收入及其构成的含义，形成了估算国民收入的方法，建立起现代国民收入核算体系的基本结构。正因为如此，库兹涅茨被称为“现代 GNP 之父”。

凯恩斯和库兹涅茨的研究同属于宏观经济学的范畴，而且它们之间是相互联系的。如果说凯恩斯创立了宏观经济学的生理学，库兹涅茨则是解剖学的奠基者。正是库兹涅茨的工作，在凯恩斯的理论框架上补充了经验数据的血肉。从此以后，现代国民收入核算理论和方法的应用和发展，为各个国家制定经济政策、调节干预经济活动提供了依据。

二、国民收入核算的必要性

国民收入核算是宏观经济分析的基础。没有国民收入核算，宏观经济分析就无法应用于经济现实，二者是相互依赖和联系的。正如美国经济学家詹姆斯·托宾所说：“如果没有国民收入核算和近 40 年来其他方面统计的革新和改进，当前的经验宏观经济学便是不可想象的。”

总的说来，国民收入核算有以下 3 个基本用途。

1. 时间上，度量一个国家的经济增长情况。年度国民收入数字是对经济活动的度量。通过各年度间的比较，可以衡量一个国家的经济增长情况。比如，我们说 2019 年中国的经济增长率为 6. 1%，这意味着 2019 年中国的国民收入与 2018 年相比提高了 6. 1%。

2. 空间上，将各国之间进行横向比较。除了时间上的比较以外，国民核算的指标还可用于国家之间在发展情况、富裕程度等方面的比较。一些国际机构，如国际货币基金组织、红十字会、世界银行，以及欧洲联盟等会员国的会费也是按一个国家的国民收入的百分比来确定的。

3. 为政府预测经济趋势和制定政策提供依据。政府可以从国民经济核算中分析国家的宏观经济形势，并为其制定和执行政策提供依据。

三、国民生产总值与国内生产总值

国民生产总值和国内生产总值是衡量一国经济的最基本的两个指标，我们主要介绍这两个指标。

国民生产总值（gross national production，GNP）指的是一个国家的居民在一年内所生产的所有最终产品和劳务的货币价值总和。我们可以从以下几个方面来理解这一概念。

（1）国民生产总值测度的是一年内所生产的而不是所售卖掉的产品价值，所以必须是当年生产的产品才能计算在内，如果是去年生产的产品，但在今年销售的，不能算进今年的国民生产总值。

（2）国民生产总值测度的是最终产品的价值，中间产品价值不计入，避免了重复计算。中间产品（intermediate products）是指用来生产其他产品的投入品，而与之相反的最终产品（final goods）是指不再用来生产新的产品，而是直接被消费掉的产品。比如说面粉，如果用来生产面包，这时的面粉就是中间产品，如果直接用来吃，就是最终产品。前者应该不计入国民生产总值，后者应该计入，否则就会出现同一个产品的重复计算。

（3）国民生产总值不仅包括各种最终物质产品的价值，也包括各种劳务的价值，像教育、医疗、法律、旅游和各种服务业的劳务价值，都计算在内。

（4）既然国民生产总值是以货币价值来表示的，当然就会受到价格因素的影响。这样就出现了名义国民生产总值（nominal GNP）和实际国民生产总值（real GNP），前者包含了价格水平的影响，后者排除了价格水平的影响。在没有特别说明的情况下，都是指后者。

（5）国民生产总值是一个以人口标准为基础的概念，指的是本国国民在国内外生产的最终产品和劳务的货币价值。

与 GNP 相对应的另外一个概念是国内生产总值（gross domestic product，GDP）。GDP 是一个以地理为基础的概念，指的是本国和外国居民在本国国土上生产的最终产品和劳务的货币价值。也就是说，只要在本国国土上生产的都计入本国的 GDP，不管是本国国民生产的还是外国国民生产的。

GNP 与 GDP 的关系是：

$$GDP = GNP - 本国国民在国外生产的部分 + 外国国民在本国生产的部分$$

现在，世界各国普遍采用 GDP 这个指标代替了 GNP。原因有三点：一是为了各个国家之间的横向比较。二是为了计算上的简便性。在国民生产总值中，本国国民在国外生产的情况不容易掌握，而国内生产总值由于核算范围局限在国内就避免了这一缺点。三是本国的就业情况与国内生产情况更为息息相关，不管是谁的企业，只要在国内，解决的都是本国国民的就业，所以，国内生产总值这一指标更加实用。

四、国民收入核算的三种方法

核算国内生产总值的方法有三种：支出法、增值法和收入法。其中，最常用的是支出法和收入法，我们主要说明这两种方法。

1. 支出法。支出法（expenditure approach）又称为最终产品购买法（final products purchasing approach）或产品流量法（flow of product approach）。这种方法是从产品的使用出发，把一年内购买的各项最终产品的支出加总，计算出该年内生产出的最终产品与劳务的市场价值，即把购买各种最终产品所支出的货币加在一起，得出社会最终产品流量的货币价值总和。

按支出法计算国内生产总值，包括以下几项支出。

（1）个人消费支出（consumption expenditure），包括个人和家庭的下列支出：耐用消费品、非耐用消费品和劳务（如医生、律师的服务等）。这个大项目可以用“C”来表示。

（2）私人国内总投资（investment），指一年内所建造的厂房、资本设备、存货的增加。这些代表资本形成的物品统称为资本品（capital goods）。资本品分为两大类：一是新资本品（capital goods），如新机器、厂房等；二是存货增加，如原料、补充品、库存成品等。

投资区分为总投资和净投资，上述含义的投资称为总投资（gross investment）。在任何一年的生产过程中，必然会有资本存量的耗费，故须提取折旧，以重置新机器。总投资的一部分是重置投资（replacement investment）或折旧（depreciation），用总投资减去重置投资或折旧的差额，是净投资（net investment）。净投资代表了净增加的新投资。

投资由新投资和重置投资两部分构成，这个大项目可以用“I”来表示。

（3）政府购买商品与劳务的支出，简称为政府购买支出（government purchasing expenditure），包括政府兴办公共工程的支出，购买产品与劳务的支出，对政府雇员薪金的支出也包括在这个项目之中。这里需要注意的是，政府支出中属于“转移支付”（transfer payment）的项目，如退伍军人的补助金、退休工人的养老金、政府支付的公债利息等，都不计入国内生产总值中，这是因为“转移支付”代表的是收入在不同经济主体之间的转移，并没有相应的物品与劳务的支出发生。

计入国内生产总值的政府购买支出用“G”来表示。

（4）净出口，即出口（export）减进口（import），用 $X-M$ 来表示。出口是外国购买本国商品与劳务的支出，进口是本国购买外国商品与劳务的支出，用支出法衡量国内生产总值时，必须加上出口的数值，而进口商品与劳务的总价值，则必须减去，因为本国私人和政府购买外国物品和劳务的支出，已计入在 C、I、G 这三个项目之中了，因此，在计算 GDP 时，应该将其减去。

总之，用支出法核算的国内生产总值，可以简单地写为：

$$GDP=C+I+G+(X-M)$$

2. 收入法。收入法（income approach）又称为要素所得法（factor earnings），这种方法是从收入的角度出发，把生产要素在生产中所得到的各种收入相加，即把劳动所得工资、土地所得租金、资本所得利息、企业家才能所得利润相加而成。由于要素所有者的收入，从企业的角度来看是成本，因此又称为成本法（cost approach）。

按收入法计算的国民收入应包括六大项目。

（1）工资（wage），广义的工资包括了所有对工作的酬劳、补助和福利项目，其中包括工资收入者必须缴纳的所得税。

（2）租金（rent），包括个人出租土地、房屋的租金，还包括自用房屋的估计租价和从事专利使用权取得的收入。

（3）利息（interest），是指净利息而非总利息。净利息（pure interest）指家庭收入的利息净值。政府公债、消费信贷的利息不计入国内生产总值，只视为“转移支付”。

（4）非公司企业收入（income of unincorporated enterprises）和纳税前公司利润。前者指的是个人经营和合伙经营的企业收入；后者指的是在支付公司所得税和股利之前的利润，包括作为企业储蓄的未分配利润在内。

（5）企业间接税（indirect tax），是指企业缴纳的货物税或销售税（excises or sales tax）、进口关税（tariff duties on imports）、周转税（turn over taxes）。企业间接税并不包括在生产要素的收入之中，但是由于间接税可以通过产品加价转嫁给买者，使按支出法计算的国内生产总值大于按收入法计算的国内生产总值，所以，在按收入法衡量国内生产总值时，必须加入企业间接税，视为一项成本。

（6）资本耗费（capital consumption），也称为折旧（depreciation），或称为非生产要素的收入。由于前面在按支出法衡量 GDP 时，折旧包括在国内总投资这个大项目中，这样会使按收入法计得的 GDP 小于按支出法计得的 GDP，因此在按收入法计算 GDP 时，必须加上折旧，视为一种费用。

总之，按收入法计得的国内生产总值为：

$$国内生产总值=工资+利息+租金+利润+间接税+折旧$$

或：

$$国内生产总值=要素所得+间接税+折旧$$

3. 增值法。我们前面曾经提到，国民生产总值核算的是最终产品价值，而不是中间产品价值，这样就避免了重复计算。所谓最终产品价值指的就是它在生产过程中的价值增值。所谓增值法就是将生产各阶段增加的价值进行加总，从而得到国民生产总值。

以上计算国民生产总值的三种方法：支出法、收入法和增值法是从不同的角度去测度同一经济总量，因而最后的计算结果从理论上讲应该是一致的。在国内生产总值的核算中几种方法往往结合运用、相互验证。但是由于资料收集的难易程度不同，在实际统计过程中，客观上还是存在着一定的微小差异。

第二节　国民收入的决定：IS-LM 模型

上一节介绍了宏观经济中国民收入的基本指标及其核算方法，本节介绍国民收入的决定。国民收入决定理论是宏观经济学的核心理论，在宏观经济学中，说明均衡国民收入决定的模型包括三个，分别是收入—支出模型、IS-LM模型和总需求—总供给模型。其中收入—支出模型也称为凯恩斯交叉模型，是指收入（产出）和总需求相等的关系。在这种情况下，企业的产品全部卖掉，非意愿存货为零，企业不增产也不减产，达到相对静止的状态，符合经济学中所说的均衡的含义，此时的国民收入就是均衡的国民收入。

收入—支出模型只分析产品市场，因此也称为简单的国民收入决定模型。

但是，在现实经济中，产品市场和货币市场是相互关联的，所以需要分析产品市场和货币市场同时均衡的情况。这就是国民收入决定的第二个模型，即IS-LM 模型。其中，*IS* 曲线表示的是产品市场的均衡，*LM* 曲线分析的是货币市场的均衡。

一、产品市场的均衡与 *IS* 曲线

IS 曲线描述当产品市场达到均衡，即投资 I 等于储蓄 S 时，国民收入 y 和利率 r 之间存在着反方向变动关系的曲线，用来说明财政政策如何影响国民收入的变动。*IS* 曲线的移动是和财政政策直接相关的，扩张性财政政策如减税、增加政府购买、增加转移支付等都会导致 *IS* 曲线向右上方平移；反之，紧缩性财政政策如增税、减少政府购买、减少转移支付等都会导致 *IS* 曲线向左下方移动。这样，我们就可以把财政政策对国民收入 y 和利率 r 的影响用图形表示出来，如图 10-1 所示。

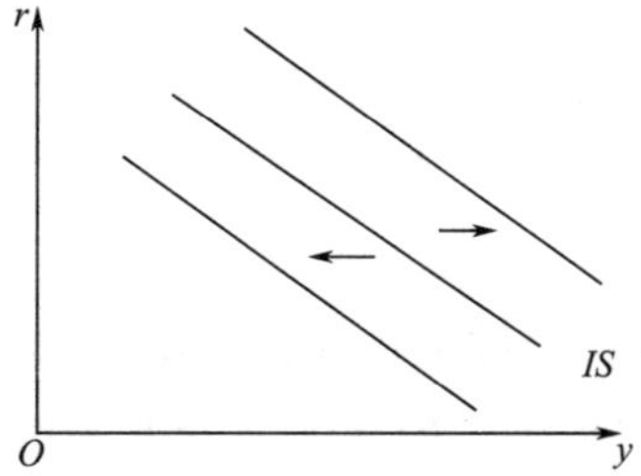

图 10-1　*IS* 曲线及其移动

二、货币市场的均衡与 *LM* 曲线

货币市场的均衡就是货币需求等于货币供给，本节首先介绍货币需求和货币供给的含义。

（一）货币需求

货币需求简单地说就是人们在不同条件下出于各种考虑对持有货币的需要。经济学认为，人们在一定时期所拥有的财富的数量总是有限的，人们必须决定自己以何种形式来拥有财富。人们如果以货币形式拥有财富的比例越大，则他们以其他资产形式拥有财富的比例就越小，因为拥有其他资产形式（如证券、实物资本等）预计能带来较高的收益，所以会使他们减少对货币的

需要。因此，不管人们持有货币的动机多么强烈，都得仔细权衡以货币形式保存财富所花的成本。

对于一个想借款的人来说，利息就是其为获得一定量货币所必须支付的价格，而对一个货币持有者来说，利息则表示其持有货币的机会成本，即持有货币就得不到的利息收入。如果市场的年利率为10%，则持有1 000美元而未买债券的人每年就会失去100美元的利息收入，如果利率降为3%，则其持有货币的机会成本就会降为30美元。

既然持有货币就会失去利息收入，那么，人们为什么要把不能生息的货币持在手中呢？凯恩斯认为，人们需要货币是出于以下三类不同的动机。

第一，交易动机（transaction motive），指个人和企业需要货币是为了进行正常的交易活动。由于收入和支出在时间上不是同步的，因而个人和企业必须有足够的货币资金来支付日常需要的开支。个人或企业出于这种交易动机所需要的货币量，决定于收入水平，以及惯例和商业制度，而惯例和商业制度在短期内一般可假定为固定不变，于是，按凯恩斯的说法，出于交易动机的货币需求量主要决定于收入，收入越高，交易数量越大。交易数量越大，所交换的商品和劳务的价格越高，从而为应付日常开支所需的货币量就越大。

第二，谨慎动机或称预防性动机（precautionary motive），指为预防意外支出而持有一部分货币的动机，如个人或企业为应付事故、失业、疾病等意外事件而需要事先持有一定数量货币，因此，如果说货币的交易需求产生于收入和支出间缺乏同步性，则货币的预防性需要产生于未来收入和支出的不确定性。一般认为，个人对货币的预防需求量主要决定于他对意外事件的看法，但从全社会来看，这一货币需求量大体上也和收入成正比，是收入的增函数。因此，如果用L_1表示交易动机和谨慎动机所产生的全部实际货币需求量，用y表示实际收入，则这种货币需求量和收入的关系可表示为：

$$L_1 = L_1(y)$$

或：

$$L_1 = ky$$

上式中k为出于交易动机和谨慎性动机所需货币量同实际收入的比例关系；y为具有不变购买力的实际收入，例如，若实际收入y=1 000万美元，交易和谨慎需要的货币量占实际收入的20%，则$L_1 = 1\ 000 \times 0.2 = 200$万美元。

第三，投机动机（speculative motive），指人们为了抓住有利的购买有价证券的机会而持有一部分货币的动机。假定人们一时不用的财富只能用货币形式或债券形式来保存，债券能带来收益，而闲置货币则没有收益，那么人们为什么不全部购买债券而要在二者间作选择呢？那是因为人们想利用利率水平或有价证券价格水平的变化进行投机。在实际生活中，债券价格高低以反比例关系表现利率的高低。因此，债券价格一般随利率变化而变化。由于债券市场价格是经常波动的，凡预计债券价格将上涨（即预期利率将下降）的人，就会用货币买进债券以备日后以更高价格卖出；反之，凡预计债券价格将下跌的人，就会卖出债券保存货币以备日后债券价格下跌时再买进。这种预计债券价格将下跌（即利率上升）而需要把货币保留在手中的情况，就是对货币的投机性需求。可见，有价证券价格的未来不确定性是对货币投机需求的必要前提，这一需求与利率呈反方向变化趋势。利率越高，即有价证券价格越低，人们若认为这一价格已降低到正常水平以下，预计很快会回升，就会抓住机会及时买进有价证券，于是，人们手中出于投机动机而持有的货币量就会减少。相反，利率越低，即有价证券价格越高，人们若认为这一价格已涨到正常水平以上，预计就要回跌，于是，他们就会抓住时机卖出有价证券。这样，人们手中出于投机动机而持有的货币量就会增加。

总之，对货币的投机性需求取决于利率，如果用 L_2 表示货币的投机需求，用 r 表示利率，则货币的投机需求和利率的关系可表示为：

$$L_2=L_2(y)$$

（二）货币供给

在经济学中，一般把货币供给分为 M_1、M_2 和 M_3 三个范畴。其中，M_1 称为狭义的货币供给，它包括通货和银行活期存款两部分，通货又分为铸币和纸币。纸币是由中央银行发行、由法律规定其地位的法偿货币，其价值不取决于票面价值，而取决于购买力。在发生通货膨胀的时候，纸币会贬值。铸币指的是硬币，是小额币值的辅币，一般用金属铸造。由于活期存款可以用支票在市场上流通，所起的作用和通货完全一样，所以二者统称为狭义的货币供给。

广义的货币供给和更广义的货币供给分别用 M_2 和 M_3 来表示。M_2 是在 M_1 的基础上加上定期存款，M_3 是在 M_2 的基础上再加上信用卡等货币近似物。

$$M_1=\text{通货}+\text{商业银行活期存款}$$

$$M_2=M_1+\text{定期存款}$$

$$M_3=M_2+\text{货币近似物}$$

本节所讲的货币供给指的是 M_1，由于货币供给量是国家用货币政策调节的，因而是一个外生变量，其大小与利率高低无关，货币供给曲线是一条垂直于横轴的直线，如图 10-2 所示。

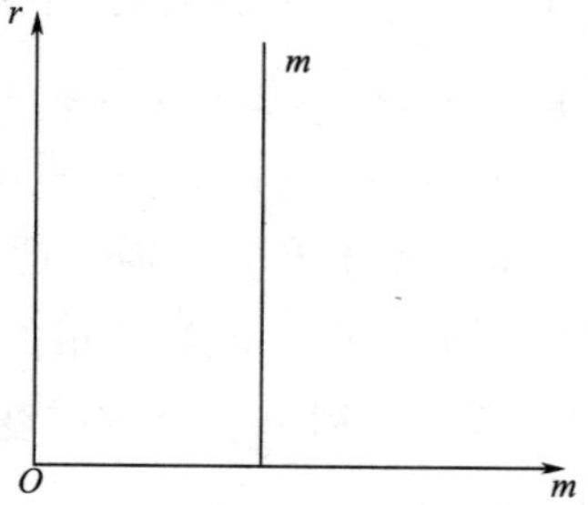

图 10-2　货币供给曲线

（三）均衡利率的决定

如同商品的价格取决于商品的需求和供给一样，在货币市场上，利率作为货币的价格，取决于货币的需求和供给。只有当货币需求量等于货币供给量时，利率才不会变动，处于一种相对静止的状态，即达到了均衡利率，货币市场也实现了均衡状态。

如图 10-3 所示，均衡利率为 r_0，当市场利率 r_1低于均衡利率 r_0时，货币需求 L_1大于货币供给 m，人们感到手中货币不足，于是卖出债券。这里需要说明的是，凯恩斯假设人们保存财富的方式只有两种，即货币和债券。随着债券供给量的增加，债券价格会下降，利息率会上升，利息率上升带来两个方面的影响，一是人们会减少投机需求，二是减少投资，从而通过乘数的作用减少了国民收入，导致交易需求和谨慎需求的减少，这两方面的作用共同减少了货币需求，直到和货币供给相等时为止，如图 10-3 所示；反之，只要市场利率 r_2高于均衡利率 r_0，即 $L<M$，通过相反方向的变化过程，货币需求就会增加，仍然是直到和货币供给相等时为止。

（四）*LM* 曲线及其移动

LM 曲线描述当货币市场达到均衡，即货币需求等于货币供给时，国民收入 y 和利率 r 之间存在着同方向变动关系的曲线，用来说明货币政策如何影响

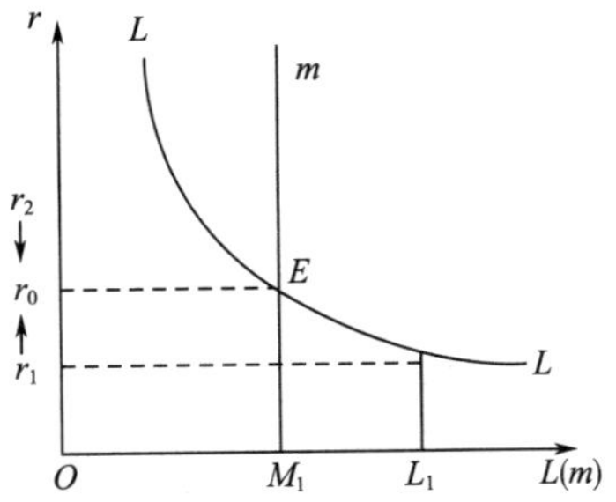

图 10-3　均衡利率的决定

国民收入的变动。*LM* 曲线的移动是和货币政策直接相关的，扩张性货币政策会导致 *LM* 曲线向右下方平移；反之，紧缩性货币政策会导致 *LM* 曲线向左上方移动。同样，我们可以把货币政策对国民收入和利率的影响用图形表示出来，如图 10-4 所示。

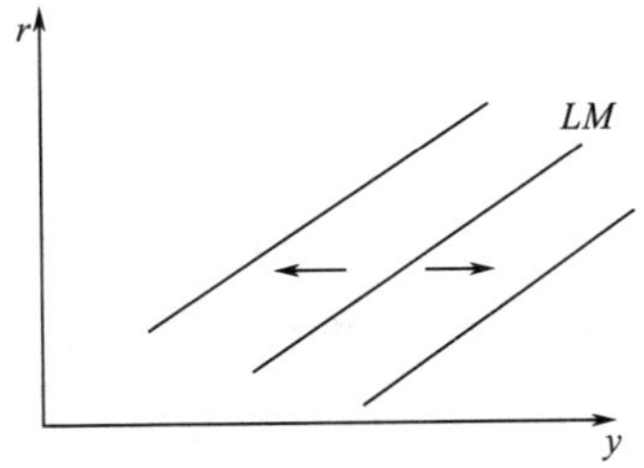

图 10-4　*LM* 曲线及其移动

（五）*LM* 曲线的三个区域及其经济学解释

如图 10-5 所示，*LM* 曲线从左到右依次经历水平、向右上方倾斜和垂直三个阶段，*LM* 曲线的这三个区域被分别称为凯恩斯区域、中间区域和古典区域。在水平线阶段的 *LM* 曲线，即凯恩斯区域上，货币需求是无限大的，这一区域称为“流动偏好陷阱”，此时，财政政策完全有效，货币政策完全无效。在垂线阶段的 *LM* 曲线，即古典区域上，货币政策完全有效，财政政策完全无效。在向右上方倾斜阶段的 *LM* 曲线，即中间区域上，财政政策与货币政策都有效，其具体效果的大小要因 *IS* 曲线和 *LM* 曲线的斜率而异。

三、IS-LM 模型及其应用

IS-LM 模型是反映产品市场和货币市场同时均衡条件下，国民收入和利率

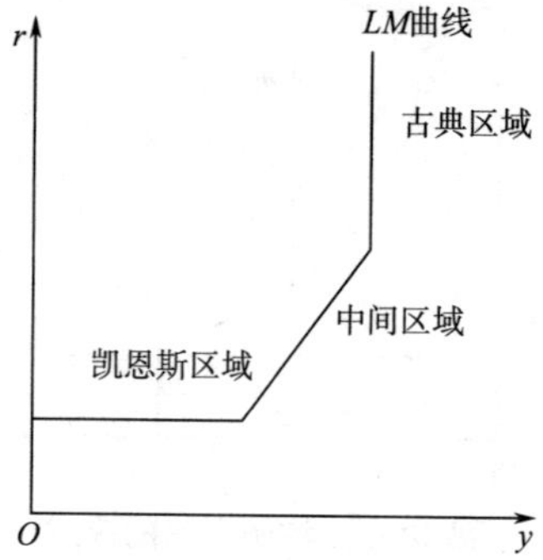

图 10-5　*LM* 曲线的三个区域

关系的模型。该模型由英国经济学家约翰·希克斯（John Hicks）和美国经济学家阿尔文·汉森（Alvin Hansen）在凯恩斯宏观经济理论基础上共同提出，因此，也称为希克斯—汉森模型。

如图 10-6 所示，在横轴表示产出、纵轴表示利率的坐标平面上，*IS* 曲线和 *LM* 曲线相交于 *E* 点。*IS* 曲线上的每一点都意味着产品市场的均衡，*LM* 曲线上的每一点都意味着货币市场的均衡，它们的交点 *E*，意味着产品市场和货币市场的同时均衡。这个均衡点 *E* 是市场机制自发形成的。它所对应的国民收入称为均衡的国民收入。与均衡的国民收入相对应，经济学中还有“潜在的国民收入”的概念。所谓“潜在的国民收入”是指充分就业的国民收入。在大多数情况下，均衡的国民收入未必是潜在的国民收入，或者说在市场机制的自发作用下，不能保证充分就业，那么就需要政府采用财政政策和货币政策，也就是移动 *IS* 曲线和 *LM* 曲线来实现充分就业的目标。

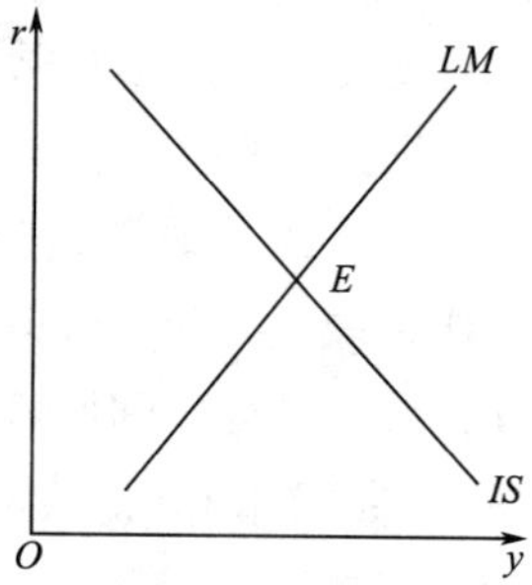

图 10-6　IS-LM 模型

如图 10-7 所示，初始点为 E_1点，均衡的利率为 r^*，均衡的国民收入为 y^*，而潜在的国民收入为 y_f，中间的缺口称作紧缩性缺口。为了消除紧缩性缺口，实现充分就业，政府可以采用三种政策。第一种是单独采用扩张性的财政政策，使 *IS* 曲线向右上方平移为 IS_1，新的交点为 E_2，实现了潜在的国民收入 y_f。第二种是单独采用扩张性的货币政策，使 *LM* 曲线向右下方平移为 LM_1，新的交点为 E_3，也实现了潜在的国民收入 y_f。第三种是同时采取扩张性的财政政策和扩张性的货币政策，使 *IS* 曲线向右上方平移为 IS_2，*LM* 曲线向右下方平移为 LM_2，新的交点为 E_4，同样实现了潜在的国民收入 y_f，而且保持了利率不变。同理，当均衡的国民收入大于潜在的国民收入时，存在膨胀性缺口，政府同样可以采取相应的政策来加以调整。

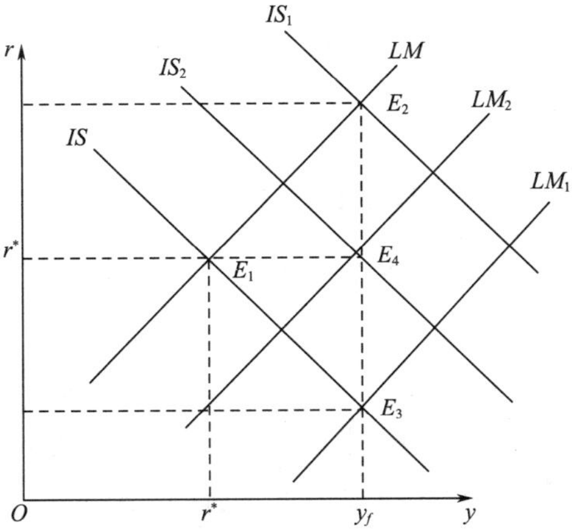

图 10-7　IS-LM 模型的政策含义

四、小结

本章介绍了国民收入决定理论的两个分析工具，收入—支出模型和 IS-LM 模型，这两大模型的共同特点是只分析总需求，不分析总供给；只能说明产出的决定，不能说明价格的决定，从而只能解释经济中的萧条和高涨两种状态，不能解释通货膨胀的现象。这两个缺憾将在总需求—总供给分析中得到弥补，也是本章第三节将要介绍的内容。

第三节　国民收入的决定：总需求—总供给模型

我们前面介绍过均衡的定义。所谓均衡，就是需求与供给的平衡，这在微观经济和宏观经济中都是一样的。只是在宏观经济中，我们把需求和供给的前面都加上一个“总”字。我们进行宏观经济均衡分析的目的，与微观经济分析有一致之处，都是为了搞清均衡时产量和价格的决定。只不过在微观经济分析中，我们关注的是经济个体的产量和价格（即 Q 和 P）；而在宏观经济分析中，我们关注的是宏观经济的整体指标，即国内生产总值和价格指数。要分析宏观经济中的各种问题，说明整体经济运行的规律，就要说明国内生产总值和价格水平的决定。在宏观经济学中，说明这一问题的模型就是总需求—总供给模型。我们首先对这一模型进行介绍，然后用这一模型来说明宏观经济状况的决定与变动。

一、总需求与总供给的平衡及其意义

保持社会总需求和总供给的基本平衡，对整个国民经济的发展具有十分重要的意义。它是保持国民经济持续、快速健康增长的基本条件，也是促进社会经济发展目标得以实现的基本保证。如果社会总供给大于总需求，社会资源就会有一部分得不到充分利用而被闲置，造成生产过剩、企业开工不足，工人大量失业。如果总供给小于总需求，就会出现经济过热、物价上涨和通货膨胀现象。因此，总需求与总供给的平衡是政府宏观调控的重要目标。

二、总需求曲线

总需求 AD（aggregate demand）说明在不同价格水平上所需要的一切产品和服务的总和，或者说，是国内生产净值（GDP）与价格水平（p）之间的关系，如图 10-8 所示。当价格水平为 p_1 时，总需求是 y_1；当价格水平上升为 p_2 时，总需求下降为 y_2。价格水平越高，经济中的总需求越低，反之亦然，这说明，总需求与价格水平之间成反方向变化。

（一）总需求曲线的形状

为什么总需求与价格成反方向变化，或者说为什么总需求曲线的斜率为负呢？为了说明这个问题，我们首先分析一下总需求的构成。

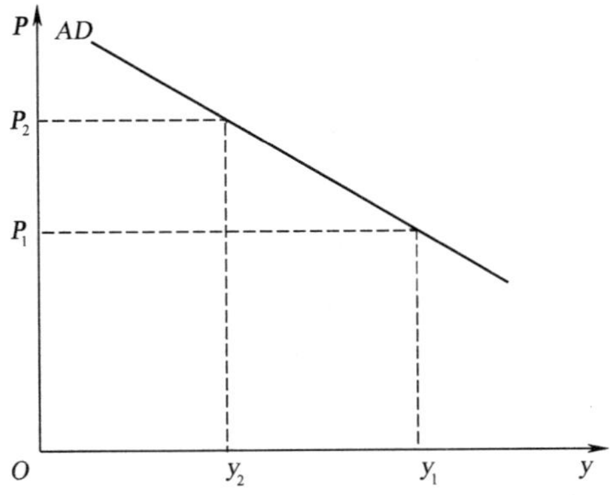

图 10-8　总需求曲线

经济中的总需求包括家庭的消费需求、企业的投资需求、政府的购买需求、国外的需求（净出口）。政府的需求是由政府的政策决定的，与价格水平无关。消费、投资和净出口都与物价水平相关，价格水平正是通过影响到它们从而影响到总需求的。我们分别来看一下。

1. 利率效应。利率效应也称为凯恩斯效应，是凯恩斯提出用来说明投资与价格水平之间关系的理论，它说明价格水平如何通过对利率的影响来影响投资。这是总需求曲线向右下方倾斜的第一个经济学解释。

根据公式实际货币供给量=名义货币供给量/价格水平，在名义货币供给量不变的情况下，如果价格水平上升，实际货币供给量势必减少，货币市场会出现实际货币需求大于实际货币供给的非均衡状态。由于利率是货币的价格，它同样取决于货币的需求和供给，在货币需求大于供给的情况下，利率就会上升，从而厂商的投资减少。因为厂商投资的动力是纯利润，纯利润是从总利润中扣除成本的差额，投资的成本就是利息。因此，利息率越高，投资的成本越大，纯利润越少，厂商的投资越少。由于投资需求是总需求的一个组成部分，因此，总需求会减少。

概括起来，利率效应就是价格水平上升，引起货币市场供不应求，从而利率上升，纯利润下降，投资减少；反之，价格水平下降，投资增加。因此，投资与价格水平呈反方向变动趋势，其中，利率是一个重要的传导机制，价格通过影响利率来影响投资，因此，又称为利率效应。

2. 财富效应。财富效应也称为实际货币余额效应（real money balance effect），或者庇古效应。它是用来说明消费与价格水平之间关系的理论，它说明价格水平如何通过对财产的影响来影响消费。这是总需求曲线向右下方倾斜的第二个经济学解释。

所谓实际货币是指货币所能购买的商品的数量，即以实物形态衡量的货币。这样，在名义财产既定时，如果价格水平下降，意味着实际财产的增加，实际财产决定人们的消费支出，实际财产越多，人们的消费支出越多；反之，实际财产越少，人们的消费支出越少。这样，财富效应就是：在名义财产既定时，价格水平下降，实际财产增加，消费者信心提高，消费增加。价格水平与消费支出呈反方向变动趋势。

3. 外贸效应。外贸效应也称为蒙代尔—弗莱明效应。它是用来说明净出口与价格水平之间关系的理论，它说明价格水平如何通过对汇率的影响来影响净出口。这是总需求曲线向右下方倾斜的第三个经济学解释。

在开放的经济中，利率的变动不仅影响投资，而且影响汇率。在外汇市场上，汇率由外汇市场上本国货币的供求决定。当利率下降时，资本流出，外汇市场上对本国货币的需求减少，本国货币贬值，这就是汇率下降；反之，当利率上升时，资本流入，外汇市场上对本国货币的需求增加，本国货币升值，汇率上升。汇率的变动影响进出口。当汇率下降时，出口增加，进口减少；汇率上升时，出口减少，进口增加。这样，外贸效应就是：在名义货币既定时，物价水平下降，实际货币增加，即货币供给增加，利率下降，汇率下降，出口增加，进口减少，净出口增加。价格水平与净出口之间呈反方向变动趋势。

总之，当价格水平下降时，利率效应使投资增加，财富效应使消费增加，外贸效应使净出口增加，从而总需求增加。价格水平与总需求之间呈反方向变动趋势，总需求曲线向右下方倾斜。

（二）总需求曲线的变动

1. 价格水平的变化使各点沿着总需求曲线运动。根据我们上面的分析，总需求曲线表示的是社会的需求总量与价格水平之间的相反方向的关系，即总需求曲线是向右下方倾斜的。向右下方倾斜的总需求曲线表示，价格水平越高，需求总量越小；价格水平越低，需求总量越大。即价格水平的变动使各点沿着总需求曲线上下运动（如图 10-8 所示）。

2. 宏观经济政策使总需求曲线的位置发生平移。总需求曲线本身表示的是价格水平和总需求量之间的关系，除此以外的其他因素便导致总需求曲线位置的平移。这里的其他因素指的是财政政策和货币政策。

首先，财政政策对总需求曲线位置的影响。当经济萧条时，政府通过增加政府购买、增加转移支付或者减税来增加消费和投资，从而增加了总需求，但此时的价格水平并未变化，因此，只能表现为总需求曲线向右的平移。反之，政府采取紧缩性财政政策，减少了总需求，总需求曲线向左平移。

其次，货币政策对总需求曲线位置的影响。当经济萧条时，政府通过增加货币供给量来降低利率，从而增加了消费和投资，增加了总需求，表现为总需求曲线向右平移；反之，紧缩性货币政策导致总需求曲线向左平移。

总之，扩张性的财政政策和货币政策导致总需求曲线向右平移；而紧缩性财政政策和货币政策导致总需求曲线向左平移。

三、总供给曲线

总供给（aggregate supply）表示的是在不同价格水平上，经济中物品与劳务的供给量。总供给受许多因素的影响，在这里，我们重点分析总供给与价格水平之间的关系。

（一）总供给曲线的形状

与总需求曲线不同的是，总供给曲线（*AS*）有三种形状，如图 10-9 所示。

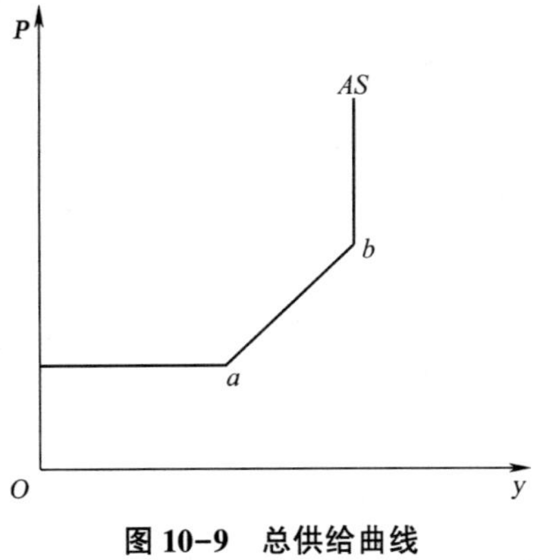

图 10-9　总供给曲线

1. 凯恩斯主义总供给曲线（*a* 点以左）。这一段总供给曲线是水平的，形成原因是大量超额生产能力的存在，凯恩斯所分析的萧条经济正是这样一种情况，因此，水平形状的总供给曲线又被称为凯恩斯主义总供给曲线。水平形状的总供给曲线意味着，增加生产对价格没有影响。

当经济萧条时，资源大量闲置，此时增加生产对价格是没有影响的。因为在这种情况下，生产者可以增加供给但不必支付更高的生产要素价格，如果他们需要更多的工人，他们可以雇佣先前失业的那些人，而无须支付更高的工资以吸引他们。换言之，由于相当数量的失业人员和未使用生产能力的存在，产品的单位成本可以保持不变，从而产品的价格可以保持不变。在凯恩斯主义总供给曲线中，供给是完全有弹性的。

2. 短期总供给曲线（*a* 点到 *b* 点之间）。当经济中存在着部分过剩生产能力时，总供给曲线是向右上方倾斜的，这是短期内的情况，因此称为短期总供给曲线。向右上方倾斜的短期总供给曲线意味着，产品价格随着产量的增加而上升。

可以用供给制约因素或“瓶颈”来解释短期总供给曲线的形状。当要素出现短缺时，厂商只能通过支付更高的价格来吸引要素的投入，从而提高了生产成本，提高了价格。而且随着资源变得越来越短缺，短期总供给曲线会变得越来越陡峭。这意味着当供给制约因素变得越来越多时，供给也变得越来越有弹性。

3. 长期总供给曲线（*b* 点以上）。当资源已经达到充分利用，经济中不存在任何过剩生产能力时，产量就不可能再增加了，此时的供给是完全无弹性的。这是因为，总供给作为一个经济的总产量或总产出，受制于资源、技术和制度等因素，从而有一个极限。以劳动这一要素为例，即使每个工人都加班加点，工作时间也不会超过 24 小时。当经济达到这一极限时，无论价格水平如何上升，总供给都不会增加了，从而总供给曲线成为固定在某一产量上的一条垂线。

（二）总供给曲线的变动

与总需求曲线类似，价格的变动导致各点沿着总供给曲线上下运动，除价格以外的其他因素导致总供给曲线位置的平移。

那么，除了价格水平以外，总供给还受哪些因素的影响呢？

1. 技术进步。技术进步意味着以同样的投入可以得到更大的产量，因此，技术进步会使总供给曲线向右平移。

2. 进口商品价格的变化。在实际生产中，厂商会用到大量的进口商品，当这些进口商品的价格发生变化时，总供给曲线也会随之移动。进口商品的价格上升，会导致总供给曲线向左移动；反之，向右移动。

3. 工资水平的变化。如果工资水平降低，则厂商的生产成本降低、产量增加，总供给曲线向右移动；反之，向左移动。

4. 厂商的风险预期。如果厂商预期将要出现经济的衰退，或者预期目前的经济萧条将持续较长的时间，他们觉得生产的风险增大，从而减少产量，整个社会的总供给曲线向左平移。

5. 意外因素。如地震、洪水、战争等各种自然的和人为的灾祸都会大大破坏厂房设备等资本品，使得产量减少，总供给曲线向左移动。

四、总需求—总供给模型及其经济学含义

把总需求曲线和总供给曲线放在一起，就形成了总需求—总供给模型，它直接决定了一国经济的总产量（国内生产总值）和价格水平。总需求—总供给模型是宏观经济学的一个重要分析工具，用它可以来分析宏观经济状况的决定与变动。

（一）对经济大萧条的解释

我们用总需求—总供给模型来解释 20 世纪 30 年代发生的经济大萧条，美国是受这次大萧条影响最深的国家，从 1929 年到 1933 年，美国的真实 GNP 下降了 29.4%，失业率达到了 25%，价格下降了 23.6%。

对总需求和总供给的分析可以帮助我们理解在大萧条期间的情况，如图 10-10所示。假定在 1929—1933 年总供给曲线位置不变，1929 年的总需求曲线是 AD_1，由于种种原因（对美国产品的国际需求下降，企业的投资减少，居民的消费减少等），总需求曲线位置向左平移到 AD_2，这样，到 1933 年，价格水平下降了，真实的国民收入也减少了。

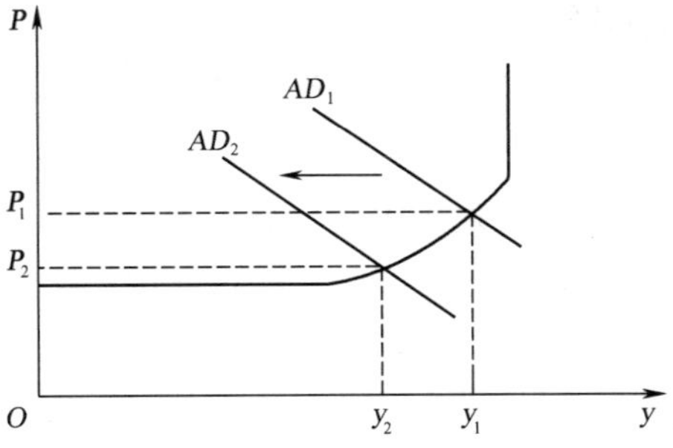

图 10-10　对经济大萧条的解释

由此可见，1929—1933 年的经济大萧条是由于总需求不足造成的，这正是凯恩斯的解释，而凯恩斯增加有效需求的主张可以说是“对症下药”，收效显著。

（二）对通货膨胀的解释

通货膨胀指的是价格水平的普遍上涨，具体的内容我们将在“通货膨胀理论”一章中具体介绍。下面我们用总需求—总供给模型对通货膨胀（特指需求拉动的通货膨胀）做出解释。

如图 10-11 所示，当总需求曲线由 AD_1 移动到 AD_2 时，价格水平不发生变化，没有通货膨胀，也就是“零通货膨胀”。但是，当总需求曲线由 AD_2 移动到 AD_3 并进一步移动到 AD_4 时，也就是总供给曲线向右上方倾斜的这一段，价格上升了，产量也提高了，因此，这一段通货膨胀被称为“半通货膨胀”（semi-inflation）。在总供给曲线垂直的这一段，总需求的增加仅仅引起价格的上升，不会引起产量的增加，因此称为需求拉动的通货膨胀。

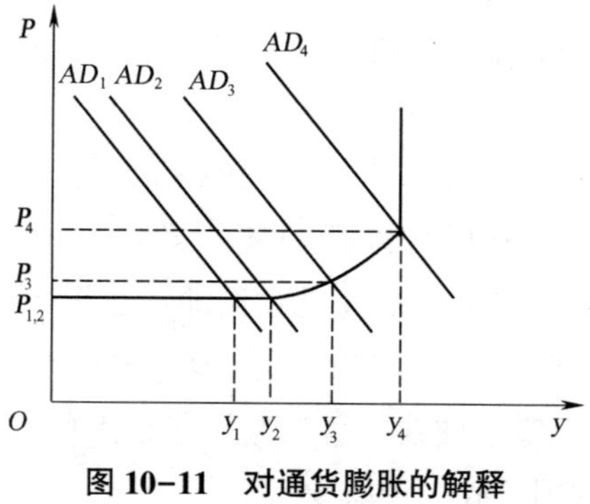

图 10-11　对通货膨胀的解释

（三）对滞胀的解释

上面的两种情况都是总需求变动对产量和价格的影响，下面我们分析总供给变动对经济的影响。1973 年由于战争给石油输出国组织——欧佩克（OPEC）提供了一个组织卡特尔的机会，欧佩克大量限制石油供给，导致了世界石油市场价格迅猛上升。与此同时，世界范围内的粮食减产导致食品价格急剧上涨，还导致其他原材料价格的上扬。这一切都给美国企业增加了成本开支。在相同的价格水平上，每个企业都会选择生产一个更小的产量。从而总供给曲线向左平移，引起国民收入减少，价格水平上升。国民收入减少就是衰退，价格水平上升就是通货膨胀，这就是美国在 20 世纪 70 年代出现的滞胀（stagflation）现象。这一现象也可以用总需求—总供给模型来解释，如图 10-12 所示。

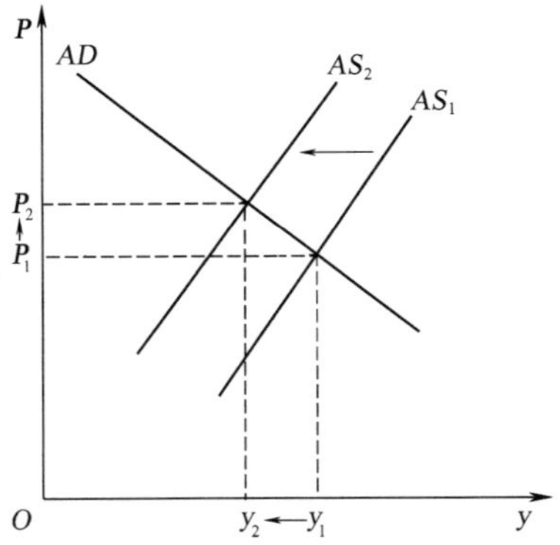

图 10-12 对“滞胀”的解释

思考与练习

一、基本概念

GNP　GDP　支出法　收入法　增值法　*IS* 曲线　*LM* 曲线　总需求曲线　总供给曲线　潜在的国民收入　均衡的国民收入

二、练习题

1. 国民收入核算有什么必要性？

2. 简述货币需求的三个动机。

3. 简述 *LM* 曲线的三个区域及其经济学解释。

4. 为什么总需求曲线向右下方倾斜？试从利率效应、财富效应和外贸效应 3 个方面做出解释。

5. 总供给曲线分为哪三个区域？

6. 试用总需求—总供给模型解释滞胀这种经济现象。

第十一章

宏观经济政策

本章学习重点

- 宏观经济政策的四大目标
- 需求管理政策的实质、规则、工具及其效果
- 财政政策的工具及其效果
- 货币政策的工具及其效果
- 供给管理政策的工具及其实施
- 宏观经济政策目标之间的协调
- 宏观经济政策工具之间的配合使用

经济学有着“社会科学皇后”的美誉，之所以比其他社会科学学科更受人们青睐，是因为经济学与现实联系紧密，它的主要任务就是要为政府干预和调节经济提供理论依据与政策指导。因此，经济政策问题在经济学中占有十分重要的地位。正如美国经济学家詹姆斯·托宾所说，“（宏观）经济学的主要任务之一，就是要表明政府如何运用财政工具和货币工具来稳定经济”。从近年来世界经济的发展看，虽然经济形势变化万千，政府的施政纲领层出不穷，采用的政策工具灵活多样，无论是撒切尔政府的“货币主义”政策、里根政府的“供给学派”减税政策还是克林顿政府的“新凯恩斯主义”政策，追求的政策目标却是殊途同归的。

本章首先介绍宏观经济政策目标，然后探讨为实现这些目标可供选择的政策工具，最后，根据近年来出现的宏观经济形势复杂化和经济政策工具多样化的倾向，分析各个政策工具之间的协调配合问题。

第一节　宏观经济政策目标

经济政策是国家或政府为实现一定目标而制定的解决经济问题的指导原则或措施。经济政策与经济目标紧密地联系在一起，政策为实现既定目标服务，实现的目标不同，采用的经济政策便应有所不同。通常认为，宏观经济

政策目标有以下四个：充分就业、价格稳定、经济持续均衡增长与国际收支平衡。

一、充分就业

在货币工资水平一定时，所有愿意工作的人都得以就业。由于劳动市场结构的不完全性等原因，社会上存在一定比例的失业是正常的，因此，充分就业并不是人人都有工作，充分就业与一定的失业率存在并不矛盾。这是因为，经济学一般把失业分为周期性失业和自然失业，其中，周期性失业是指由于需求不足造成的失业，由于它通常与经济周期的萧条阶段相联系，因此称为周期性失业。此时，工人愿意接受现行工资或低于现行工资的工资仍属于失业状态，因此，也称为非自愿失业。自然失业指由于难以避免的原因造成的暂时的、局部的失业，如由于劳动力的流动性不强、生产季节变动、就业机会的信息不畅、工种转换的缓慢和困难引起的失业。

各国政府关注充分就业指标不仅仅是因为高失业率意味着劳动力大量闲置并伴随着经济活力的下降，而且还因为高失业率还会导致大量家庭问题、社会安定、政治风波。

二、价格稳定

这里所说的价格稳定是指一般价格水平的稳定或物价总水平的稳定。在市场经济中，商品的价格经常处于不断变化之中，在一些商品价格上涨的同时，另一些商品价格可能在下降，还有些商品价格可能不变。因而想精确统计一个经济社会的所有商品的价格变化是相当困难的，通常使用价格指数（price index）来表示一般价格水平的变化。价格指数是反映若干种主要商品的价格水平的指数，常用的价格指数有消费价格指数（CPI）和批发价格指数（PPI），分别用来反应生活资料和生产资料的价格水平的变化。需要强调的是，作为宏观经济政策目标的价格稳定，不是指各种商品价格都稳定不变，而是指价格指数的稳定不变，即保持一般价格水平的稳定。

在研究经济问题时，价格指数是十分重要的。只有考虑到价格指数才能正确估算出货币购买力的变动。例如，1932 年美国总统胡佛的工资是每年 7 万美元，后期美国总统特朗普的工资是每年 40 万美元，仅仅从货币工资的角度看，特朗普的工资是胡佛的近 6 倍，但如果考虑到货币购买力的变动，用物价指数来计算，当年胡佛 7 万美元的工资相当于今天的 100 万美元左右，特朗普的工资不及胡佛的一半。这说明，这 80 多年间，美国总统的实际工资大大下降了。

将价格稳定作为宏观经济政策主要目标，通常是认为通货膨胀（inflation）会给经济和社会带来不利影响，但近年来全球通货紧缩（deflation）的新形势使人们认识到，价格稳定不仅指没有通货膨胀，而且也指没有通货紧缩。通货紧缩指的是物价总水平的持续下降（即通货膨胀率为负），它通常伴随着经济的衰退。

通货膨胀的危害为我们所熟知，但通货紧缩也绝非一件好事，就其原因是供求严重失衡的表现。有效需求不足，导致价格下降；价格下降导致企业盈利下挫；企业盈利下挫导致收入减少和投资者信心不足；最终表现为需求不旺，由此，经济进入一个下降的螺旋。如此不良的循环，会使宏观经济形势处于衰退的阴影之中。

因此，价格稳定这一指标有以下 3 种含义：①“价格”指的是价格的总水平或一般价格水平，而不是某一种商品的价格；②“稳定”指的是相对稳定，并不是指固定不变；③不仅包括没有通货膨胀，而且包括没有通货紧缩。

三、经济持续均衡增长

首先明确一下经济增长的概念。经济增长是指一个特定时期内经济社会所生产的人均产量和人均收入的增长，通常用一定时期内实际国民生产总值年均增长率来衡量。自从凯恩斯创立了以国民收入决定为理论中心、以国家干预为政策基调的现代宏观经济学之后，GNP 就成为各国政府重要的政策目标。有关 GNP 的总额、构成，以及增长速度的数据，经常见诸报端，成为人们判断经济形势、制定政策走向的重要依据。

但是，对 GNP 指标，也就是对经济增长速度的狂热追求也带来了一系列的负面影响，如人口爆炸、环境污染、资源枯竭、生态平衡失调等一系列问题愈演愈烈。以南美的巴西为例，在 20 世纪 60 年代，巴西的经济增长率一度达到 20%以上，远远超过了美国、日本等发达国家，但过分追求高经济增长率的弊端也日益显现出来，如环境污染、贫困加剧、社会动荡不安等。

人们开始认识到，并不是随着经济的增长，一系列社会问题都会随之迎刃而解，人们追求的应该是经济的“持续均衡”增长，追求人口、资源、环境、经济和社会的协调发展，其含义应该是更加广阔的，意义也是更加深远的，不仅要有 GNP 的提高，还应该有社会的平等、个人的独立、生态的平衡、都市的整洁，以及美、尊严、生活的乐趣等。

四、国际收支平衡

在一个开放经济的社会里，如何平衡国际收支也成为一国宏观经济政策的重要目标之一。一国的国际收支状况不仅反映了这个国家的对外经济交往情况，还反映出该国经济的稳定情况。当一国国际收支处于失衡状态时，就必然会对国内经济形成冲击，从而影响该国国内的就业水平、价格水平、经济增长。

以上就是宏观经济政策的四个目标。其中，充分就业和价格稳定这两个指标将在第十三章“通货膨胀理论”、经济持续均衡增长这一指标将在第十四章“经济增长与经济发展”、国际收支平衡这一指标将在第十二章“开放经济下的宏观经济运行”中进行详细论述。

第二节　财政政策

宏观经济政策工具是用来达到政策目标的手段。政策工具是多种多样的，但其中最重要的是财政政策与货币政策。本节我们主要介绍凯恩斯主义的财政政策，它与凯恩斯的货币政策一起，被称为需求管理政策。

一、需求管理政策

需求管理（demand management）是供给管理的对称，指通过控制总需求来稳定经济的宏观经济政策。这是凯恩斯主义所主张的宏观经济政策。凯恩斯主义认为，决定就业与物价水平的关键是总需求，因此，宏观经济政策应该对总需求进行调节和控制。

需求管理的基本规则是，当总需求小于充分就业的总需求时，存在紧缩性缺口（deflation gap），所以应该刺激总需求；反之，当总需求大于充分就业的总需求时，存在膨胀性缺口（inflation gap），所以应该抑制总需求。通过对总需求的调节，实现充分就业与物价稳定。需求管理的政策工具是财政政策和货币政策。

二、财政政策及其工具

财政政策（fiscal policy）是国家干预和调节经济的主要政策之一，它是利用政府支出和政府税收，直接影响某些经济总量来消除通货紧缩缺口或通货膨胀缺口，以保证经济稳定的政策。

所谓财政指的是政府的收入和支出。政府支出包括政府的公共工程支出、政府购买和转移支付。其中，政府的公共工程支出和政府购买是一种实质性支出，直接形成社会需求和购买力，计入GDP；转移支付是一种福利性支出，比如，失业救济金、退伍军人津贴等，它是一种货币性支出，表示这部分收入从一些人或组织的手里转移到另一些人或组织的手里，不直接形成社会需求和购买力，因此不计入GDP。政府收入来源于税收和公债，政府税收包括个人所得税、公司所得税、社会保险税等。根据收入中被扣除的比例，又可以分为累进税（税率随着收入的增加而提高）、累退税（税率随着收入的增加而减少）以及比例税（税率保持不变），其中所得税通常采用累进税的形式。公债是政府运用信用筹集财政资金的特殊形式，根据时间的长短分为短期债、中期债和长期债三种形式。其中短期债时间在1年以下，进入短期资金市场，即货币市场（money market），中期债时间在1年以上、5年以下，长期债时间在5年以上，中期债和长期债都进入长期资金市场，即资本市场（capital market）。

政府当年的税收和支出的差额称为预算余额，预算余额为正即预算盈余（budget surplus），预算余额为负即预算赤字（budget deficit），预算余额为零即预算平衡（budget balance）。政府支出和税收的增减，会直接影响消费支出和投资支出，并导致总需求和国民收入的变动，从而对经济社会产生影响。

三、财政政策的内在稳定器（inertial stabilizer）

某些财政政策由于其本身的特点，具有内在的自动调节经济、使经济稳定的职能。当经济出现波动时，其自动变化，同政府进行需求管理的意图相吻合，起到了缓和经济波动、稳定经济的作用。具有自动稳定器功能的财政政策主要包括：政府税收的自动变化、政府福利支出的自动变化和农产品价格维持制度。

（一）政府税收的自动变化

个人所得税和公司所得税有其固定的起征点和税率，当经济萧条时，由于收入减少，税收也会自动减少，从而抑制了消费与投资的减少，有助于减轻萧条的程度。当经济繁荣时，由于收入增加，税收也会自动增加，从而就抑制了消费与投资的增加，有助于减轻由于需求过大而引起的通货膨胀。这样，即使在没有政府行动的时候，税收也对经济起到了稳定的作用，对需求管理起着自动配合的作用。

（二）政府福利支出的自动变化

政府福利支出的自动变化主要指政府的转移支付，它包括政府的失业救济和其他社会福利支出。当经济出现衰退与萧条时，失业增加，符合救济条件的人数增多，失业救济和其他社会福利开支就会相应增加，这样就可以抑制人们收入特别是可支配收入的下降，进而抑制消费需求的下降。当经济繁荣时，失业人数减少，失业救济和其他福利费支出也会自然减少，从而抑制可支配收入和消费的增长。

（三）农产品价格维持制度

经济萧条时，国民收入下降，农产品价格下降，政府按照农产品价格维持制度，按支持价格收购农产品，可使农民收入和消费维持在一定水平上。经济繁荣时，政府按照限制价格收购农产品，抑制农民收入的增长，从而也就抑制了总需求的增加。

总之，政府税收和福利支出的自动变化、农产品价格维持制度是政府稳定经济的第一道防线。但这种内在稳定器的作用是十分有限的，它只能减轻萧条或通货膨胀的程度，并不能改变萧条或通货膨胀的总趋势；只能对财政政策起到自动配合的作用，并不能取代财政政策。因此，要保证经济的稳定，必须依靠政府酌情采用财政政策和货币政策。

四、斟酌采用的财政政策

斟酌采用的财政政策，是指在采取财政政策时，根据经济状况和各种政策的特点机动地决定所采取的政策措施。一般来说，在哪种经济形势下采取哪种政策是有规律的。例如，在经济萧条时，政策应该是松（easy）的，指减税、扩大财政支出等；在经济繁荣时，政策应该是紧（tight）的，指增税、减少财政支出等。具体运用如下。

在经济萧条时，总需求小于总供给，经济中存在失业，政府应该通过扩张性的财政政策来刺激总需求。具体来说，应该增加政府支出和减税。政府公共工程与政府购买的增加有利于刺激私人投资，转移支付的增加可以增加个人消费，这样就会刺激总需求。减少个人所得税可以使个人的可支配收入增加，从而使消费增加；减少公司所得税可以使公司的投资增加，从而刺激总需求。

在经济繁荣时，总需求大于总供给，经济中存在通货膨胀，政府应该通过紧缩性的财政政策来抑制总需求。具体来说，应该减少政府支出和增税。政府公共工程与政府购买的减少有利于抑制投资，转移支付的减少可以减少个人消费，这样就抑制了总需求。增加个人所得税可以使个人的可支配收入减少，从而消费减少；增加公司所得税可以使公司的投资减少，从而抑制了总需求。

五、预算平衡思想和功能财政思想

预算平衡（balanced budget）思想是凯恩斯主义产生以前的财政思想，这种思想认为，维持预算的平衡是健全的财政政策的基础，因此主张实现年度的平衡预算。功能财政（functional finance）思想是凯恩斯的财政思想，认为财政支出应该服从维持经济稳定，尤其是服从实现充分就业的需要，应该放弃传统的财政收支平衡的信条。为了实现充分就业和整个经济的稳定，需要有赤字就有赤字，需要有盈余就有盈余，不要因为害怕赤字的增加而妨碍扩张性财政政策的执行。

战后美国长期实行扩张性财政政策，增支减收的结果是赤字不断增加，在这种情况下，阿尔文·汉森提出了长期预算平衡的思想，主张平衡预算不以年度为限制，在一个周期内保持预算平衡即可。在经济萧条时实行扩张政策，造成预算赤字的增加，在繁荣时实行紧缩政策，造成预算盈余的增加，可以以繁荣时的盈余弥补衰退时的赤字，使整个经济周期的盈余和赤字相抵而实现预算平衡，这种政策被称为“补偿性财政政策”（compensated fiscal policy）。

六、财政政策的作用和效果

在实际运用中，财政政策作用的大小取决于“乘数效应”和“挤出效应”。“乘数效应”对财政政策有放大作用，而“挤出效应”对财政政策有缩小作用。

（一）乘数效应（multiplier effect）

乘数也称倍数，是经济学中一个重要的概念。乘数理论是考查在社会经济活动中某一变量的变化，所引起的一系列连锁反应的状态和结果，即某些支出最初的变化会导致产量和就业量成倍的变化。这种具有因果关系的扩展效应出现在投资、税收等领域，所产生的经济结果分别被称为“投资乘数”“税收乘数”等。

当社会存在闲置资源、闲置设备时，新注入的一定量投资能带来成倍于这个投资的社会总需求和国民收入，这个倍数，就是“投资乘数”。我们举例来说明。某机械公司对该行业的前景看好，投资增加了 100 万美元。这一行为会导致国民收入增加 500 万美元，即投资乘数为 5。

为什么会出现这种乘数效应呢？这与全社会的边际消费倾向有关。所谓边际消费倾向指的是增加的消费在增加的收入中所占的比例，我们这个例子中假设边际消费倾向为 0.8。这家公司用 100 万美元来购买设备和增雇工人，这 100 万美元也就成了投资品部门工人和企业家的收入。得到收入的人们用这 100 万美元的 0.8 倍去消费，结果使生产消费品的厂商收入增加了 80 万美元（100×0.8=80），这些厂商在得到 80 万美元的收入后，同样把其中的 64 万美元（80×0.8=64）用于消费……如此循环下去，最后社会增加的总的国民收入为：

$$
\begin{aligned}
&100+100\times0.8+100\times0.8\times0.8+\cdots \\
&=100\times(1+0.8+0.8^2+\cdots) \\
&=100\times(1-1\div0.8) \\
&=100\times5 \\
&=500\text{（万美元）}
\end{aligned}
$$

最初增加了 100 万美元的投资，最后使国民收入增加了 500 万美元，可见，乘数对财政政策有放大作用，乘数的大小取决于边际消费倾向的大小，如果边际消费倾向为 β，则乘数为 $\frac{1}{1-\beta}$。除了投资乘数以外，政府的任何一项财政政策，如政府支出、税收及转移支付都有相应的乘数，根据类似的分析我们可以得出结论：政府支出乘数 $K_g=\frac{1}{1-\beta}$，税收乘数 $K_t=\frac{-\beta}{1-\beta}$，转移支付乘

数 $K_{tr}=\frac{-\beta}{1-\beta}$。

上式中税收乘数为负值时表示收入随税收增加而减少，随税收减少而增加，或者说增税是一项紧缩性政策，而减税是一项扩张性政策。其原因是税收增加，表明人们扣除税收后的可支配收入减少，从而消费会相应减少，因而税收变动和总需求（国民收入）变动方向相反。

比较上面三个乘数，可以看到，$K_g>K_t$，$K_g>K_{tr}$，这是因为，政府支出增加 1 美元，一开始就会使总需求增加 1 美元，但是，减税 1 美元，只会使可支配收入增加 1 美元，而这 1 美元中只有其中的 80 美分是用来增加消费的，因此，减税 1 美元对收入变化的影响没有增加政府购买支出 1 美元对收入变化的影响大。而关于 $K_g>K_t$，读者可以自行推导。

由于政府支出乘数大于税收乘数和转移支付乘数，因此，改变政府购买水平对宏观经济活动的效果要大于改变税收和转移支付的效果，改变政府购买水平是财政政策中最有效的手段。

正如一把双刃剑，乘数既能从正面起作用，也能从反面起作用。当政府支出增加、税收减少、转移支付增加时，国民收入会成倍地增加；反之，当政府支出减少、税收增加、转移支付减少时，国民收入会成倍地减少。

（二）挤出效应（crowding out effect）

挤出效应是指政府支出的增加挤占了私人投资，这是因为政府支出增加了总需求，总需求增加使货币需求增加，在货币供给不变的情况下，就会使利率上升，利率上升会减少私人投资，从而产生挤出效应。挤出效应对财政政策有缩小的作用。

虽然乘数效应对财政政策有放大的作用，挤出效应对财政政策有缩小的作用，但由于一般情况下乘数效应大于挤出效应，因此，财政政策能起到调节经济的作用。

（三）时滞性（time lag）

所谓时滞性指的是一项政策从做出决定到实际发挥作用所需要的时间，财政政策与货币政策都有时滞性。具体来说又包括认识时滞（recognition lag）、决策时滞（decision lag）和实施时滞（administration lag）。

（1）认识时滞也称为察觉时滞（detection lag），指从经济中发生了引起不稳定的变动到政策制定者认识到有必要采取某种经济政策之间的时间间隔。

一般来说，任何政策都存在认识时滞，因为在经济中发生变动后，收集有关这种变动的资料，对这些资料进行加工、整理，以及判断这种变动对经济稳定影响的大小与性质，都需要一定的时间。而这种分析工作又是做出正确的决策所必需的。无论作出哪一项政策决定，都要以对经济情况的分析为基础，所以，财政政策和货币政策所需要的认识时滞是相同的。

（2）决策时滞指的是在制定宏观经济政策时，从认识到需要采取某项宏观经济政策到实际作出决策之间的时间间隔。决策时滞的长短取决于决策者对有关政策的看法是否一致，以及作出决策所需要经过的立法程序的复杂程度。各种经济政策所需要的决策时滞是不同的，一般来说，货币政策所需要的决策时滞短，而财政政策所需要的决策时滞长，缩短决策时滞有助于经济政策更好地发挥稳定经济的作用。

（3）实施时滞也称为行动时滞（action lag），是指从作出决策到政策付诸实施之间的时间间隔。不同的经济政策所需要的实施时滞也是不同的，它取决于一个社会的制度结构。一般来说，货币政策由中央银行决定和实施，所以实施时滞很短。财政政策的立法程序复杂，因此，实施时滞较长。

总之，由于各种时滞性的存在，以及挤出效应的影响，财政政策的作用会受到限制。除此之外，财政政策由于影响面广，受到的阻力也大。比如说，增税这项政策，会影响到每一个纳税人，其本身不仅是一个经济问题，也是一个政治问题，实施起来不得不审慎。

第三节　货币政策

一、关于货币政策的基本知识

由于货币政策是由一国的最高金融当局——中央银行负责制定和执行的，我们首先介绍银行制度。

（一）银行制度

一个国家的银行分为中央银行（central bank）和商业银行（commercial bank）。据说银行（bank）起源于英文中板凳（bench）一词。古希腊时期，地中海地区专事货币兑换的商人经常搬上条长板凳，坐在闹市区接洽业务，这些人所接洽的存、贷业务，就是银行的雏形，而这些“坐长板凳的人”，就成了后来的银行家。当然，现在的银行，业务已经大大扩展，而如今的银行家，也不再坐在“板凳”上开展业务，而成为社会的上流阶层，但银行（bank）和板凳（bench）这两个单词，却保持了模样上的相似。

中央银行是一国最高的金融（货币）当局，它统筹管理全国金融活动，实施货币政策以影响经济。如果将货币比喻为现代经济社会的血液，那中央银行就好比心脏，吞吐万象、举足重轻。当今世界除了少数地区和国家，几乎所有已独立的地区和国家都设立了中央银行。它在美国是联邦储备局（The Federal Reserve System），在英国是英格兰银行，在法国是法兰西银行，在日本是日本银行，我国的中国人民银行从1984年开始行使中央银行的职能。一般认为，中央银行具有三大职能，即它是发行的银行、银行的银行和国家的银行。作为发行的银行，它代表国家发行货币；作为银行的银行（即商业银行的银行），它吸收商业银行的存款，向商业银行发放贷款，并监督和管理商业银行的业务活动；作为国家的银行，中央银行代表国家制定和执行货币政策，并代理国库。

所谓商业银行，与所有的私人企业一样，经营的目的是获得利润，而商业银行的利润就是其存贷款利息的差额。商业银行的主要职能也有三个，即吸收存款、发放贷款和代客结算，分别称为负债业务、资产业务和中间业务。

其实，目前商业银行所经营的业务已远远不止这些信贷业务，它们常常是保险、证券都有所涉及。这里要提到一个有关金融业“分业经营”和“混业经营”的问题。正像《三国演义》的开场白一样，金融业也经历了“分久必合、合久必分”的过程。以美国为例，早期的商业银行信贷、证券、保险皆可经营，这时的银行我们可以称之为“百货商场”。1930年美国银行的破产，以及随之而来的美国银行业倒闭风潮使得美国政府开始考虑银行业的安全问题。1933年，罗斯福总统签署了《格拉斯—斯蒂格尔法》，规定商业银行只能经营短期信贷业务，不得涉足保险、证券等业务，这就是分业经营的开端，它标志着商业银行由“百货商场”变成了“专卖店”。

沧海桑田，半个多世纪弹指一挥间。1999年7月1日，美国众议院通过了《金融现代化法案》，放宽了对银行、证券和保险行业的行业限制，允许交叉经营，从而结束了美国银行业近70年分业经营的历史，其主要原因是金融业竞争的激烈和国际化，客户需要全方位、一条龙的服务；加之现代科技在金融领域的广泛运用，已经很难区别是什么产品，因此，混业经营是大势所趋。

（二）存款创造和货币供给

一个国家的货币供给量应该是多少，是取决于中央银行还是商业银行呢？简单地说，与这二者都有关系。因为中央银行是最初的货币发行者，任何一笔从外部注入进来的货币，归根到底，都来自中央银行。但商业银行的作用在于它通过与客户之间的存贷款关系，使这笔原始存款得到成倍地放大，好像“银行创造了货币”一样。要了解商业银行是怎样创造货币的，首先要了解存款准备金制度。

1. 法定准备金制度。我们上面曾经提到中央银行吸收商业银行的存款，那么，商业银行为什么要在中央银行存款呢？它把全部资金贷出去不是更划算吗？这里就涉及一个存款准备金的问题。所谓存款准备金指的是商业银行必须把所吸取存款中的一部分以准备金的形式保存起来，其意义有三：一是为了应付客户随时取款的需要；二是为了确保银行的信誉与整个银行体系的稳定；三是有利于中央银行对货币供给的控制。说到底，银行体系是靠信誉来维持的，因为商业银行在吸收了客户的存款以后，并不是全部放在保险柜中等着客户来提现，而是把其中的一大部分贷出去赚取利息，简单地说，商业银行是“借鸡生蛋”。如果经常有客户提不到现款的现象出现，这家银行的信誉就会受到怀疑，甚至会产生“挤兑”风潮而影响到整个银行体系的稳定。为了避免这种情况出现，中央银行就规定了存款准备金制度，但由于准备金是不计息的（即商业银行存在中央银行的准备金并不能获得利息），商业银行不会自愿地去存这笔款项，因此以法律的形式规定下来，称为法定准备金，法定准备金占存款的比率称为法定准备率。

下面，我们通过商业银行的准备金制度说明一下其“创造货币”的过程。

假设有一家商业银行 A，为了说明的方便，我们再假设该经济社会中只有这一家商业银行（其实多家银行的情况是一样的，读者可以自己推导），它接受了客户的一笔原始存款为 100 万元，按照 20%的法定准备率，商业银行 A 留下 20 万元的法定准备金，将剩余的 80 万元贷给一位织布商，这位织布商将这 80 万元支付给纺纱商，纺纱商在得到这 80 万元的货款后，并不是以现金的形式保留在手里，而是又如数存到了商业银行 A。然后，商业银行 A 继续留下 20%的法定准备金，将剩余的 64 万元贷出去，以此类推，我们将这一系列的存贷活动以表格的形式表示出来，如表 11-1 所示。

表 11-1　存贷活动一　　单位：万元

商业银行	吸收存款	发放贷款
A	100	100-100×20%=80
A	80	80-80×20%=64
A	64	64-64×20%=51.2
A	……	……

现在，我们再来计算一下商业银行的存款总和，我们用 D 来表示这个派生存款之和，则：

$$\begin{aligned} D &= 100+80+64+51.2+\cdots \\ &= 100\times(1+0.8+0.64+\cdots) \\ &= 100\times\frac{1}{1-0.8} \\ &= 500\ (\text{万元}) \end{aligned}$$

即商业银行在吸收了一笔原始存款后，通过一系列的存贷活动，最后派生出或者说“创造”出 500 万元的存款总和，是最初那 100 万元的 5 倍，恰好是法定准备率的倒数。正因为原始存款能够创造货币，我们把它称作基础货币（monetary base）或高能货币、强力货币（high-powered money），正像我们前面所介绍的那样，中央银行是最初的货币发行者，所有的基础货币都来自中央银行，这些基础货币被放大的倍数，就称为货币创造乘数。

2. 货币创造乘数。所谓货币创造乘数，指的是中央银行新增加（减少）一笔原始货币供给所引起的实际货币供给量增加（减少）的倍数。根据我们上面的分析，货币创造乘数有多大，或者说高能货币的能量究竟有多大，并不取决于其自身，而是取决于法定准备率、超额准备率和现金的漏出比率，我们把这三个量分别称为中央银行的行为参数、商业银行的行为参数与公众的行为参数。下面我们分别分析这三个参数对货币创造乘数的影响。

（1）当商业银行没有超额储备，公众也没有现金漏出时，货币创造乘数等于法定准备率的倒数，即 $K=\frac{1}{r_d}$，具体推导如上例所示。

（2）当商业银行有超额储备，公众没有现金漏出时，货币创造乘数等于实际准备率的倒数，其中，实际准备率是法定准备率 r_d 和超额准备率 r_e 之和，

即 $K=\frac{1}{r_d+r_e}$。

超额准备金（extra reserve）是商业银行在法定准备金（required reserve）之外多留的准备金，超额准备金与原始存款的比率就是超额准备率 r_e，在这种情况下，货币创造乘数会变小。我们举例说明。假设商业银行 A，接受了客户的一笔原始存款为 100 万元，按照 20%的法定准备率，留下 20 万元的法定准备金，并留下 5 万元的超额准备金，即其超额准备率为 5%，将剩余的 75 万元贷给一位织布商，这位织布商将这 75 万元支付给纺纱商，纺纱商在得到这 75 万元的货款后，如数又存到了商业银行 A。然后，商业银行 A 继续留下 20%的法定准备金和 5%的超额准备金，将剩余的 56.25 万元贷出去，以此类推，我们将这一系列的存贷活动以表格的形式表示出来，如表 11-2所示。

表 11-2　存贷活动二　　单位：万元

商业银行	吸收存款	发放贷款
A	100	100-100×20%-100×5%=75
A	75	75-75×20%-75×5%=56.25
A	56.25	56.25-56.25×20%-56.25×5%=42.1875
A	……	……

此时商业银行的存款总和：

$$\begin{aligned} D &= 100+75+56.25+42.1875+\cdots \\ &= 100\times(1+0.75+0.75^2+\cdots) \\ &= 100\times\frac{1}{1-0.75} \\ &= 400\text{（万元）} \end{aligned}$$

即商业银行在原始存款 100 万元的基础上派生出了 400 万元的存款，货币创造乘数为 4，恰好是实际准备率 25%的倒数，而实际准备率 25%是法定准备率 20%和超额准备率 5%之和。可以看出，在商业银行存在超额储备的情况下，货币创造乘数变小了。

（3）当商业银行有超额储备，公众也有现金漏出时，货币创造乘数等于实际准备率的倒数，此时的实际准备率等于法定准备率 r_d、超额准备率 r_e 和现金占活期存款的比率 r_c 三者之和，即 $K=\frac{1}{r_d+r_e+r_c}$。

所谓现金漏出，指的是公众并不是把其全部款项存到银行，而是手里留有一部分现金，这部分现金占原始存款的比率就是现金漏出比率，我们用 r_c 来表示。在这种情况下，货币创造乘数会变得更小。仍以上例说明，假设超额准备率 r_e 仍然是5%，现金漏出比率 r_c 也是5%。这样当织布商将从银行贷得的75万元支付给纺纱商以后，纺纱商并不是将其全部存到银行里，而是手里留下了5万元的现金，将剩余的70万元存到商业银行。商业银行在取得这70万元的款项以后，仍是留下20%的法定准备金和5%的超额准备金，将剩余的52.5万元贷出去，某客户在取得这笔贷款后，仍然有5%的现金漏出，此过程如表11-3所示。

表11-3　存贷活动三　　单位：万元

商业银行	吸收存款	发放贷款
A	100	100-100×20%-100×5%=75
A	75-100×5%=70	70-70×20%-70×5%=52.5
A	52.5-70×5%=49	……

此时商业银行的存款总和：

$$\begin{aligned}D&=100+70+49+\cdots\\&=100\times(1+0.7+0.7^2+\cdots)\\&=100\times\left(\frac{1}{1-0.7}\right)\\&\approx 333.3\ (\text{万元})\end{aligned}$$

此时的货币创造乘数：$K=\frac{1}{r_d+r_e+r_c}=\frac{1}{0.2+0.05+0.05}\approx 3.3$，变得更小了。在存在超额储备和现金漏出的情况下，货币创造乘数会变小的主要原因在于只有贷出去的款项才能够创造货币，贷出去的款项少了，乘数自然要变小。

这里，我们还要区别一下货币创造乘数与前面讲过的货币政策乘数。按照凯恩斯的国民收入决定理论，所有政策的最终目标都要影响国民收入，一项政策是否有效，或者效果有多大，就要看其对国民收入是否有影响，以及影响有多大。所以，货币政策乘数指的是在产品市场均衡情况不变时，实际货币供给量变化能使国民收入变动多少，用微分的形式应该写作 dy/dm；而货币创造乘数指的是原始货币供给量的变化能使实际货币供给量变化多少，即基础货币 H（高能货币）能“创造”出多少货币 M，其比值应该是 M/H。

（三）货币政策及其工具

所谓货币政策指的是中央银行通过调节货币供给量进而调节利率和国民收入。货币政策又分为扩张性的和紧缩性的，扩张性的货币政策就是中央银行增加货币供给量来降低利率进而刺激投资和国民收入，紧缩性的货币政策则是相反的情况。在经济萧条时一般采取扩张性的货币政策，在通货膨胀时通常采取紧缩性的货币政策。我们以扩张性的货币政策为例来说明货币政策的传递机制，如图 11-1 所示。

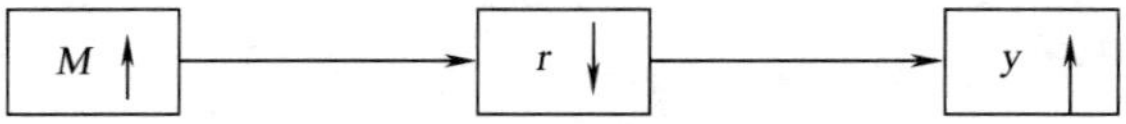

图 11-1　货币政策的传递机制

在图 11-1 中，货币政策发挥作用的这一过程是自发完成的，即在货币需求不变的情况下，货币供给增加以后，利息率会自动下降，从而投资自动增加，通过乘数的作用，使收入产生成倍地增加。那么，政府的作用体现在哪里呢？体现在对货币供给的调节上。

政府调节货币供给的手段有三种，也称为中央银行的“三大法宝”，也是货币政策的三大工具。

1. 公开市场业务（open-market operations）。该业务指中央银行在公开市场上买卖政府证券来调节利息率进而调节国民收入。公开市场就是金融市场（financial market），政府如果想要通过增加货币供给量来刺激经济，就在公开市场上买进政府证券，这意味着将货币投放到市场当中；反之，如果想要通过减少货币供给量来抑制经济，就在公开市场上卖出政府证券，这意味着货币的回笼。公开市场业务是最重要的一项货币政策工具，其优点表现在连续性、灵活性和准确性三个方面，而且其主动权完全掌握在央行手中。如果想要大规模增加货币供给，就大量买进政府证券，反之，则反是。其对经济的刺激效果也可以用货币政策乘数相对准确地测算出来，而且，即使对宏观经济形势作出了错误的估计而采取了错误的政策，也可以通过改变货币政策的方向（如变买进为卖出或变卖出为买进）而及时加以纠正，这样，央行在这项政策的执行上总是充满了自信，显得游刃有余。各个国家都把公开市场业务看作是一项非常重要的货币政策工具。比如，在美国的联邦储备系统（The Federal Reserve System）的最高决策机构联邦储备委员会（Board of Governors）中，专门设有“联邦公开市场委员会”（Federal Open Market Committee），是联邦储备系统中专门从事公开市场买卖证券业务的决策机构。

公开市场业务作为最灵活、最有效的货币政策工具而得到各国政府的重视，从20世纪50年代起，美联储90%的货币吞吐通过公开市场业务进行，德、法等国也大量采用公开市场业务调节货币供应量。但公开市场业务有效地发挥作用需要一些重要的前提：一是国内有发达的金融市场；二是政府证券种类繁多，并且达到了相当大的规模。只有有了发达的金融市场，中央银行买卖有价证券才有场所，才能在买时有人卖，卖时有人买；只有政府的有价证券达到了相当大的规模，中央银行系统才能通过对它的吞吐来影响全国的银根松紧情况，来左右整个金融市场的局势。

2. 贴现率政策（discounting-rate policy）。贴现指的是商业银行用其持有的政府债券作担保或直接把合格的客户票据出售给中央银行来向中央银行借款，而贴现率就是商业银行向中央银行的借款利率。贴现率政策指的是中央银行通过调整贴现率来调节货币供给量进而影响利息率和国民收入。如果中央银行提高贴现率，商业银行会因为其融资成本上升而减少贷款规模，从而减少货币供给量，这就是一项紧缩性货币政策；反之，降低贴现率就是一项扩张性货币政策。

我们举一个简单的例子来说明贴现率政策的作用。假设商业银行A要贷给某客户100万美元，贷款利率为8%，但是它已经没有可用的超额准备金了。此时，它可以向中央银行借款，即申请贴现，假设中央银行正实行收缩信贷的方针，贴现率为8%，那么，由于借款后再放款无利可图，商业银行A就会取消这次贷款计划；反之，如果中央银行正实行扩张信贷的方针，贴现率为6%，商业银行A就会申请这次贴现，这次贴现一方面使银行赚取了2%的存贷差，另一方面使整个银行体系派生出100万元的倍数的货币量。因此，中央银行提高贴现率是一项紧缩性货币政策；反之，降低贴现率就是一项扩张性货币政策。

当然，贴现率政策没有像公开市场业务那样得到政府的青睐，其使用频率也远没有后者频繁。其主要原因在于贴现率政策存在下述缺陷：一是期限较短，商业银行向中央银行的借款期限一般为一天到两周；二是商业银行为自己的信誉着想，尽量避免向中央银行申请贴现，以免被公众认为自己经常出现资金短缺的问题；三是贴现率政策是一项被动性的政策，其实施的主动权在商业银行，而不在中央银行。比如，在经济萧条时，中央银行为了增加货币供给而降低了贴现率，但如果此时商业银行仍不去申请借款，中央银行也无可奈何。这也是其与公开市场业务的主要区别。

3. 法定准备率。中央银行有权决定商业银行和存款机构的法定准备率，如果中央银行认为需要减少货币供给，就可以提高法定准备率；反之，则反是。因为在法定准备率提高以后，商业银行往中央银行交的准备金多了，自身可支配的资金少了，于是银行对企业的贷款减少，企业在银行的存款相应地会更少，“存款—贷款”级级递减，整个社会的货币总量大大降低。法定准备率的最大特点在于力度大，显效强。但是，所谓“药猛伤身”，正由于法定准备率对金融影响至深，不到重要关头，中央银行并不轻易动用。

公开市场业务、贴现率政策和法定准备率政策，作为中央银行的三大法宝，被称为一般性政策工具。除此之外，还有其他一些工具，如道义劝告就是央行最经常使用的工具之一。央行行长经常会邀请金融巨子们见面恳谈，共进晚餐，在握手举杯之间，点明央行货币政策意图，求得理解与合作。战后的日本，长期盛行的正是这种窗口指导，从而维持了较高的经济增长率。但是，道义劝告作为一种间接信用工具，毕竟没有法律约束力，这种货币政策要想发挥作用，中央银行要有较高的威望与控制力，否则，商业银行难免会为一己之利，与央行意愿背道而驰。

二、货币主义的货币政策

上述货币政策的手段与运用，是以凯恩斯主义为理论依据的。与其财政政策一样，凯恩斯主义的货币政策也是相机抉择、斟酌使用的，是“逆经济风向行事”的。但是，20 世纪 60 年代末、70 年代初滞胀局面的出现，使凯恩斯主义陷入了困境。我们知道，滞胀是一种经济停滞与通货膨胀同时并存的现象，如果政府的目的是治理通胀，就应该采取紧缩性的货币政策，但这会使经济停滞更加严重；如果其目的是医治衰退，就应该采取扩张性的货币政策，但这会使通胀更加严重。简而言之，就是医治一种疾病的药方成为加重另一种疾病的手段。这样，在突如其来的滞胀面前，凯恩斯主义无论在理论上还是在政策上都显得束手无策了。

现代货币主义是与凯恩斯主义对立的一个重要的宏观经济学流派，因其强调货币在经济中的首要作用而得名，其代表人物是美国经济学家米尔顿·弗里德曼。现代货币主义的主要观点是：①强调货币是经济中最重要的因素，货币供给量的变动决定了短期内的实际国民收入和长期中的价格水平；②由市场机制调节的经济本身是稳定的；③通货膨胀在本质上是一种货币现象，其根源在于货币供给量的增长率超过了产量增长率；④在国际经济中实行浮动汇率制，反对固定汇率制。

弗里德曼对凯恩斯的“逆经济风向行事”的货币政策提出了质疑。他指出，与财政政策一样，货币政策也存在时滞性（time lag），由于时滞性的存在，斟酌使用的货币政策事实上不仅收不到预期的效果，甚至会适得其反，造成经济活动的大起大落。

如图 11-2 所示，经济是在波动中前进的，当经济处于顶峰 A 点时，为了避免经济过热，政府采取紧缩的货币政策（财政政策也是一样），例如，中央银行通过公开市场卖出有价证券、提高贴现率、提高法定准备率来减少货币供给从而提高利率。但是，利率提高以后，投资并不会立刻缩减，已经上马在建的工程难以下马，已经雇用的职工要解雇也不是轻而易举的事，也就是说，货币政策在开始采用时可能并不需要花太多的时间，但从执行后到产生效果却需要一个相当长的过程。此时，经济情况可能已经发生了变化，A 点时采取的政策可能到 B 点时才发挥作用，此时经济已处于萧条状态，紧缩性的货币政策只会使这种萧条更加严重。同理，在 B 点采取的扩张性的货币政策可能要到 C 点才产生效果。正是由于“时滞性”的存在，货币政策老是“慢半拍”，经济过热时，它们“火上浇油”；经济萧条时，它们又“釜底抽薪”。中央银行是事与愿违，好心办了坏事。

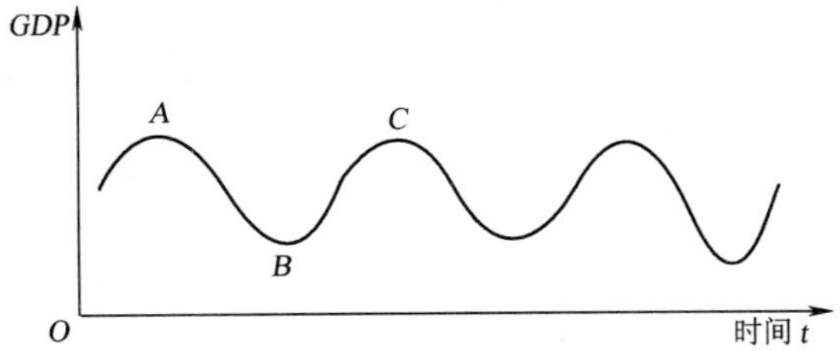

图 11-2　时滞性

货币政策的这种“时滞性”成了现代货币主义攻击凯恩斯主义的主要武器。经过深入的统计分析和实证研究，弗里德曼得出了一个结论，从中央银行货币供应的变化到经济生活中反映出这种变化之间，存在着12~18个月的时间差。正是这种时间差的存在，导致斟酌使用的货币政策难以奏效。弗里德曼在对凯恩斯主义进行质疑的基础上，提出了“单一规则”的货币政策，不管经济中的情况如何，货币供应量按照每年4%~5%的比例增长。这一数据是根据以下两个指标计算出来的。在美国，劳动力的增长率是每年1%~2%，年产量的平均增长率是3%，因此，货币供应的增长率可以定在4%~5%之间。弗里德曼认为，按照这一简单规则的货币政策，经济的稳定就有可能实现。

三、凯恩斯主义与现代货币主义的主要区别

在凯恩斯主义看来，经济生活有如一条有着荣枯周期的河流，而货币供应就显然是一道闸门，政府作为守闸人，应时刻根据河流的荣枯状况，相应地开启或关闭“闸门”。也就是说，在经济繁荣时，中央银行应适当收紧银根，在经济萧条时，中央银行应适当放松银根，从而达到平衡货币供求、缓解经济波动的目的。而现代货币主义则认为，政府要当好守闸人的角色并非易事，“时滞性”的存在是最大的一个难题。弗里德曼认为，政府与其“手忙脚乱不讨好”，不如“无为而治练静功”，制定出一个长期不变的货币投放的增长比例，以静制动，以不变应万变，经济就会沿着一条稳定的航线前进，经济活动的大幅度波动可以得到避免，形成一个有利于各种市场力量发挥作用的货币环境。

从理论上分析，凯恩斯主义与现代货币主义的主要区别表现在以下几个方面。

第一，理论基础不同。凯恩斯主义的理论基础是有效需求理论，他们认为，经济中经常的状态是小于充分就业的均衡，这是一种“常态”，而均衡状态只是一种偶尔出现的“过渡状态”，因此，需要政府宏观经济政策的调节。现代货币主义的理论基础是现代货币数量论，他们认为，长期的价格水平由货币供给量决定，市场经济经常是稳定的。

第二，货币对国民收入影响的传递机制不同。凯恩斯主义认为，货币供给量是通过影响利息率来影响就业和收入的，换而言之，如果利息率不能变化，即使央行调节货币供给量也无法影响经济，在“流动偏好陷阱”中就是

这样的情况，此时，货币政策就无效了。现代货币主义则认为，货币供给量直接影响国民收入。

在凯恩斯主义和现代货币主义的眼里，货币政策的作用也是不同的。凯恩斯主义认为，“货币也要紧”（money matters too），但由于其局限性的存在，他们更加偏爱财政政策。现代货币主义认为，“唯有货币要紧”（only money matters），他们反对使用财政政策来制服经济的周期性波动，而主张代之以紧缩通货的政策。

第三，政策目标不同。凯恩斯主义的政策目标是充分就业和经济增长，这和凯恩斯所处的大萧条环境是紧密相关的，在失业和停滞的阴影之下，凯恩斯思考的是如何帮助美国渡过萧条的难关；现代货币主义的政策目标是稳定物价，反对通胀，因为弗里德曼思考的是如何驱散笼罩在美国头上的通胀乌云。

第四，政策主张和政策规则不同。凯恩斯主义认为，由于市场会失灵，必须要由政府进行干预。其政策的规则是相机抉择的、斟酌使用的、巧妙操纵的。而现代货币主义作为新自由主义的主要代表，信奉市场机制，反对过多地干预，其政策的规则是简单的，或者说是单一的（single rule）。

第五，对外经济政策不同。凯恩斯主义主张实行固定汇率制，现代货币主义主张实行浮动汇率制，这正是其经济主张在国际经济领域的继续。

第四节　供给管理政策

财政政策和货币政策是需求管理政策的主要内容。20 世纪 70 年代以后通胀和滞胀局面的出现，使经济学家开始关注供给对经济的影响，这就是我们本节要介绍的供给管理政策。

所谓供给管理政策就是要通过对总供给的调节，来达到一定的政策目标。在短期内影响供给的主要因素是生产成本，特别是生产成本中的工资成本；在长期内影响供给的主要因素是生产能力，即经济潜力的增长。所以，供给管理政策就包括了收入政策与指数化政策，以及人力政策与经济增长政策。收入政策与指数化政策通过改善劳动力市场来增加短期供给，人力政策与经济增长政策通过提高生产能力和经济增长潜力来增加长期供给。

一、收入政策

收入政策是政府为了降低一般价格水平上升的速度，而采取的强制性的或非强制性的限制货币工资和价格的政策。因为控制的重点是工资，因此称为收入政策。

收入政策的主要理论基础是成本推进的通货膨胀理论。成本推进的通货膨胀是由于商品和劳务的成本增加，即由供给方面引起的一般物价水平的普遍上涨。在现代经济中，如果工资收入超过了劳动生产率的增长率，很容易引起价格提高，工资物价的上升会引起一般价格水平的上涨。因此，只要能限制工资增长率，就可抑制成本提高，从而制止物价上涨，消除成本推进的通货膨胀。

收入政策的主要措施如下。

第一，工资—物价管制。政府采用法律手段禁止在一定时期内提高工资与物价。这种措施一般是在特殊时期采用的，但在某些通货膨胀严重时期，也可以采用这一强制性措施。这种措施在短期内可以有效地控制通货膨胀，但它破坏了市场机制的正常作用，在长期中不仅不能制止通货膨胀，反而会引起资源配置失调，给经济带来更多的困难，所以一般不宜采用这种措施。

第二，工资与物价指导线。政府为了制止通货膨胀，根据劳动生产率的增长率和其他因素，规定出工资与物价上升的限度，其中主要是规定工资增长率，所以又称“工资指导线”。工会和企业要根据这一指导线来确定工资增长率。企业也要根据这一规定确定物价上涨率。如果工会或企业违反规定，使工资增长率和物价上涨率超过了这一指导线，政府就要以税收或法律形式进行惩罚。

第三，税收刺激计划，即以税收为手段来控制工资的增长。具体做法是政府规定货币工资增长率，即工资指导线，以税收为手段来付诸实施。如果企业的工资增长率超过这一指导线，就课以重税；如果企业的工资增长率低于这一规定，就给予减税。但这种计划在实施中往往会遇到企业与工会的反对。

第四，企业和工会签订工资—物价协议，限制工资不利于工人而有利于企业；限制物价不利于企业而有利于工人。因此，通过谈判，有时企业和工会对达到某种工资水平和物价水平而签订协议，共同遵守、相互制约。在某种特殊的工资和物价形势下，政府通过进行权威性的劝说或者施加政府的压力，虽然没有法律效力，但也会起一定的作用。当然，在收入政策实施中也会遇到一些困难，有时会遭到工会、企业或国会的反对，而使某些收入政策措施不能实行。

二、收入指数化政策

通货膨胀会对财产分配和收入分配产生影响，使一些人受益，另一些人遭受损失，从而对经济产生不利的影响。收入指数化政策就是为了消除这种不利影响而采取的政策，其具体做法是：定期地根据通货膨胀率来调整各种收入的名义价值，以使其实际价值保持不变。主要的指数化措施如下。

第一，工资指数化。指按通货膨胀率指数来调整名义工资，以保持实际工资水平不变。在经济发生通货膨胀时，如果工人的名义工资没变，实际工资就会降低。这就会引起有利于厂商不利于工人的收入再分配。为了保持工人的实际工资不变，在工资合同中就要确定有关条款，规定在一定时期内按消费物价指数来调整名义工资，这项规定称为“自动调整条款”。同时，也可以通过其他措施按通货膨胀率来调整工资增长率。工资指数化可以使实际工资不下降，从而维持经济和社会的稳定。但在有些情况下，工资指数化也会引起工资成本推动的通货膨胀。

第二，税收指数化。指按通货膨胀率指数来调整纳税起征点与税率等级。当经济发生通货膨胀时，实际收入不变而名义收入增加了，这样，纳税的起征点实际降低了。在累进税制下，纳税者名义收入的提高使原来的实际收入进入了更高的税率等级，从而使缴纳的实际税金增加。如果不实行税收指数化，就会使收入分配发生不利于公众而有利于政府的变化，成为政府加剧通货膨胀的动力。只有根据通货膨胀率来调整税收，即提高纳税起征点并调整税率等级，才能避免不利的影响。

此外，利息率、政府债券收益等其他收入也应该根据指数化政策来调整，使各种收入的增长与一般物价上涨水平相联系，随物价指数的变动而伸缩，这样，就能够抵消价格波动的影响。

三、人力政策

人力政策又称就业政策或劳动市场政策，是针对劳动力市场的不完全性，解决失业与职位空缺并存的矛盾，增加就业机会的政策。

人力政策的理论依据，是认为相当大一部分是结构性失业，即由于劳动力结构和经济结构的差异而造成的。其中包括：①劳动力本身的结构问题。寻找工作的人多半是没有专门技能的职场新人，企业需要的则是有一定技术水平的熟练劳动力。②经济结构的变化。随着科学技术的进步和生产的发展，经济结构不断发生变化，不适应新的经济结构需求的人会被排挤出就业队伍，成为失业者。③某些地区经济结构的变化。有的地区原来劳动力供不应求，现在供过于求；有的地区原来劳动力供过于求，现在供不应求。这样，就出现了工人找职业，企业找工人的局面。④寻职成本过高。劳动力市场信息不畅，工人不能充分、准确地得到信息，如果要获得则需花较大代价。

人力政策是对劳动力供给发生作用的政策。其主要措施如下。

第一，劳动力的再培训。为适应经济结构的变化，要对劳动力进行再培训。包括对失业者的培训和在职人员的培训，使非熟练劳动者能够适合劳动需求的条件，使技术过时的劳动者能够掌握新技术。

第二，发展职业介绍行业，提供劳动市场的信息，使企业和失业者及时了解准确情况，企业比较容易找到合适的工人，工人比较容易找到合适的企业。

第三，增加劳动力的流动性，帮助劳动者和企业进行地区迁移，解决劳动力在地区间流动的困难。

第四，发展劳动密集部门和企业，在一定投资水平上，为劳动者创造更多的就业机会。

四、经济增长政策

从经济社会的长期发展看，影响总供给的最重要因素还是经济潜力或生产能力。因此，提高经济潜力或生产能力的经济增长政策是供给管理政策的重要内容。

促进经济增长的政策措施是多方面的，主要如下。

第一，增加劳动力的数量和提高劳动力的质量。劳动力的增加对经济增长有重要的作用。劳动力包括数量和质量两个方面。增加劳动力数量的方法有提高人口出生率、鼓励移民入境等；提高劳动力质量的方法则是增加人力资本投资。

第二，资本积累。资本的增加可以提高资本—劳动比率，即提高每个劳动力的资本装备率，发展资本密集型技术，利用更先进的设备，以提高劳动生产率。资本积累的主要来源是储蓄，因此应鼓励人们储蓄。

第三，技术进步。技术进步在现代经济增长中起着愈来愈重要的作用。因此，促进技术进步成为各国经济政策的重点。其中主要措施有：国家对全国的科学技术发展进行规划与协调；国家直接投资于重点科学技术研究；政府采取鼓励科学技术发展的措施；加强对科技人才的培养等。

第五节　政策工具的配合使用与政策目标的权衡取舍

上面我们介绍了宏观经济政策的工具，其中需求管理政策包括财政政策和货币政策，供给管理政策包括收入政策、指数化政策、人力政策、经济增长政策。这些政策工具都是实现宏观经济政策目标的有效手段，但有关它们之间的协调、配合、运用问题，也是一个十分重要的理论和实际问题，本节主要对此进行分析。

一、财政政策与货币政策的配合使用——相机抉择

在政府的政策“工具箱”中，财政政策与货币政策是两个最重要的“常规武器”。政府通过公共开支和税收的变化，扩大或收缩社会的需求与供给，使经济沿着正常的轨道运行；而中央银行则通过调节社会中货币供给量的大小和利息率的高低，来影响投资和消费，使总需求和总供给趋于平衡。当经济出现波动时，政府一方面采取财政政策，一方面采取货币政策，对过热和过冷的经济进行部分的或是全面的调节，直到使其“体温”恢复正常为止。

正如拳击手在比赛中既可以单拳出击，又可以双拳进攻，或是一手出击、一手抵挡一样，政府在运用财政政策和货币政策对经济进行调节和干预时，也可根据总的经济形势，相机抉择，将财政政策与货币政策配合起来使用，以便能达到更好的效果。

具体来说，财政政策和货币政策的组合主要有以下四种：“双松”，即在经济萧条时期，可以同时采用扩张性财政政策和扩张性货币政策，双管齐下，使经济所受到的刺激更为迅猛。“双紧”，即在经济高涨时期，同时采用紧缩性的财政政策和紧缩性的货币政策，使经济紧缩的程度更为强烈。“一松一

紧”和“一紧一松”，即对宏观财政政策和宏观货币政策进行松紧搭配，以使一种政策的副作用被另一种性质相反的政策抵消掉。例如，用投资优惠、税收、扩大政府支出等“松”的扩张性财政政策，来鼓励投资、增加就业；同时配合“紧”的收缩性货币政策以防止经济增长过程中出现通货膨胀。再如，用增加货币供给量、降低利息率和扩大信贷规模的“松”的扩张性货币政策来刺激投资，增加产量和就业；同时配合“紧”的收缩性财政政策来减轻总需求对市场的压力，以稳定物价，防止通货膨胀。

在考虑如何混合使用两种政策时，不仅要看当时的经济形势，还要考虑政治上的需要，这是因为，虽然扩张性财政政策和扩张性货币政策都可增加总需求，但不同政策的后果可以对不同的人群产生不同的影响，也使GDP的组成比例发生变化。例如，实行扩张性货币政策会使利率下降，投资增加，因而对投资部门尤其是住宅建设部门十分有利。可是，实行减税的扩张性财政政策，则有利于增加个人可支配收入，从而增加消费支出。而同样是采取扩张性财政政策，如果是增加政府支出，例如，兴办教育、防止污染、培训职工等，则人们收益的情况又不相同。正因为不同政策措施会产生不同影响，进而影响不同人群的利益，因此，政府在作出混合使用各种政策的决策时，必须考虑各行各业、各个阶层的人群的利益如何协调的问题。

二、宏观经济政策目标之间的协调——权衡取舍

充分就业、价格稳定、经济持续均衡增长和国际收支平衡的政府四大宏观经济政策目标，是相互联系、相互制约的，同时又是相互矛盾的，因此，同时实现这四个目标是比较困难的，政府经常会处于两难的选择之中。这就要求政策制定者或者确定重点政策目标，或者对这些政策目标进行协调。政策制定者在确定政策目标时，要进行综合考虑，不仅要考虑经济因素，还要考虑政治因素和社会因素，不仅要考虑国内因素，还要考虑国际因素。下面我们就对四大宏观经济政策目标的协调进行具体分析。

（一）充分就业、物价稳定和经济增长目标的协调

首先，充分就业和物价稳定是相互矛盾的，因为要实现充分就业，就必须运用扩张性财政政策和货币政策，而这些政策又会由于财政赤字的增加和货币供给量的增加而引起通货膨胀。充分就业与经济增长有一致的一面，也

有矛盾的一面。也就是说，经济增长一方面会提供更多的就业机会，有利于充分就业；另一方面经济增长中的技术进步又会引起资本对劳动的替代，使部分工人，尤其是文化技术水平低的工人失业。充分就业与国际收支平衡之间也有矛盾，因为充分就业的实现会引起国民收入增加，而在边际进口倾向一定的情况下，国民收入增加必然引起进口增加，从而使国际收支状况恶化。此外，在物价稳定与经济增长之间也有矛盾，因为在经济增长过程中，通货膨胀是不可避免的。

协调上述政策目标的矛盾，不可能单纯依靠需求管理而得到解决。由于经济增长是长期问题，必须研究供给方面的问题。为协调上述政策目标可以采取如下对策。

第一，财政支出政策的微观化。这项政策即通过财政支出促进部分结构的合理化，使有利于经济增长的行业优先发展。实行宏观财政政策时，不仅调节支出总量，还要考虑部门结构。支出用于劳动密集部门，可扩大就业；用于资本密集部门，可增加供给、抑制物价上涨；用于新技术产业，则带动经济增长。

第二，财政收入政策的微观化。这项政策通过税收结构变化和征收范围的调整，来促进经济资源的充分利用，使税收政策有利于某些部门增加产品和吸收劳动力。这样既能维护物价稳定，又能扩大就业。

第三，货币政策的微观化。针对不同市场、不同部门和不同类型的放款限额、信贷条件和利息率，进行局部调整，来增加资本流动性，调节资本的供求。这样既促进经济增长，又增加就业，也不影响物价。

第四，人力政策。人力政策的主要目标就是充分利用人力资源。通过“人力投资”提高劳动力质量，推动经济增长，同时，使非熟练工人掌握新技术，增加就业机会，有利于解决结构性失业。

第五，能源政策。能源供给对上述三个目标都有重要作用。政府要制定合理的能源政策，调节能源供给和需求，保证经济增长，稳定物价。

（二）国际收支平衡与充分就业、物价稳定、经济增长之间的协调

国际收支平衡作为一项政策目标，与充分就业、物价稳定和经济增长之间都有矛盾。这里涉及对内对外政策协调的问题。

上述政策目标的矛盾具体表现为：①国际收支平衡与充分就业的矛盾。在充分就业条件下工资水平较高，较高的工资成本不利于本国产品在国际市场上的竞争，从而不利于国际收支平衡。②国际收支平衡与物价稳定的矛盾。

国内物价上涨时要减少出口，增加进口，于是国内需求越大，物价水平就越高。为了抑制物价上涨不得不增加进口，以国外生产要素的供给满足国内增大的需求，或减少出口，把准备用于国外市场的产品转用于国内增大的需求，于是国际收支逆差越来越大。而国际收支状况的恶化，又将影响本国通货的地位，为物价继续上涨准备了条件。③国际收支与经济增长的矛盾。为了实现经济增长，应当使利息率保持低水平，以鼓励投资。但低利息率可能引起资本外流，不利于国际收支平衡。

国际收支平衡与上述宏观经济政策目标的协调，同样不能依靠宏观财政政策和宏观货币政策来解决。可采取如下协调措施。

第一，虽然充分就业会形成较高的工资水平，不利于国际市场上的竞争，但如果同时采取适当的微观化的外贸政策，例如，出口津贴、进口限制，提高劳动生产率，那么，仍可以加强本国商品的竞争能力，改善国际收支。

第二，虽然低利率可能促使资本外流，但如果同时采取适当的外汇管制和对外投资管理措施，或采取投资税收优惠的办法，则仍可防止资本外流，平衡国际收支逆差。

第三，在不影响国内其他政策目标的前提下，可以采取其他措施，如发展国际航运与保险业、旅游业、短期移民出境做工等，来改善国际收支状况。

第四，还可以通过调整汇率或实行浮动汇率的办法来改善国际收支状况。在固定汇率条件下，市场汇价和官价不一致时，一国中央银行必须竭力维持官价；在浮动汇率条件下，市场汇价与官价有出入时，一国中央银行不必立即采取措施去维持官价，可听任汇率在一定时期或一定范围内浮动。因此，浮动汇率一般被认为是有助于一国在经济增长过程中调节国际收支状况的灵活措施。

第五，无论能源供给不足的国家还是能源输出的国家，能源问题都与国际收支关系紧密。所以，必须制定适合本国情况的能源政策和长期能源规划。这也是越来越受到重视的问题。

思考与练习

一、基本概念

充分就业　需求管理　紧缩性缺口　膨胀性缺口　财政政策　内在稳定

器　预算平衡　功能财政　补偿性财政政策　乘数效应　挤出效应　认识时滞　决策时滞　实施时滞　法定准备率　货币创造乘数　公开市场业务　收入政策　指数化政策

二、练习题

1. 简述四大宏观经济政策目标。
2. 如何根据不同的宏观经济形势斟酌采取宏观经济政策?
3. 比较预算平衡思想和功能财政思想。
4. 试用乘数效应和挤出效应说明财政政策的实施效果。
5. 简述中央银行的三大法宝。
6. 比较凯恩斯主义的货币政策和现代货币主义的货币政策。
7. 财政政策和货币政策是如何配合发生作用的?

第十二章

开放经济条件下的宏观经济运行

本章学习重点

- 开放经济与封闭经济的含义及其区别
- 国际贸易的理论基础及其利益原则
- 外汇和汇率的概念
- 购买力平价理论
- 国民收入的内在均衡与外在均衡的含义
- 开放经济条件下国民收入的调节
- 竞争优势理论及其与比较优势理论的区别

我们前面各章讨论的是封闭经济条件下的宏观经济运行，没有涉及对外经济关系方面的问题。事实上，当今世界各国的经济都是开放的，各国经济的变动是相互影响的，一个国家的收入和就业不仅取决于本国的情况，还取决于世界其他国家的情况，就像《红楼梦》里面所说的那样，“一荣俱荣，一损俱损”。因此，本章把封闭经济的假设放弃，详细说明国际经济部门的引入对宏观经济运行的影响。

第一节　开放经济的基本知识

国际贸易、国际收支和汇率是分析开放经济条件下一国经济运行的基本知识，我们首先对此进行介绍。

一、开放经济与国际贸易

（一）什么是开放经济

开放经济就是参与国际经济活动的经济，在这些国际经济活动中最重要的就是国际贸易，所以，开放经济最简单的定义就是“参与国际贸易的一种经济”。

开放经济（open economy）是与封闭经济（closed economy）相对而言的，

如果说封闭经济是“三部门经济”的话，那么，开放经济就是“四部门经济”，即包括居民户、厂商、政府和国外四个部门的经济。一个经济的开放程度可以近似地用进口与国民生产总值或国内生产总值的比率来表示。

（二）国际贸易的理论基础及利益原则

一国参与国际贸易的目的是为了自身的利益，这样，各国参与国际贸易，就都要从中获利。经济学家用不同的理论来解释国际贸易的利益原则，这也是国际贸易产生的理论基础。

1. 绝对利益原则（absolute advantage principle）。亚当·斯密将其分工原则应用到国家与国家之间的专业化方面，提出了著名的“绝对利益原则”，也称为“绝对优势理论”。这一理论认为，各国存在的生产技术的绝对差别以及由此造成的劳动生产率和生产成本的绝对差别，是国际贸易的基础。各国应该集中生产并出口其具有绝对优势的产品，进口其不具有绝对优势的产品，其结果比自己什么都生产更有利。

其实，斯密的绝对利益原则在现实生活中已经被人们不经意地广泛应用，比如说，裁缝不想自己做鞋子，而要向鞋匠购买，鞋匠不愿自己做衣服，而要买裁缝做的衣服。农村的居民，与其自己做鞋子和衣服，还不如专心生产粮食，然后用粮食交换。这种个人之间的分工原则，也适用于国家之间。比如，英国和葡萄牙都生产呢绒和葡萄酒，各国的成本如表 12-1 所示。

表 12-1　各国的成本一

产品 国别	呢绒	葡萄酒
英国	30	40
葡萄牙	40	30

由此看来，英国生产呢绒的成本低于葡萄牙，而葡萄牙生产葡萄酒的成本低于英国。这样，英国只生产呢绒，葡萄牙只生产葡萄酒，英国进口葡萄酒出口呢绒，葡萄牙进口呢绒出口葡萄酒，双方进行国际贸易，都可以获得好处。

2. 比较利益原则（comparative advantage principle）。斯密的绝对利益原则暗含着这样一个假定：就是参加贸易的双方，至少各有一种具有优势的产品。但如果一个国家所有的商品生产，相对于另一个国家都处于劣势，那么，这两个国家之间，还会有国际贸易吗？为了回答这个问题，大卫·李嘉图于1817年提出了他的“比较利益原则”，也称为“比较优势理论”。

这一理论认为，国际贸易的基础并不限于生产技术上的绝对差别，只要各国之间存在着生产技术上的相对差别，就会出现生产成本和产品价格的相对差别，从而使国际贸易成为可能。各国都应该出口本国具有比较优势的产品，则两国间的贸易能使两国都受益。简单地说，就是“两利相权取其重，两劣相权取其轻”。

例如，英国和葡萄牙生产呢绒和葡萄酒的成本如表12-2所示。

表12-2　各国的成本二

产品 国别	呢绒	葡萄酒
英国	100	120
葡萄牙	90	80

从表12-2中可以看出，葡萄牙生产呢绒和葡萄酒两种产品都比英国有利。在这种情况下，双方贸易的基础就不是绝对成本而是比较成本。

从英国来看，生产呢绒的成本是葡萄牙的1.1倍，生产葡萄酒是葡萄牙的1.5倍，这就说明，英国生产这两种产品都绝对不利，但生产呢绒相对有利一些；同理，葡萄牙生产两种产品都绝对有利，但生产葡萄酒的相对优势更大。这样双方都生产自己相对有利的产品，并进行交换就是有利的。英国生产呢绒，换取葡萄牙的葡萄酒；葡萄牙生产葡萄酒，换取英国的呢绒。

根据李嘉图的比较优势理论，一个国家不论处于什么发展阶段，不论经济力量是强还是弱，都能确定自己的比较优势，即使处于劣势的也可以找到劣势中的优势。各国只要都根据自己的比较优势进行分工，让优势国家生产优势更大的产品，劣势国家生产劣势较小的产品，然后两国开展贸易，则贸易双方都可以用较小的消耗，创造出更多的财富。

3. 俄林—赫克歇尔定理（Ohlin-Heckscher theorem）。中国有句俗语：“靠山吃山，靠水吃水”，意思是说，一个地区应该根据自己的资源特点来安排生产。与这个简单的道理相似，20世纪30年代出现了一个轰动一时的国际贸易理论，即要素禀赋学说，也称为俄林—赫克歇尔定理。

无论是斯密的绝对优势理论还是李嘉图的比较优势理论，实际上都是从技术差别来解释国际贸易的原因，而瑞典经济学家俄林和赫克歇尔则是从生产要素比例的差别来阐述国际贸易的基础。他们注意到，不同的产品生产需要不同的生产要素配置。有些产品的生产技术性较高，需要大量的机器设备和资本投入，这种产品被称为资本密集型产品；有些产品的生产主要是手工操作，需要大量的劳动力，这种产品被称为劳动密集型产品。另外，各国生产要素的储备比例也是不同的，有的国家资本相对雄厚，有的国家劳动力相对充足。因此，产品生产的相对成本，不仅可以由技术差别决定，也可以由要素比例和稀缺程度的不同来决定。一般来说，劳动力相对充裕的国家，劳动力价格会偏低，因此，劳动密集型产品的生产成本相对低一些。而在资本相对充足的国家里，资本的价格会相对低，生产资本密集型产品可能会有利。因此，根据赫克歇尔和俄林的理论，各国应该集中生产并出口那些能够充分利用本国充裕要素的产品，以换取那些需要密集使用其稀缺要素的产品，国际贸易的基础是要素储备比例或生产资源配置上的差别。

4. 里昂惕夫之谜（Leontief paradox）。俄林—赫克歇尔定理的核心内容是，如果一个国家的某种生产要素比较丰富，在生产中密集使用这种要素的产品就具有出口优势，应该成为该国的出口品；而进口品则是那些比较密集地使用了本国比较稀缺的生产要素的产品。依照这一原理，像美国这样资本比较丰富的国家，应该出口资本密集型产品，进口劳动密集型产品。然而美国经济学家里昂惕夫在用统计资料进行测算后，却得出了完全相反的结论，美国出口的竟然是劳动密集型产品。理论与现实的这个矛盾，引起了轩然大波，被经济学界称为“里昂惕夫之谜”。

另外两名经济学家凯伍斯和琼斯用人力资本理论揭开了“里昂惕夫之谜”。他们通过研究发现，美国出口部门中熟练劳动的比例大于进口部门，而非熟练劳动转化为熟练劳动，需要投入大量的教育和培训费用，这种投入也是一种资本投入。比如说，出钱培训工人，用同样的钱也可以用来买机器、买设备、建厂房；另一方面，人力资本一旦形成，就可以重复取得收益，技术熟练的劳动者也能不断得到较高的收入，与有形资本是完全类似的。因此，劳动者的技能也是一种资本，即人力资本。在总资本中加入人力资本的因素，再来比较美国出口品和进口品的资本含量，可以发现，“里昂惕夫之谜”消失了。因此，可以把人力资本理论看作是对俄林—赫克歇尔定理的进一步扩展，它将人的劳动技能当作一种新的生产要素，引入俄林的分析框架中。凡是人力资本比较丰富的国家，这种生产要素就具有相对优势，因此应出口技能密集型产品。

“里昂惕夫之谜”的实质是理论和现实的矛盾。在20世纪二三十年代之前，生产中投入的要素主要是土地、劳动力和机器设备，其他要素的作用并不明显，要素禀赋说能够对当时的国际贸易作出较好的解释。然而，第二次世界大战后，科学技术、熟练劳动在生产中的作用日益加强，已经成为一种非常重要的生产要素，而这些并没有包含在原有的理论之中，里昂惕夫之谜就反映了这种理论和现实的差距。在要素禀赋学说中引入新的生产要素——人力资本，就使得这一学说更加丰富和实用，从而为国际贸易理论迎来了一个新的发展阶段。

二、国际收支

国际贸易与各国间的其他经济交往必然引起国际间的支付问题，所以，国际收支也是开放经济中的一个重要问题。

国际收支是指一国在一定时期内从国外收进的全部货币资金和向国外支付的全部货币资金的对比关系。一国国际收支的状况反映在该国的国际收支平衡表上，这是一国与其他国家之间经济交往的记录。国际收支平衡表由三大部分组成：经常账户、资本账户和官方储备。经常账户既记录商品与劳务的交易，也记录转移支付；资本账户记录国际间的资本流动；官方储备又可称为官方的黄金和外汇储备，由一个国家官方的货币机构所持有。在开放经济中，一国与外国的经济往来主要包括两个方面的内容：一是商品与劳务的进出口和各种转移支付的进出；二是为购买实物资产和金融资产而发生的资本流入和流出。前者反映在国际收支平衡表的经常账户上，后者反映在资本账户上。

在不考虑官方储备项目的情况下，国际收支有平衡与不平衡两种情况。在国际经济活动中，当一国的总支出与总收入相等时（经常项目与资本项目的借方与贷方相等），就称为国际收支平衡；反之，当经常项目与资本项目的借方与贷方不相等时，就是国际收支不平衡。如果是贷方大于借方，即总收入大于总支出，则国际收支顺差，或者说国际收支有盈余；反之，就是国际收支逆差，或者说国际收支有赤字。

当一国的国际收支出现了不平衡时，就需要采取一些具体的政策进行调节，这些政策主要有：调整进出口、调整利率、调整汇率和开展国际合作等方面，在此不再详细论述。

三、汇率理论

在开放经济中，外汇和汇率也是十分重要的概念，我们对此进行介绍。

（一）外汇和汇率的概念

在对外交往中，由于各国有其独立的、不同的货币单位，在履行国际支付的时候，必须先把本国通货兑换成外国通货或把外国通货兑换成本国通货，才能完成交换。这种不同通货的兑换过程，就是所称的“外汇”。

汇率是一个国家的货币折算成另一个国家货币的比率，也称为“汇价”。汇率有两种标价方法，一种被称为直接标价法，它是用一单位的外国货币作为标准，折算为一定数额的本国货币来表示，用这种标价方法，一单位外币折算的本国货币量减少，即汇率下降表示外国货币贬值（depreciate）或者本国货币升值（appreciate）；反之，汇率上升表示外国货币升值或本国货币贬值。另一种被称为间接标价法，它是用一单位的本国货币作为标准，折算为一定数额的外国货币来表示，用这种标价方法，一单位本币折算的外国货币量增加，表示本国货币升值或者外国货币贬值；反之，表示外国货币升值或本国货币贬值。

（二）汇率制度

世界上的汇率制度主要有固定汇率制度与浮动汇率制度。固定汇率制是指一国货币同他国货币的汇率基本固定，其波动限于在一定的幅度之内。浮动汇率制是指一国中央银行不规定本国货币与他国货币的官方汇率，听任汇率由外汇市场的供求关系自发地决定。浮动汇率制又分为自由浮动与管理浮动，前者指中央银行对外汇市场不采取任何干预措施，汇率完全由外汇市场的供求力量自发地决定。后者指实行浮动汇率制的国家，对外汇市场进行各种形式的干预活动，主要是根据外汇市场的供求情况售出或购入外汇，以通过对外汇供求的影响来影响汇率。

（三）购买力平价理论

购买力平价理论是关于汇率决定的理论中最有影响的一种，是由瑞典学者卡赛尔在其《1914 年以后的货币和外汇》一书中提出来的。该理论认为，本国人之所以需要外国货币，是因为它在外国具有对一般商品的购买力。因此，两国货币的汇率，取决于这两种货币的购买力之比，汇率的变动也决定于两国货币购买力的变动。尽管货币的购买力难以衡量，但由于货币购买力与价格水平成反比例关系，因此，汇率就由两个国家的价格水平决定，价格水平的变化会导致汇率的变动。

购买力平价理论是建立在除货币以外其他因素如通货膨胀、利率等因素都保持不变的基础上的。由于这些条件在现实中难以完全满足，因此，购买力平价理论不能很好地解释短期汇率的波动。但这一理论给出了货币间兑换的实质，即购买力的比较，因此，购买力平价理论更多的是作为解释汇率长期变化趋势的一种理论。

第二节　开放经济中的国民收入均衡与调节

在一个开放的经济中，世界各国的需求、就业、物价变动和进出口都是相互联系的，因此，全球性的经济萧条和经济繁荣会影响到每一个国家，影响到每一个人，谁都躲不开经济萧条的困扰，也尽可以分享经济繁荣的成果。

在本节中我们先介绍国民收入的内在均衡和外在均衡的含义，然后说明如何通过各种宏观经济政策的搭配使用来尽可能地实现二者的同时均衡，或者尽可能地使政策的效果达到最优。

一、国民收入的内在均衡和外在均衡的含义

所谓国民收入的内在均衡，指的是一国国内既无通货膨胀，又能实现充分就业的均衡。所谓对外均衡，指的是一国既无国际收支盈余，又无国际收支逆差的均衡。关于国民收入的内在均衡，前面已进行过论述。在开放经济中，影响外在均衡的因素主要有：总需求、价格水平、汇率、利率等，为了便于分析，我们假设其他条件不变，仅仅分析总需求对外在均衡的影响。

开放经济中的总需求与封闭经济是不同的，要在封闭经济的总需求基础上加上一个净出口的因素，因为净出口代表了国外对国内产品的总需求，即

总需求＝消费+投资+政府支出+净出口

下面我们用IS-LM模型来分析开放经济中的国民收入均衡。为了分析的简便，我们只考虑经常项目的影响，并且假设出口不变，进口取决于国民收入并与国民收入同方向变动，其中购买进口品的收入的变动量占国民收入变动量的比例称为边际进口倾向（marginal propensity to import），如图12-1所示。

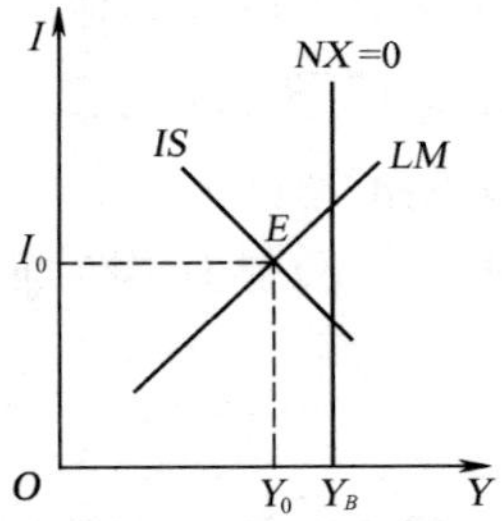

图12-1　开放经济中的国民收入均衡

在图12-1中，IS曲线与LM曲线相交于E，决定了利息率为I_0，国民收入为Y_0，$NX=0$代表了外在均衡，即贸易收支平衡，此时国民收入$Y=Y_B$。仍然假设出口不变，进口是国民收入的函数。当$Y<Y_B$时，此时进口小于Y_B时的进口，贸易收支有盈余；同理，当$Y>Y_B$时，贸易收支有赤字。

二、国际经济中的“传递性”（transmission）

在开放经济中，世界各国的经济是相互影响的，彼此之间的关系密不可分，一个国家的萧条或通货膨胀会蔓延到其他国家甚至全世界。这种各国经济的相互依赖性，就称为国际经济的“传递性”。这种传递性，会通过多种渠道发生，如国际贸易渠道、国际资本渠道、国际人力流动渠道，我们以国际贸易渠道为例来说明。

我们首先把一国经济划分为开放部门和非开放部门，开放部门指直接与国外市场有联系的部门，非开放部门指与世界市场没有直接联系的部门。一般而言，通过国际贸易渠道“传递”的具体过程如下。

世界市场价格变动→国内开放部门价格变动→国内非开放部门价格变动→产量与就业变动。

因此，国内产量与就业的变化间接地受到世界市场价格变化的影响。

影响国际贸易渠道“传递”的因素如下。

第一，一国经济的开放程度，也就是一国与世界市场有直接联系的部门在国民经济中所处的地位。具体地说，一国的生产量、消费量和就业量在多大程度上与世界市场有关，这对于传递具有重要影响。一国经济开放程度越大，则通过国际贸易渠道对该国经济的影响也越大。

第二，一国进出口在世界进出口中所占的比重，以及一国对某些世界性产品的供需在该种产品的世界供需中所占比重，也就是一国贸易结构对传递的影响。

第三，双边关系对传递的影响。两国贸易的依赖程度越高，互相受对方经济的影响就越大。例如，甲国对乙国的贸易额在乙国对外贸易中所占比重很小，那么甲国的价格变动对乙国经济的影响可能就是无关紧要的了。

第四，“传递”过程与各国的经济政策有关。换言之，即有赖于各国政府采取何种政策来阻止本国经济可能遭到世界市场变动的冲击。

三、开放经济中国民收入的调节

在开放经济中，为了实现外在均衡和内在均衡，需要经济政策进行调节，这些政策主要包括：财政政策、货币政策、汇率调整等，根据经济中的不同情况采取不同的政策组合。我们首先介绍一下这些政策在国内均衡与国外均衡方面的不同效应。

第一，宽松的财政政策和货币政策将导致国内需求扩张和国家收支恶化。具体而言，它们对国内均衡和国外均衡的影响包括：①国内失业率下降；②为了满足扩张的国内需求，进口额增大，导致国际收支恶化；③工资上升，从而对出口不利；④通货膨胀率上升。

第二，紧缩的财政政策与货币政策将抑制国内需求，并使国际收支好转。具体包括：①国内失业率上升；②国内需求缩减，减少进口，导致国际收支好转；③通货紧缩，投资减少；④物价下跌。

第三，货币贬值。货币贬值对国内均衡和国外均衡的影响包括：①以外汇计算的出口价格下降，出口增大；②以本国货币计算的进口价格上升，进口减少；③出口增加和进口减少导致国内失业率下降；④出口增加和进口减少导致物价上涨。

第四，货币升值。货币升值对国内均衡和国外均衡的影响包括：①以外汇计算的出口价格上升，出口减少；②以本国货币计算的进口价格下降，进口增加；③出口减少和进口增加导致国内失业率上升；④出口减少和进口增加导致物价下跌。

由于上述政策的作用点是不一样的，因此，必须根据内在均衡和外在均衡的不同情况，灵活加以运用。我们以内在均衡和外在均衡的不同组合为例来加以说明。

第一种情况，内在均衡和外在均衡，这是最理想的情况，不需要政府采取任何调节措施。

第二种情况，内在均衡和外在不均衡，需要采取有助于恢复外在均衡的措施，例如，调整汇率。

第三种情况，内在不均衡和外在均衡，需要采取有助于恢复内在均衡的措施，例如，财政政策或货币政策。

第四种情况，内在不均衡和外在不均衡，又可以细分为以下四种类型。

1. 失业与国际收支赤字并存。此时，可以一方面扩大财政支出以消除失业，另一方面是货币贬值以扩大出口，同时实行紧缩的货币政策，以提高利率，减少资本外流。

2. 失业与国际收支盈余并存。此时，可以采取宽松的货币政策，降低利率以刺激投资和减少资本流入。但由于资本流入减少，可能引起国内资本不足，所以应同时采取增加货币供给量的金融措施。

3. 通货膨胀与国际收支赤字并存。此时，可以提高利率以抑制总需求减少资本外流。但由于资本外流的减少，又可能增加国内资本供给，达不到抑制总需求的效应，所以，应同时采取紧缩性的财政措施，以抑制总需求。

4. 通货膨胀与国际收支盈余并存。此时，可以一方面紧缩财政支出以抑制总需求，另一方面使货币升值以增加进口，同时采取紧缩性的金融措施，以配合紧缩性财政措施而发挥制止通货膨胀的作用。

从上面的分析可以看出，国民收入的内在均衡和外在均衡这两个目标有时是相互矛盾的，政府致力于达到内在均衡的政策有时会破坏经济的外在均衡，反之亦然。这些矛盾的存在经常使政府处于两难境地，因此，如何进行最优政策的配合、权衡地选择宏观调控措施就成为一个复杂的问题。一般来说，一个好的政策配合应该既考虑到国内外的经济状况、政府的政策目标，又考虑到政策的效应、社会的可接受程度，还要考虑到各种复杂的政治因素和国际关系，以及一国的历史传统等问题。

第三节　竞争优势理论

一、竞争优势理论——贸易理论的新发展

从20世纪80年代到90年代初，美国经济学家迈克尔·波特先后出版了《竞争战略》《竞争优势》《国家竞争优势》三部著作，提出了“竞争优势理论”，对传统的比较优势理论提出了挑战。

波特的国家竞争优势指的是该国的企业、行业的竞争优势。波特认为，决定一国兴衰的主要原因在于该国能否在国际市场上取得竞争优势，这种竞争优势根源于该国的主要产业是否具有竞争优势。

优势产业的建立决定于以下四个关键因素。

（一）生产要素

波特把生产要素分为初级生产要素和高级生产要素两种。初级生产要素包括天然资源、气候、地理位置、非技术人工和半技术人工等，这些要素是被动继承的，或是仅需要简单的私人及社会投资就能拥有的。这与比较优势论中的外生性生产要素概念基本是一致的。高级生产要素通常是创造出来的，包括现代化通信的基础设施、高等教育人力、大学研究所等。波特进一步指出，除了在天然产品或以农业为主的产业，以及对技能要求不高或技术已经普及的产业，初级生产要素的重要性已经越来越低。一个国家想要通过生产要素建立起产业的强大且持久的竞争优势，必须发展高级生产要素。但同时，初级生产要素的数量与素质又是创造高级生产要素所不能缺少的基础。

（二）国内需求

波特认为，扩大国内需求有利于形成规模经济，有利于提高产品的质量、档次和服务水平，也有利于在国际市场上取得竞争优势。

（三）相关支撑产业

相关支撑产业就是为主导产业提供投入的国内产业，包括上游供给产业及其他相关产业。波特认为，它是影响一国主导产业取得国际竞争优势、降低成本、提高质量和效率的重要因素。

（四）企业的战略结构和竞争

波特认为，政府既应为少数企业，也应为社会创造一种公平的竞争环境。

外部环境与企业的竞争能力息息相关，在激烈的竞争环境中，企业必须不断更新产品、提高效率，才能取得持久、独特的竞争优势。同时，激烈的竞争环境还迫使企业走出国门参与国际竞争。

除了以上四个关键因素外，波特认为，机遇和政府调节两个辅助因素对一国优势产业的建立也有一定的影响。机遇主要是指重要的新发明、重大技术变化、投入成本的巨变、外汇汇率的重大变化、需求的突变、战争等。机遇可能打断事物的发展进程，但对其竞争优势的影响并非是决定性的，能否利用机遇及如何利用，最终还是取决于以上四个关键因素。而政府的作用主要在于对四个关键因素起促进作用，比如，政府可以通过补贴、制定相应的教育政策等形式加快高级要素的培育，可以通过种种方式促进相关产业和支持产业的发展，可以采取一定的措施优化企业的竞争环境等。

二、竞争优势理论与比较优势理论的不同之处

第一，比较优势理论以完全竞争市场作为理论分析的假设前提，从全球的角度出发，侧重于世界范围内的生产效率和资源配置水平的提高；而竞争优势理论则以不完全竞争市场作为理论前提，从国家的角度出发，考虑怎样才能使一国在国际贸易活动中得到更多的福利，生产效率得到更大的提高，在国际分工中占据更有利的地位。因此，后者比前者更具现实意义。

第二，比较优势理论强调的是静态的比较利益，认为各国的贸易活动主要建立在一国现有的要素禀赋上，即建立在自然资源、廉价劳动力等初级要素上；而竞争优势理论则强调动态的竞争优势的获得，强调创新机制对一国经济发展的重要性。

第三，传统的贸易理论认为，只要按照比较优势原理进行国际分工，参加贸易的各国就能获得更大的贸易利益，市场机制会自动根据比较优势原理安排贸易格局；而波特的竞争优势理论则强调了国家对企业竞争优势的培育和促进所起的积极作用。

思考与练习

一、基本概念

开放经济　封闭经济　绝对利益原则　比较利益原则　俄林—赫克歇尔

定理　里昂惕夫之谜　外汇　汇率　竞争优势理论

二、练习题

1. 简述绝对利益原则和比较利益原则及其区别。

2. 简述购买力平价理论的主要内容。

3. 在开放经济中，宏观经济政策在调节国内均衡和国外均衡方面是如何发挥作用的？

4. 简述竞争优势理论的主要内容，并将其与比较优势理论做一比较。

第十三章

通货膨胀理论

本章学习重点

- 通货膨胀的含义及其衡量
- 通货膨胀的种类及其影响
- 通货膨胀的成因分析
- 失业与通货膨胀的关系
- 对付通货膨胀的主要政策

第一节　通货膨胀的描述

一、通货膨胀的含义及其衡量

通货膨胀（inflation）是一个我们耳熟能详的概念，又是一个很容易被误解的概念。关于通货膨胀的概念有很多种，我们可以把它归纳为以下 4 种类型：①通货膨胀是一种需求普遍过度的状况，即“太多的货币追求太少的货物”。②通货膨胀是货币存量或货币收入的增长。③通货膨胀是具有另外特征的物价水平的上涨——它不完全地被预料到；它导致物价进一步上涨；它并未增加就业和实际产量；它比某一“安全速率”更快。④通货膨胀是用黄金价格来计量的货币对外价值的下跌。

上述说法中前两个是从原因方面来定义的，后两个是从症状方面来定义的，然而，不管怎么说，通货膨胀总是同物价上涨和货币贬值联系在一起的。所以，通货膨胀的必然结果是，物价在上涨，货币购买力在下降。

我们给通货膨胀下的定义是这样的，通货膨胀是一般价格水平的持续的、普遍的和显著的上涨，一般价格水平是用价格指数来衡量的。价格指数（price index）是不同商品价格的加权平均，其中每种商品价格的权重反映着该商品的经济重要性。最常用的价格指数有消费物价指数、批发物价指数和国内生产总值折算指数。其中，消费物价指数（CPI）又称为零售物价指数或生活费用指数，它度量的是居民个人消费的商品和劳务零售价格的变化，如人们购买食品、衣服、住宅、燃料、交通、医疗、学费等商品的价格。批发物价指数（PPI）又称为生产者价格指数，是衡量各个时期资本品（生产资料）价格变化的指标。国内生产总值折算指数（GDP deflator），是衡量一切商品与劳务价格变化的指标，因此，它可以被看作是一个综合的价格指数。

以上三个指标都能反映出基本相同的通货膨胀率变动趋势，但由于各个指标所包括的范围不同，所以，数值并不相同。在这三种指数中，GDP 折算指数所包括的商品和劳务的范围最为广泛，能够较准确地反映最终商品和劳务的一般价格水平，故近年来许多学者将它视为衡量通货膨胀的最好尺度。但是，由于 GDP 折算指数的编制较为烦琐，时间间隔较长，不大适合作为政府制定政策的主要依据。而消费物价指数与批发物价指数由于所含范围相对较小，编制相对容易，又由于其中的消费物价指数与公众的生活水平联系最密切，因此，一般都用消费物价指数来衡量通货膨胀。

二、通货膨胀的种类

根据通货膨胀的严重程度，通货膨胀可以分为以下三种类型。

（一）温和的或爬行的通货膨胀（moderate or creeping inflation）

温和的或爬行的通货膨胀特点是价格上升缓慢，比例在 10%以内，也可以简单地称为通胀率为一位数。这个时候，价格相对稳定，人们信任货币，愿意持有货币，因为这些货币在一个月或一年以后几乎具有同样的购买力。许多国家都存在着这种类型的通货膨胀，一些经济学家并不十分害怕这种类型的通货膨胀，甚至有些人还认为这种缓慢而逐步上升的价格对经济和收入的增长有积极的刺激作用。

（二）奔腾的或加速的通货膨胀（galloping inflation）

奔腾的通货膨胀指年通货膨胀率在 10%~100%之间，也可以简单地称为通胀率为两位数。在这种情况下，货币流通速度加快，货币购买力下降，人们持有仅够维持日常交易所需的货币，他们囤积商品，购买房屋，昔日最辉煌的金融市场消失了，因为资本逃到了国外。许多拉美国家，如阿根廷和巴西，都曾在 20 世纪七八十年代经历过这样的通货膨胀。

（三）超级的或恶性的通货膨胀（hyper-inflation）

超级的或恶性的通货膨胀指通胀率在 100%以上，此时价格猛涨，货币购买力猛降，这种类型的通货膨胀不仅会对经济产生致命的冲击，还会威胁到社会的安定。恶性通货膨胀通常发生在革命或战争时期，如国民党垮台前的中国和一战后的德国，另外，俄罗斯和东欧在经济转型过程中也出现过这种类型的通货膨胀。以一战后的德国为例，1922 年 1 月到 1923 年 11 月，价格指数从 1 上升到 100 亿，假如一个人在 1922 年初拥有价值 3 亿美元的债券，两年之后这张债券居然不够买一块口香糖。

三、通货膨胀的影响

通货膨胀对经济的影响主要体现在两个方面：一是对收入分配的影响；二是对经济效率的影响。

关于通货膨胀对收入分配的影响，凯恩斯进行了极好的描述："随着通货膨胀的继续和现金实际价值逐月的大幅度波动，作为资本主义根本基础的债务人与债权人之间的所有持久性关系，变得极度混乱以至于几乎完全没有意义；而且，获得财富的过程退化为一种游戏和抽彩。"

通货膨胀像一个恶魔，它可以使人们的积蓄一夜之间化为乌有，也可以一夜之间诞生出百万富翁，它对收入的重新分配是随机的，正是在这个意义上，凯恩斯对其用"游戏和抽彩"来加以形容。总的来说，通货膨胀（我们在此指的是未预期的通胀）对收入分配的影响表现在以下几个方面，它会有利于一些人，而不利于另一些人。

首先，它有利于债务人，不利于债权人。前者向后者借债后，虽然到期如数奉还，但是因为货币已经贬值，债权人实际收回的购买力，小于他当时实际借出的购买力。因为通货膨胀的缘故，借款者借到了"昂贵的"货币而只需归还"便宜的"货币。例如，甲向乙借了 1 100 元钱，一年以后如数归还，但是由于这一年内发生了 10%的通货膨胀率，因此，乙收到的这 1 100 元钱实际上相当于 1 000 元的购买力。这样，债务人甲得到了好处，而债权人乙受到了损失。

其次，它有利于企业家，不利于工人。这一影响主要体现在工资上，根据公式：

$$\text{实际工资}=\frac{\text{名义（货币）工资}}{\text{价格指数}}$$

在发生通货膨胀的时候，虽然名义工资没变，但由于价格指数的上升，实际工资却下降了。当然，所有拿固定货币收入的劳动者和固定数目退休金的退休者都会受到损失。

最后，它有利于政府，不利于公众。由于个人所得税有着固定的起征点和征税等级，在一个人的货币收入增加时，他会被列入一个更高税率的纳税等级。因此，公众受到了损失，而政府却可以得到更多的财政收入，有些经济学家把这种财政收入称为“通货膨胀税”。

以上是未预期的通货膨胀对收入分配的影响。那么，在通货膨胀可以预期的情况下，它还会影响到收入的分配吗？一般认为是不会的，因为人们会根据预期进行相应的调节，比如，让名义工资随着价格指数上涨从而保证实际工资不变，而这种变化通常会在事先签订的工资合同中规定下来，债务人和债权人也会在签订信贷契约时考虑到通胀的情况而进行调整，从而消除通货膨胀对收入分配的不利影响。

那么，是不是预期到的通货膨胀（expectational inflation）就没有任何不良影响了呢？也不尽然，预期到的通货膨胀通常都具有自我维持的特点，或者说其具有惯性，因此，也称为惯性通货膨胀（inertial inflation）。就是说，通货膨胀会以同样的速度维持下去，直到意外事件（如石油危机、农业歉收、汇率变化，以及其他事件的经常性的冲击）使它改变。因为人们已经预期到了通胀的发生，所以他们会事先将这一因素纳入各种合同和非正式协议中，劳资双方在签订工资契约，借贷双方在签订信贷契约时都会将其考虑在内。比如说，如果工会预期到第二年的通胀率为 10%，他们会在年初签订工资合同时要求第二年的名义工资至少提高 10%，而这一举动就决定了第二年的通胀率肯定会在 10% 以上，因此，“对通货膨胀较高或较低的预期倾向于实现自己的预言”。

除了对收入分配的影响之外，通货膨胀对经济的另一方面的影响体现在经济效率上，它产生了额外的“皮鞋成本”和“菜单成本”，从而降低了经济效率。在市场经济中，价格是表示资源稀缺程度的信号，通货膨胀扭曲了价格，从而影响了市场机制正常发挥作用，扭曲的价格迫使人们花费时间和金钱去寻求更加准确的价格信息来适应货币尺度的变化，真正用于生产性投资的资源自然会减少；人们希望通过投资获得更大的收益，不愿意更多地从事实际工作。对于家庭来说，人们会尽量减少手中存放的现金，转而购买实物，大量的货币涌入市场寻找面包与住房。他们不得不频繁地出入银行——磨掉了鞋跟并浪费了宝贵的时间，这被称为“皮鞋成本”。“菜单成本”指的是企业要改变价格、印制新的价目表的成本，如饭店的菜单、商店的标签等。

以上是通货膨胀的经济影响。除此之外，通货膨胀还会造成严重的社会后果，引起社会各阶层之间的冲突，造成不安和动乱。正因为通货膨胀会带来社会动荡和政治危机，各个国家政府都视其为洪水猛兽，不惜一切代价地对其加以抑制。

第二节　通货膨胀的成因分析

按照货币主义经济学家弗里德曼的说法，造成通货膨胀的原因是“消费者的挥霍、企业家的贪婪、工会的得寸进尺，以及石油价格的不断提高等”，也就是我们下面所要介绍的需求拉动的通货膨胀，成本推动的通货膨胀（利润成本推动的通货膨胀、工资成本推动的通货膨胀）以及滞胀。除此之外，通货膨胀还包括供求混合推动的通货膨胀、惯性的或内生的通货膨胀，以及结构型通货膨胀，下面我们一一加以分析。

一、需求拉动的通货膨胀

需求拉动的通货膨胀（demand-pull inflation）又称超额需求通货膨胀，是指总需求超过了总供给引起的价格水平的上升。这是凯恩斯主义的解释，另外一种是货币主义的解释，即“太多的货币追求太少的商品”。

我们先来看凯恩斯主义的解释，用 $AD-AS$ 模型来加以说明，如图 13-1 所示。

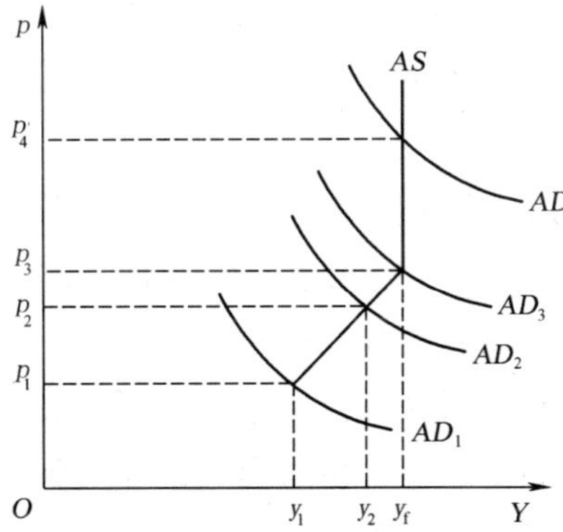

图 13-1　需求拉动的通货膨胀

在图 13-1 中，当总供给曲线 AS 为水平线时，随着总需求的增加，总需求曲线 AD 向右上方移动，价格水平 p 不变而产量 y 在增加，此时没有通货膨胀，或者说这时凯恩斯的需求管理政策是完全有效的。当总供给曲线向右上方倾斜时，随着总需求的增加，总需求曲线由 AD_1 向右上方移动为 AD_2，AD_3，此时产量在增加（由 y_1 增加到 y_f），价格也在上升（由 p_1 上升为 p_3），由于此时的价格上升主要是由于劳动、原料、生产设备等的不足而使成本提高引起的，因此称为瓶颈式的通货膨胀，凯恩斯也把其称为半通货膨胀。之所以不称为真正意义上的通货膨胀，是因为这种通胀毕竟提高了产量。当总供给曲线为垂线时（即实现了充分就业以后），此时再增加总需求，只会使价格水平提高（由 p_3 上升为 p_4），而无助于产量的增加（保持在 y_f 不变）。这种通胀凯恩斯称为真正的通货膨胀。

货币主义的解释是以货币数量论为基础的，按照交易方程 $MV=PY$，由于货币流通速度 V 取决于制度因素，短期内是不变的；而商品和货币的交易总量 Y 决定于资源和技术条件，短期内也难有大的增长，因此，P 的变化就取决于 M 的变化，或者说，价格水平与货币供给量按统一比例增长。货币主义的代表人物米尔顿·弗里德曼对此做了形象的比喻。他认为，通货膨胀只是因为“脸盆里的货币溢出过多”，因此，只要“关闭货币水龙头，就可以制止在浴室中溢流满地的通货膨胀”。其相应的政策建议就是政府要严格控制货币供应量，使之与经济增长率保持一致，以抑制通货膨胀。

二、成本推动的通货膨胀

成本推进的通货膨胀（cost-push inflation）又称为成本通货膨胀或供给通货膨胀，是指由于供给方面成本的提高而引起的一般价格水平持续而显著的上涨，包括利润成本推动的通货膨胀（profit-push inflation）和工资成本推动的通货膨胀（wage-push inflation）。经济学家认为，这两种通胀的原因在于工会的垄断与厂商的垄断，总体上是由于市场的不完全性造成的。

（一）利润成本推动的通货膨胀

利润成本推动的通货膨胀又称价格推动的通货膨胀，指市场上具有垄断地位的厂商为了增加利润而提高价格所引起的通货膨胀。在不完全竞争的市场上，部分具有垄断地位的厂商为了增加利润而提高价格，引起通货膨胀。

我们用 $AD-AS$ 模型来表示成本推动的通货膨胀。由于成本的提高，供给会减少，总供给曲线 AS 向左上方平移，此时，价格水平上升了，而总产量却下降了，如图 13-2 所示。

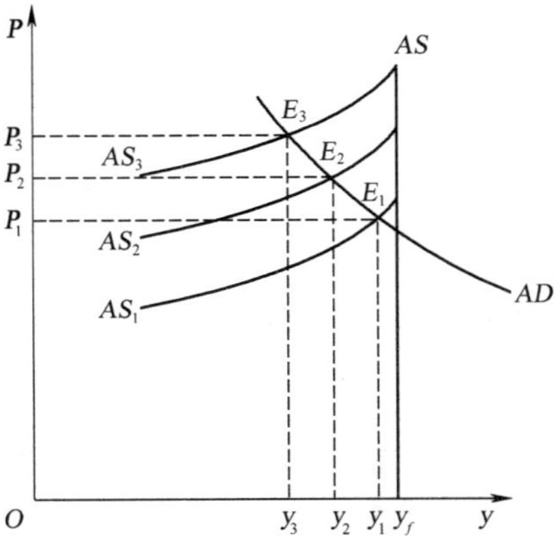

图 13-2　利润成本推动的通货膨胀

（二）工资成本推动的通货膨胀

由于工资是成本的主要部分，因此，工资提高、成本增加从而引起价格上升。工资的增加往往先从个别部门开始，但是由于各部门之间的工资存在着攀比行为，个别部门工资的增加往往会导致整个社会的工资水平上升，从而引起普遍的通货膨胀。而且，这种通胀一旦开始，还会形成“工资—物价螺旋式上升”（wage-price spiral），即工资上升引起物价上升，物价上升又引起工资上升，这样，工资与物价不断互相推进，形成严重的通货膨胀。

（三）对滞胀的分析

滞胀（staginflation）是“停滞膨胀”的简称，“滞”指经济停滞，失业严重，“胀”指通货膨胀严重，滞胀就是高通货膨胀率、高失业率和低经济增长率交织并存的状态。我们可以看到，成本推进型的通货膨胀一旦发生，就一定是滞胀，此时将使政策制定者处于进退两难的境地。我们用 20 世纪 70 年代美国的情况来说明。

图 13-3 表示的是美国 1973 年（*E* 点）和 1975 年（*A* 点）间的情况。1973 年，总需求曲线 *DD* 与总供给曲线 S_0S_0 相交于 *E* 点，此时 GNP 为12 350 亿美元，价格指数 P 为 106。但是由于 1973—1974 年 OPEC 提高石油价格，使得成本提高，从而供给减少，1975 年的总供给曲线 S_0S_0 向左上方平移为 S_1S_1，与原来的总需求曲线 *DD* 相交与 *A* 点，此时的 GNP 为 12 000 亿美元，价格指数 *P* 为 127，GNP 下降了约 350 亿美元，而价格水平却上升了约 20%，出现了滞胀现象，此时政府将进退两难。首先，如果政府的目标是保持产量

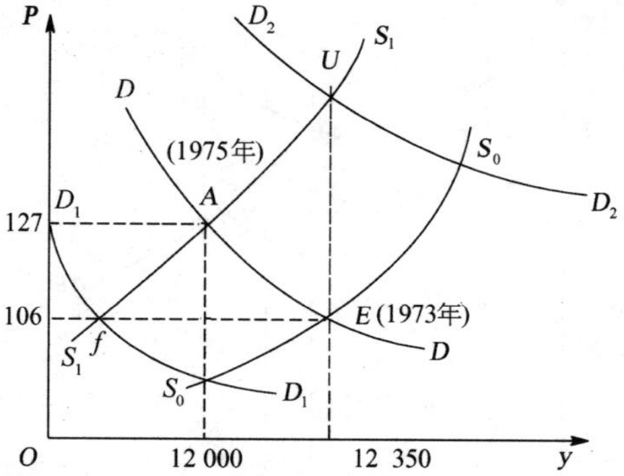

图 13-3 滞胀

不变，按照凯恩斯的需求管理政策，需要采取扩张性财政政策与扩张性货币政策，使总需求曲线从 DD 向右上方平移为 D_2D_2，与总供给曲线 S_1S_1 相交于 U 点，这样保证了产量不下降，但是价格水平上升得更多；反之，如果政府的目标是保持价格水平不变，需要采取紧缩性财政政策与紧缩性货币政策，使总需求曲线从 DD 向左下方平移为 D_1D_1，与总供给曲线 S_1S_1 相交与 f 点，这样保证了价格不上升，但是产量下降得更多。

三、供求混合推动的通货膨胀

在现实的经济生活中，需求拉动和成本推动的通货膨胀是紧密联系和相互作用的，即“拉中有推，推中有拉”，从而形成供求混合推动的通货膨胀。如果通货膨胀是由需求拉动开始的，即过度需求的存在引起物价的上升，物价的上升引起工资的增加，从而引起成本的增加，供给减少，供给曲线向左上方平移，产量下降而价格上升，导致成本推进的通货膨胀；反之，如果通货膨胀是由成本推动开始的，即成本增加引起物价上升，此时如果没有总需求增加，大量商品积压，厂商会缩减生产，解雇工人，最后是成本推进的通货膨胀中止。也就是说，如果单纯是成本的推进，没有需求的拉动，通货膨胀也无法维持下去。

四、惯性的或内生的通货膨胀

惯性的或内生的通货膨胀（inertial inflation），指通货膨胀在可以预期的情况下具有自我维持的特点，这既是通货膨胀的一种类型，也是形成通货膨胀的一个原因。当人们预期到通货膨胀发生时，他们就会按照这种预期行事，调整工资或借贷合约的利息，这样，即使最初引起通货膨胀的原因消失了，通货膨胀也会由于人们的预期而维持相当一段时间，就像我们前面所介绍的那样，“对通货膨胀较高或较低的预期倾向于实现自己的预言”，人们对通货膨胀的预期心理引发了真正的通货膨胀。

五、结构型通货膨胀

结构型通货膨胀（structural inflation），指的是由社会经济中各部门的结构性因素引起的一般物价水平的持续上涨，这种通货膨胀理论与需求拉动或成本推进的通货膨胀理论不同，它不直接从需求方面或成本方面说明物价的上涨，而是强调部门结构方面的原因。这种理论认为，社会经济可以从不同角度划分成许多部门，如按与世界市场的联系划分，可分为开放型经济部门和非开放型经济部门，按经济增长率划分，可分成扩展部门和衰退部门。其中，开放型经济部门和扩展部门劳动生产率提高得快，从而工资增长得也快；非开放型经济部门和衰退部门劳动生产率提高得慢。但是由于在工资上存在一种攀比行为，有一种“赶上”（catch up）过程，因此，也要求向高工资看齐，从而在全社会造成货币工资增长率超过劳动生产率增长率，形成通货膨胀。

第三节　失业与通货膨胀的关系

除通货膨胀之外，失业是困扰各国政府的另一个重要问题。能够同时达到低失业率和低通胀率自然是十分美好的，但无情的现实却时常粉碎人们的梦想。那么，失业与通胀到底是什么关系呢？我们在本节对此进行分析。

一、失业与就业

在分析失业与通胀关系之前，我们先对失业与就业的概念作一简单介绍。

充分就业（full-employment）并非人人都有工作，只要消灭了非自愿失业，就实现了充分就业。可见，充分就业的含义是用失业来界定的。失业包括两种，即非自愿失业和自然失业。自然失业指由于经济中难以避免的原因造成的失业，包括由于劳动力正常流动而引起的“摩擦性失业”，由于某些工作的季节性特点而引起的“季节性失业”，由于技术进步导致某些技术水平低的工人失业的“技术性失业”，以及某些工人由于不满足目前的工作而去寻找理想工作的“求职性失业”等。这些原因是任何一个经济社会都难以克服的，因此，这些失业是难免的。自然失业是与充分就业同时并存的，充分就业时也有失业，充分就业时的失业就是自然失业。

非自愿失业又称为周期性失业，指由于需求不足造成的失业。由于它通常与经济周期的萧条阶段相联系，因此，又称为周期性失业，这才是一个社会真正要消除的失业。按照凯恩斯主义的观点，造成周期性失业的原因是有效需求不足。有效需求不足产生于三个基本心理规律：边际消费倾向递减规律引起消费不足，资本边际效率（投资的预期利润率）递减规律和流动偏好规律（利率存在下降刚性）引起投资不足，共同造成了有效需求不足。要消除周期性失业，就必须通过扩张性财政政策和扩张性货币政策来增加总需求。

与通货膨胀一样，失业的影响也是多方面的，它导致了国民收入的减少，浪费了人力资本，而且会影响到社会的稳定。关于失业率与实际 GDP 增长率之间的关系，美国经济学家阿瑟·奥肯提出了如下说法：失业率每上升一个百分点，实际 GDP 的增长率下降两个百分点，被称为奥肯定理。奥肯定理说明了失业给实际 GDP 增长带来的损失，在许多国家的检验过程中，奥肯定理显示出了令人吃惊的正确性。

二、失业与通货膨胀的关系

失业与通胀的关系是宏观经济学分析的一个重要问题，也是各个学派争论的热点问题。菲利普斯曲线作为分析二者关系的简单工具，得到各个学派的青睐，我们首先介绍这一曲线。

（一）菲利普斯曲线

菲利普斯曲线（phillips curve），是英国伦敦经济学院的教授菲利普斯在 1958 年提出来的。他根据英国在 1861—1957 年的统计资料得出结论：货币工资变动率和失业率之间存在着此消彼长的负相关关系，即失业率低时，货币工资增长率就高，反之，失业率高时，货币工资增长率就低，如图 13-4 所示。

由于货币工资增长率扣除劳动生产率增长率就可以表示通货膨胀率，因此菲利普斯曲线事实上描绘了通货膨胀率与失业率之间的关系，二者就像

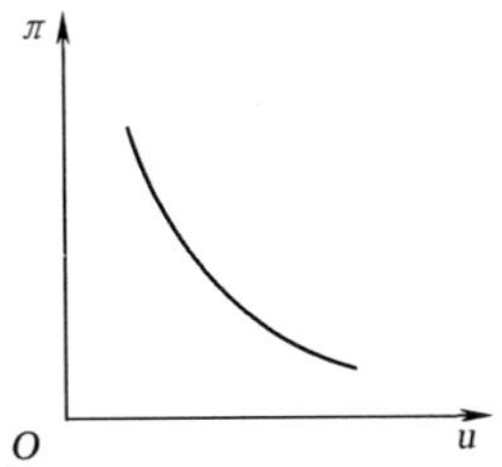

图 13-4　菲利普斯曲线

"跷跷板"，一高一低。凯恩斯主义、货币主义与理性预期学派正是以菲利普斯曲线为工具，对通胀与失业的关系作出了不同的分析，从而表明了他们对于宏观经济政策的不同态度。

（二）凯恩斯主义、货币主义和理性预期学派对菲利普斯曲线的看法

（1）凯恩斯主义认为，无论是短期还是长期，菲利普斯曲线都是向右下方倾斜的，从而宏观经济政策都是有效的。

20 世纪 60 年代初，新古典综合派经济学家萨缪尔森和索洛用统计资料证明了菲利普斯曲线所表示的关系在美国同样存在，并以此来指导宏观经济政策。这就是说，当失业率高时，实行扩张性的财政政策与货币政策，以一定的通货膨胀率为代价来换取失业率的下降；当通胀率高时，实行紧缩性的财政政策与货币政策，借助提高失业率来降低通货膨胀率。这样，可以把通货膨胀率和失业率控制在社会可接受的水平之内。

（2）货币主义认为，在短期内，菲利普斯曲线是向右下方倾斜的，宏观经济政策是有效的；在长期内，菲利普斯曲线是一条垂线，宏观经济政策是无效的。

20 世纪 60 年代末 70 年代初，高失业率与高通胀率同时并存的滞胀局面导致了对菲利普斯曲线的重新解释。美国经济学家弗里德曼和费尔普斯引入了适应性预期（adaptive expectation）的概念，认为菲利普斯曲线在短期和长期之内是不同的。短期内，当政府用扩张性财政政策和货币政策刺激经济，发生通胀时，由于"货币幻觉"，人们作出了错误的判断，厂商把自己产品货币价格的上升误认为是实际价格的上升，工人也把自己货币工资的上升误认为是实际工资的上升，因此，厂商扩大生产、工人增加就业，失业率下降。

长期中，人们会调整自己的预期值，使通货膨胀的预期值与实际值一致，厂商缩减生产、工人减少就业，失业率回到原来的水平。通货膨胀率提高并没有降低失业率，即长期内通货膨胀率与失业率的负相关关系并不存在，菲利普斯曲线是一条垂线，如图 13-5 所示。

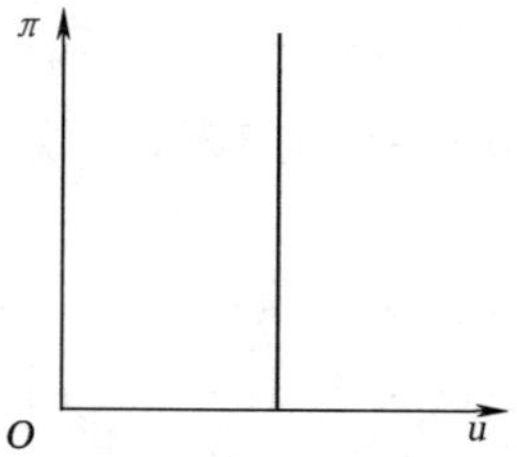

图 13-5　垂直的菲利普斯曲线

综上所述，货币主义的观点是，短期内政府可以降低失业率，但是必须以不断恶化的通货膨胀为代价，但在长期内，这种政策不会有效，即短期内宏观经济政策是有效的，长期之内是无效的。

（3）理性预期学派认为，无论是短期还是长期，菲利普斯曲线都是一条垂线，失业率与通胀率之间的交替关系均不存在，宏观经济政策是全盘无效的。

理性预期学派对菲利普斯曲线的解释比货币主义又进了一步，他们依据的预期是“理性预期”（rational expectation），即人们会利用其得到的全部信息，作出正确的预期。无论是短期还是长期，都不会有“货币幻觉”，对通货膨胀的预期值与实际值总是一致的。在这种情况下，以人们预期的错误为基础的宏观经济政策就不再有效了，因为理性的人根本就不会犯预期上的错误。正像一句谚语所说的那样：“你可以在一时欺骗所有人，也可以永远欺骗一些人，但不能永远欺骗所有人。”

综上所述，理性预期学派的观点是，无论是短期还是长期，菲利普斯曲线都是一条垂线，宏观经济政策都是无效的。因此，他们提出“听之任之，无为而治”，“信誉重于规则”，政府需要做的就是将政策公之于众，取信于民；反之，用欺骗的手法不仅对政策目标无益，而且会引起更大的经济灾难。

围绕菲利普斯曲线的争论实际涉及国家是否应该干预经济这个重大问题。由于凯恩斯主义属于国家干预主义，在政策上主张国家用宏观经济政策调节经济，因此，他们承认菲利普斯曲线所表示的失业与通货膨胀之间的交替关系。货币主义与理性预期学派同属于新古典宏观经济学，主张自由放任，反对国家干预经济，这样，他们都否认失业率与通货膨胀率之间的交替关系，尽管货币主义承认短期中的这种关系，但仍反对利用这种关系。

第四节　通货膨胀的应对措施

对于通货膨胀这一经济恶疾经济学家都积极探索相应的对策，可谓仁者见仁、智者见智。我们在这里主要介绍曾经对经济社会产生影响的几种政策。

一、财政政策和货币政策

财政政策和货币政策是凯恩斯主义对付通货膨胀的政策，主要对付需求拉上的通货膨胀，属于需求管理政策。凯恩斯主义认为，既然引起通货膨胀的原因在于需求过多，那么，通过财政政策和货币政策来抑制需求就可以了。紧缩性的财政政策包括减少政府支出和增加税收，这样直接降低了总需求；紧缩性的货币政策包括用公开市场卖出政府债券、提高贴现率、提高法定准备率来减少货币供应量，这样通过利息率的提高间接降低了总需求，在实施上还要根据具体情况对财政政策和货币政策进行配合使用。比如，在通货膨胀十分严重时，应该采取双紧的政策，即同时采取紧缩性财政政策和紧缩性货币政策；当出现通货膨胀但又不太严重时，采用紧缩性财政政策来降低总需求，同时采用扩张性货币政策来降低利率，以免财政过度紧缩而引起经济衰退。

财政政策和货币政策几乎是所有国家用来反通货膨胀的传统政策，其代价是失业和经济衰退。根据代价的大小，又可以具体分为“渐进主义”方法和“冷火鸡”式的方法。前者是指用较长的时间和较低的失业率来换取通胀率的降低，后者是指用较短的时间和较高的失业率来换取通胀率的降低。具体采取哪种政策，需要政府对经济、政治乃至社会安定等多方面因素进行权衡来作出决定。

二、收入政策

当通货膨胀率高到不可忍受的程度时，如果采取紧缩性的财政和货币政策，大幅度降低社会总需求，虽然可以立竿见影地达到遏制“经济高烧”的目的，但整个社会必须承受生产滑坡和失业增加的痛苦；而如果想把失业率降低，那经济又只能冒着螺旋式上升的通货膨胀的危险来运行。通胀与失业就像一对孪生的经济魔鬼，一方的降低总会以另一方的上升为代价，使人们鱼和熊掌不能兼得。

要想摆脱这种必须以高失业来换取低通货膨胀的残酷的两难处境，就必须寻找除了财政政策和货币政策之外的其他方法来遏制通胀。通过控制工资与物价来直接缓和通货膨胀的政策称为“收入政策”。

收入政策具体来说又包括工资—物价冻结、工资—物价指导、税收刺激政策三种形式。我们在第十一章第四节中做过介绍，在此不再赘述。

三、指数化政策

既然消除通货膨胀需要付出严酷的代价，而降低失业率又很困难，于是经济学家产生了这样的想法：有时并没有必要通过紧缩经济和增加失业来消除通货膨胀，我们尽可以像对待自己身体的慢性疾病一样，把通货膨胀当成是不危害肌体生命的非健康细胞，学会与之共存。

我们知道，通货膨胀最大的不利影响体现在收入分配上，使一些人受益，一些人受害。要与之共存就必须尽可能地减轻其副作用。“指数化”政策就是美国经济学家弗里德曼提出的一项对付通胀的方案，它是指定期根据通货膨胀率调整各种收入的名义价值，以使其实际价值保持不变。这种方案实际是一种对工资、收益和各种合约由于一般价格水平的变化而遭受的损失，予以部分的或是全部补偿的机制。指数化方案主要包括：工资指数化和税收指数化，除此之外，利率、租金、债券、长期产业合同等都有必要指数化，以抵消物价波动对收入的影响，消除通货膨胀带来的不平等现象，杜绝增强通货膨胀的动机。

四、供给学派的减税政策

供给学派认为，对付成本推进的通货膨胀最有效的办法是减税。对于消费者来说，减税增加了可支配收入，刺激了消费需求；对于投资者来说，减税增加了缴税后的资本收益，刺激了投资需求，这样就提高了人们的劳动积极性和投资意愿，促进了总供给的增加。因此，减税既可以降低通货膨胀率，又可以增加就业，这种方法在 20 世纪 80 年代被里根政府所采纳并取得一定的效果。

五、货币主义的“单一规则”的货币政策

货币主义的代表人物弗里德曼曾指出，“通货膨胀无论何时何地都是一种货币现象”，因此，要治理通胀，管住货币就可以了。他建议，政府要严格控制货币供应量，使之与经济增长率保持一致，这样就可以抑制通货膨胀。根据他的估计，美国年产量平均增长约为 3%，劳动力每年增长约1%~2%,二者相加，货币供给的每年增长率可定在 4%~5%之间，以使物价稳定，这就是他的“单一规则”的货币政策。按照这样简单不变的规则行事，政府就可以以静制动，以不变应万变。

1979 年，撒切尔就任英国首相以后，开始推行单一规则的货币政策，在一定程度上遏制了通货膨胀，使英国的通胀率从 1979 年 5 月的 8.5%和 1980 年的 21.9%，下降到 1983 年中期至 1984 年中期的 4%。但是，通胀率下降了，失业率却上升了，同一时期失业人数从 100 万上升到 300 万，可见，在抑制通货膨胀的过程中，代价是不可避免的。

思考与练习

一、基本概念

通货膨胀　非自愿失业　菲利普斯曲线　收入政策　指数化政策

二、练习题

1. 根据通货膨胀的严重程度，通常把通货膨胀分为哪三种？
2. 简述通货膨胀对经济效率的影响。
3. 用 AD-AS 模型说明需求拉动的通货膨胀。
4. 成本推进的通货膨胀又可以分为哪几种类型？试做一比较。
5. 凯恩斯主义、货币主义和理性预期学派对菲利普斯曲线的不同看法如何说明了他们对于宏观经济政策的不同态度？
6. 简述对付通货膨胀的主要政策。

第十四章

经济增长与经济发展

本章学习重点

- 经济周期的含义、类型及其成因
- 经济增长的含义和特征，以其与经济周期的异同
- 三大经济增长模型
- 丹尼森和库兹涅茨对经济增长因素的分析
- 增长极限论和增长价值怀疑论的主要内容
- 经济增长与经济发展的主要区别

发展是一个古老而又永恒的话题，走什么样的发展道路，则是国际社会近年来争论不已、莫衷一是的热点话题。在人类已经踏入 21 世纪的今天，各个国家都在探索、寻求适宜自己的发展途径，以在世界经济中立于不败之地。

经济周期、经济增长、经济发展这些看似相近并且为我们耳熟能详的概念实际有着不同的含义。本章将对以上问题进行较为详细的探讨。

第一节　经济周期的性质与成因

1825 年，英国爆发了历史上第一次生产过剩性经济危机，从此以后，世界经济就一直在繁荣和萧条中交替发展，经济周期理论也成为经济学的主要研究内容之一。经济增长理论与经济周期理论有着极其密切的联系，二者实际是同一个问题的两个方面，前者研究经济的长期增长，后者研究经济的短期波动。由于每个社会的经济都是在波动中实现增长的，因此，经济周期与经济增长理论都是我们需要了解的内容。

一、经济周期的含义

经济周期也称为商业循环（business cycle），指的是经济活动的繁荣与萧条交替出现的周期性波动，这种波动通过国民生产净值、工业生产指数、就

业人数、物价水平等综合性经济指标表现出来。美国经济学家 W·米契尔（W. Michell）和 A·伯恩斯（A. Burns）给经济周期下了这样的定义：经济周期是以商业经济为主的国家总体经济活动的一种波动，一个周期包括同一时间内许多经济活动中发生的扩张，继之以同样普遍的衰退、收缩，以及引起转入下一个周期扩张阶段的复苏，这种变化的顺序重复出现。这个定义虽然普遍被西方学者所接受，但略显晦涩。萨缪尔森从经济周期的特征出发对其进行了较为形象的描述："在繁荣之后，可以有恐慌与暴跌。经济扩张让位于衰退。国民收入、就业和生产下降。价格与利润跌落，工人失业。当最终达到最低点以后，复苏开始出现。复苏可以是缓慢的，也可以是快速的。新的高涨可以表现为长期持续的旺盛的需求，充足的就业机会、增长的生活标准。它也可以表现为短暂的价格膨胀和投机活动，紧接而至的是又一次灾难性的萧条。简单说来，这就是所谓'经济周期'。"

经济周期是经济的繁荣时期和萧条时期的更迭。每一个经济周期大致经历四个阶段：繁荣（prosperity）、衰退（recession）、萧条（depression）和复苏（recovery），转折点是顶峰（peak）和谷底（trough），顶峰是繁荣的极盛时期，也是由繁荣转向衰退的开始，谷底是萧条的最严重时期，也是由萧条转向复苏的开始，如图 14-1 所示。

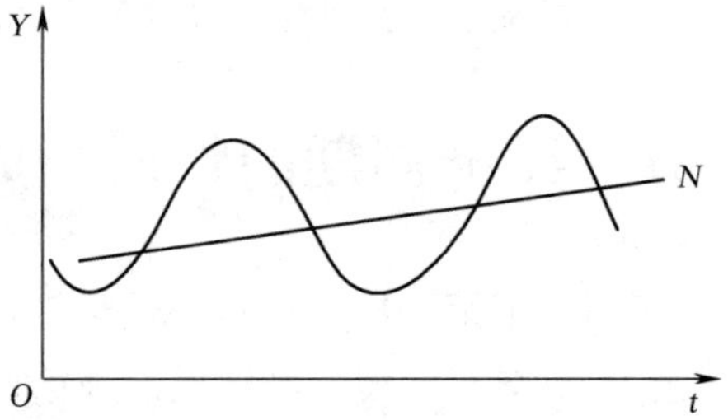

图 14-1　经济周期

经济周期的四个阶段各有自己的特点。

繁荣指经济活动水平变化的较高阶段。在繁荣阶段，现存的生产能力得到充分利用，投资迅速增加，就业增加，公众对未来乐观。到了最高点——顶峰阶段，就业与产量水平达到最高，劳动力与主要原材料都开始缺乏，增产的困难越来越大。由于生产的增加满足不了需求的增加，价格开始上涨，公众的情绪由乐观转为悲观。

衰退指经济活动达到最高点后趋于下降。根据美国的情况，国内生产总值（GDP）连续两季下降，即进入衰退时期。在衰退期间，生产普遍过剩，就业和产量水平下降，利润减少，投资急剧降至最低水平。

萧条指经济活动水平变化的较低阶段。其特点是生产急剧减少，投资减少，信用紧缩，失业严重，公众对未来悲观，可以用绝望（depression）这一令人生畏的名词来表示。萧条的最低点称为谷底，这时就业与产量跌至最低，公众消费水平下降，企业对经济前景缺乏信心，不愿进行投资。

复苏指经济活动走出低谷而趋于上升。在复苏阶段，机器设备开始更新，利润、就业量趋于增加，经济前景看好，投资的乐观主义代替了萧条时的悲观主义。

上述四个阶段又可以归纳为两个大的阶段，即扩张阶段和收缩阶段，其中，繁荣和复苏属于扩张阶段，衰退和萧条属于收缩阶段。

二、经济周期的类型

经济周期经过繁荣、衰退、萧条、复苏四个阶段所需要的时间称为经济周期的长度。根据经济周期的长度不同，经济学家把经济周期分为短周期、中周期和长周期。

（一）短周期——基钦周期（Kitchin cycle）

短周期或称短波，是美国经济学家基钦在 1923 年发表的《经济因素中的周期和倾向》一文中提出来的。他根据美国和英国的详细资料，提出了经济周期实际上有两种：大周期和小周期。小周期平均长度为 40 个月，大周期则是小周期的综合，一个大周期通常包括 2~3 个小周期。后来，熊彼特把这种约 40 个月的周期称为短周期或基钦周期。

（二）中周期——朱格拉周期（Juglar cycle）

中周期或称中波，是 1860 年法国经济学家朱格拉在《论法国、美国和美国的商业危机及其发生周期》一书中提出来的。他认为，危机或恐慌并不是一种独立的现象，而是经济社会不断面临的三个连续阶段中的一个，这三个阶段是繁荣、危机和清算。这三个阶段反复出现就形成了危机现象，平均每个周期为 9~10 年。后来熊彼特把这种周期称为中周期或朱格拉周期。

（三）长周期——康德拉季耶夫周期（Kandratieff cycle）

长周期或称长波，是经济学家尼古·康德拉季耶夫在 1926 年发表的《经济生活中的长度》一文中提出来的。他分析了法国、美国、英国、德国 100 多年的批发物价指数、利息率、工资和对外贸易、煤炭、生铁的产量和消费量，以及产量等的变动情况，认为经济中有一种平均长度为 50 年左右的长期循环。这种 50 年左右的长周期被称为康德拉季耶夫周期。

此外，还有另外一种长周期，即库兹涅茨周期。这是美国经济学家西蒙·库兹涅茨在 1930 年出版的《生产和价格的长期变动》一书中，考察了美、英、德、法、比利时 1866—1925 年 53 种商品的历史统计资料，认为经济中存在着长度为 15~25 年不等的长期波动，这种波动在美国的许多经济活动中，尤其是在建筑业中特别明显，所以又称“建筑业周期”。

需要特别加以说明的是，熊彼特在 1939 年出版的《经济周期》一书中，对上述三种周期进行了综合，指出经济社会存在三个层次的周期，即短、中、长三种周期。每一个长周期包括 6 个中周期，每个中周期包括 3 个短周期，其中短周期为 40 个月，中周期约为 9~10 年，长周期为 48~60 年。他以各个时期的“创新”为标志，划分了 3 个长周期：第一个周期，从 18 世纪 80 年代到 1842 年，是“产业革命时期”；第二个周期，从 1842 年到 1897 年，是“蒸汽和钢铁时期”；第三个周期，从 1897 年以后，是“电气、化学和汽车时期”，这种划分与康德拉季耶夫长周期基本一致。

三、经济周期的成因

对经济周期的成因，经济学家从不同角度提出了不同的解释，美国经济学家萨缪尔森将其分为内生经济周期理论和外生经济周期理论。

（一）内生经济周期理论

内生经济周期理论（endogenous business-cycle theory）是从经济体系内部寻找引起经济周期的原因，这种理论认为经济周期是由货币、消费、私人投资和心理等因素引起，具体来说又包括：纯货币理论、投资过度论、消费不足论和心理理论。

1. 纯货币理论（pure money theory）。该理论是指用货币因素来解释经济周期的理论，是 20 世纪初由英国经济学家霍特里（Hawtrey）提出。该理论认为，经济周期是一种纯货币现象。经济中周期性的波动完全是由于银行体系交替的扩大和紧缩信用所造成的。在银行扩大信用时，利息率下降，投资增加、生产扩张，收入增加，经济进入繁荣阶段；反之，当银行收缩信用时，利息率上升，经济进入萧条阶段。

2. 投资过度论（over-money-investment theory）。该理论把经济的周期性波动归因于投资过度。由于投资过多，与消费品生产相对比，资本品生产发展过快，资本品生产的过度发展促使经济进入繁荣阶段，但资本品过度生产从而导致的过剩又会促使经济进入萧条阶段。

3. 消费不足论（under-consumption theory）。该理论是用消费需求不足来解释生产过剩经济危机的成因。这是一种历史悠久的理论，早期的代表人物是英国经济学家马尔萨斯和法国经济学家西斯蒙第，近代的代表人物是英国经济学家霍布森。该理论认为，经济中出现萧条是由于社会对消费品的需求赶不上社会消费品生产的增长。他们对消费不足的原因的解释不同，西斯蒙第把消费不足的原因归结为公众的收入增加落后于生产的增长；马尔萨斯则把消费不足的原因归结为剥削者的储蓄过度；霍布森认为消费不足的根源在于国民收入分配的不平等。消费不足论的一个很大缺陷是，它直接解释了经济周期中危机产生的原因，而并未说明其他三个阶段，因而在周期理论中，它并不占有重要地位。

4. 心理理论（psychological theory）。这是一种用人的心理预期来解释经济周期的理论，是由英国经济学家庇古和凯恩斯提出的。该理论认为，造成经济周期性波动的原因是人们的乐观和悲观的情绪。当人们的情绪乐观时，投资者增加投资，消费者增加消费，引起经济高涨，走向繁荣；当人们处于悲观情绪时，会减少消费和投资，从而使经济由繁荣走向萧条。凯恩斯认为，企业家是否进行一项投资，并不是十分理性地进行冷静周密的计算再作出决定，而是一时“血气冲动”（animal spirits）的结果。由于人们情绪的乐观与悲观是周期变化的，因此，社会经济活动也相应出现周期性变动。

（二）外生经济周期理论

外生经济周期理论（exogenous business-cycle theory）是与“内生经济周期理论”相对而言的，是一种用经济体系以外的因素来解释经济周期的理论。这种理论认为，经济周期不是由经济体系本身的因素引起，而是由某些外在因素，如太阳黑子和气候的变化、战争、科学技术的重大发明创造等引起。具体来说又包括太阳黑子理论、创新理论和政治周期理论。

1. 太阳黑子理论（sun-spot theory）。该理论把经济的周期性波动归因于太阳黑子的周期性变化，由英国经济学家杰文斯提出。其基本观点是，太阳黑子活动频繁的年份引起农业减产，农业的减产影响到工业、商业、投资等活动的减少，从而引起萧条；反之，太阳黑子消失的年份经济会走向繁荣。太阳黑子的活动是有周期性的，这种周期性引起了农业与整个经济的周期性。1914 年，美国经济学家穆尔又创立了“雨量说”。认为在雨量充裕适中的年份，农业丰收、经济繁荣；反之，经济萧条。由于这些理论基本上是从影响气候到影响农业收成，从而影响经济入手来分析经济周期的，因此又称为“农业收获周期变动理论”。

2. 创新理论（innovation theory）。该理论是由美籍奥地利经济学家熊彼特提出的，熊彼特把经济周期性波动的原因归结为创新，即各种发明创造引起了经济的周期性变化。由创新引起经济周期的过程是：创新为创新者带来超额利润，引起其他企业仿效，导致投资增加、生产增长，经济走向繁荣；随着创新的普及，超额利润消失，投资下降、信用收缩，经济走向萧条。熊彼特还用创新的大小来解释经济周期的长短，他认为，小创新引起短周期，中创新引起中周期，大创新引起长周期。

3. 政治周期理论（political business-cycle）。该理论把经济周期性波动的原因归结为政府为有利于赢得选票而制定的周期性经济政策，这种经济周期随着选举的政治周期而变动，因而得名。政策制定者为了在选举中获胜，往往从选举的需要出发来制定经济政策。一般说来，在选举之前为了赢得选民，采取宽松的经济政策，如减税、增加政府支出、增加货币供给的办法来刺激经济发展，这就引起了选举前的经济繁荣；选举之后，为了制止宽松的经济政策引起的通货膨胀，不得不采取紧缩的经济政策，使经济走向衰退。

外生经济周期理论和内生经济周期理论从不同的因素和条件出发，对经济周期的原因作出了解释。但是，经济周期是一种涉及经济体系各部分的复杂现象，是由许多因素决定的。因此，既不能用纯粹的内部原因也不能用纯粹的外部原因来解释经济周期，而应当用两种因素的结合和相互影响来做出解释。从大多数经济学家的观点来看，都倾向于把投资看作经济周期的主要原因。实际上，投资是一个既有内在特点，又有外在特点的因素，投资是内因是毋庸置疑的，但像重大的创新、人口增长、商业创新等外在因素也会影响投资，从而影响到经济的周期。我们下面就介绍以投资和收入相互关系来解释经济周期的一个模型——乘数—加速数模型。

（三）乘数—加速数模型

乘数—加速数模型（multiplier-accelerator model），是用乘数和加速原理的相互作用来解释经济周期性波动的一种理论，是由美国经济学家 A·汉森和 P·萨缪尔森提出的，因此又称为“汉森—萨缪尔森模型”。这一模型说明，投资或总需求的其他部分（如政府支出）的变动会通过乘数作用影响国民收入，而国民收入的变动又会通过加速原理来影响投资，正是这种乘数与加速数的相互作用使经济形成了周期性波动。

我们知道，当投资或总需求的其他部分（我们下面仅以投资为例加以说明）增加（或减少）一定数额时，会使国民收入产生成倍地增加（或减少），这个倍数就是乘数，所以乘数可以定义为收入的变化与引起这种变化的投资变化的比率。反过来，收入的变化又会引起投资若干倍数的变化，这个倍数就是加速数。所以，投资和收入之间是相互影响、相互作用的，乘数原理强调的是投资对收入的影响，加速原理强调的是收入对投资的影响。

在凯恩斯的分析框架里，只强调了乘数原理的作用，而忽略了加速原理的作用，后来由汉森和萨缪尔森加以弥补，提出了汉森—萨缪尔森模型，用乘数和加速原理的双重作用说明经济的周期性波动，这样就将凯恩斯的国民收入理论动态化了。

该模型的基本公式是：

$$Y_t = C_t + I_t + G_t$$

式中，C_t 为本期消费，是上期收入的函数，即 $C_t = \alpha Y_{t-1}$；I_t 为本期投资，且 $I_t = \beta\,(C_t - C_{t-1})$；$\alpha$ 为边际消费倾向，β 为加速数。

这样，在边际消费倾向、加速数、政府支出都为常数的情况下，随着投资的变动，国民收入会出现有规律的周期性波动，如果想要熨平这种波动，可以通过政府对 α、β、G_t 的干预来实现。

第二节　经济增长理论概述

上一节我们介绍了经济周期理论，如果说经济周期理论研究的是国民收入的短期波动的话，经济增长理论研究的就是国民收入的长期增长问题。在本章的以下篇幅中，我们将介绍经济增长理论的有关内容。

一、经济增长理论的渊源

可以说，自从人类产生以来，经济增长就是学者们所关心的问题了。经济增长理论的萌芽最早可以追溯到 17 世纪中期的重商主义者（mercantilists），他们把经济增长看成是货币财富的积累，实际上认为价值产生于流通领域。到了 18 世纪中叶，重农主义者（physiocrats）认为只有农业才是生产行业，因此，一国的经济增长应该视农业收成的多寡而定。亚当·斯密在 1776 年所著的《国富论》一书中认为，分工带来的劳动生产率的提高和资本积累，对国民财富的增长起着很重要的作用，而“经济自由”则是促进国民财富增长的最有效途径。大卫·李嘉图在 1817 年出版的《政治经济学与赋税原理》中以劳动价值论为基础论述了这一问题，主要分析了工资、地租、利润之间的分配关系和对财富增长的影响。人口经济学家马尔萨斯则认为，经济按算术级增长，而人口按几何级增长，最后会由于人口增长过快而出现人口爆炸使经济崩溃，所以他是增长悲观论者。新古典经济学出现后，由于着重于对资源配置、利润最大化等微观问题的研究，对经济增长这个宏观问题的研究较少，但也涉及了财富的增长问题，如剑桥学派的马歇尔曾论述过资本家的储蓄、投资及经营管理活动在经济增长中的作用，他把经济增长归功于企业家的节约与勤劳。

1921 年，美籍奥地利经济学家熊彼特另辟蹊径，把经济增长的动因归结为企业家的创新活动，在其《经济发展理论》一书中，他这样说道：“不断的创新就像是跳动的琴弦，演奏着经济成长的美妙乐章，而拨动琴弦的正是那些领导市场的巨型公司，我们有什么理由去指责我们的乐师呢?”在熊彼特看来，技术创新是经济增长的真正推动力，而垄断资本为技术创新提供了丰厚的物质基础，使技术创新成为可能。

二战以后，经济增长作为一个独立的研究领域被人们重视。我们下面的内容将介绍二战以后的经济增长理论——现代经济增长理论。

二、现代经济增长理论的发展

现代经济增长理论的内容十分广泛，我们可以把其大致分为四个时期：第一个时期是 20 世纪 50 年代，这一时期主要是建立各种经济增长模型，探讨经济长期稳定发展的途径。第二个时期是 20 世纪 60 年代，这一时期主要是对影响经济增长的各种因素进行定量分析，寻求促进经济增长的途径。第三个时期是 20 世纪 70 年代之后，这一时期研究了经济增长的极限，即经济能不能无限增长，以及应不应该无限增长的问题。第四个时期是 20 世纪 80

年代以后，经济增长理论出现了新的突破。这种突破主要表现在以下两个方面：第一，经济增长理论与发展经济学的分离。前者以发达国家为研究对象，以国民生产总值的增加为中心，注重理论，新古典学派是其主流；后者以发展中国家为研究对象，以从不发达状态过渡到发达状态为中心，注重应用，凯恩斯主义是其主流。第二，经济增长模型中技术进步因素的内在化。在原来的经济增长模型中，技术被作为一种外在因素，它对经济增长的影响被作为一种剩余。20 世纪 80 年代之后，以美国的罗默为代表的一批经济学家建立了把技术作为经济增长模型内生变量的新经济模型，说明了技术在经济增长中的重要作用，这被认为是经济增长理论的一大突破。

三、经济增长的含义与特征

（一）经济增长的含义

关于经济增长的含义，经济学家的说法很不一致。美籍俄国的经济学家 S·库兹涅茨曾给经济增长下了一个定义，被认为是关于经济增长的经典性的定义："一个国家的经济增长，可以定义为给居民提供种类日益繁多的经济产品的能力长期上升，这种不断增长的能力是建立在先进技术，以及所需要的制度和思想意识之相应的调整的基础上的。"

这个定义包括了以下 3 个组成部分：①经济增长的集中体现与结果是商品供给量的不断增加，即国内生产总值（GDP）的增加，这是经济增长的中心，因此，经济增长最为简单的定义是人均实际国内生产总值的增长；②技术进步是实现经济增长的必要条件，没有技术进步就没有经济增长；③经济增长的充分条件是制度与意识的相应调整，社会制度与思想意识要能促进经济增长，技术才会得到应用，才能有效地正确使用人类先进知识宝库中的创作和革新。

（二）经济增长的特征

库兹涅茨从其定义出发，根据历史资料总结了经济增长的 6 个特征：①按人口计算的产量的高增长率和人口的高增长率，经济增长最显著的特点在于产量增长率、人口增长率和人均产量增长率都相当高；②生产率的增长率也是很高的，生产率的提高正是技术进步的标志；③经济结构的变革速度是高的；④社会结构与意识形态结构迅速变革；⑤增长在意识形态范围内迅速扩大；⑥世界增长是不平衡的。

（三）经济增长的成本与收益

经济增长是人类古老的话题，也是人类永恒的梦想。那么，是不是实现了经济增长就万事大吉了呢？经济增长是不是幸福的同义语呢？实际上，“经济增长的好处并不是财富增加了幸福，而是财富增加了人们选择的范围。”随着经济的增长，商品与劳务的总量都在增加，人们就业的机会也随之增多，从而人们的收入、享受的服务也随之增长，所有这些都是经济增长所带来的收益。正因为如此，经济增长往往成为人类追求的目标。

正像那句谚语所说的，“没有免费的午餐”，经济增长也同样要付出代价。人们在得到经济增长带来的种种收益的同时确实付出了代价，如环境污染、资源枯竭、生态平衡被破坏等，其中有些问题已经发展到了非常严重的程度，成为全球性的问题，如全球气候变暖、臭氧层被破坏等。也就是说，增长并非万能灵药，更不能“一俊遮百丑”。因此，经济增长率不是越高越好，无限制地追求高经济增长率不应该成为人类的目标。

四、经济增长与经济周期的比较

在对经济增长的含义与特征作完介绍以后，我们再将其与经济周期做一比较。

第一，经济增长与经济周期都是以实际产量的变动来衡量，即用GDP来衡量。经济增长是实际GDP的增长，经济周期是实际GDP的波动，尽管有许多指标（如失业率、通货膨胀率、汇率）都可以反映出经济周期的变化，但经济周期的中心内容是实际GDP的波动。

第二，经济增长与经济周期都同生产可能性曲线有关。生产可能性曲线指的是在既定的资源和技术条件下所能生产的最大产出组合。经济增长既包括产量达到生产可能性曲线，又包括生产可能性曲线向外扩张（由于资源数量增加或技术进步引起），而经济周期是产量围绕生产可能性曲线上下波动。

第三，从GDP的变动来看，经济增长是长期问题，取决于生产能力的提高，经济周期是短期问题，取决于总需求的大小。在经济学分析中，往往是分析增长问题更偏重于总供给，分析周期问题更偏重于总需求。

第三节　经济增长模型

在本节中，我们主要介绍哈罗德—多马经济增长模型、索洛的新古典经济增长模型，以及卢卡斯和罗默的内生经济增长模型，也称为新增长理论。

一、哈罗德模型

（一）历史背景

20 世纪 30 年代的凯恩斯革命，对经济萧条的原因作出了解释，并提出了相应的政策，创立了宏观经济学。但是，凯恩斯的理论也有缺陷，他的分析是短期、静态的分析，凯恩斯有一句名言："从长期看，我们都死去了！"在凯恩斯的理论世界里，人口、资本和技术都不能变动，事实上，从长期来看，这些都是可变的因素。因此，凯恩斯虽然可以解释短期的经济萧条，却对说明长期的经济增长无能为力。

凯恩斯理论的这个缺憾后来由他的学生——哈罗德给予了弥补。哈罗德早年毕业于牛津大学，后转入剑桥大学，在凯恩斯的指导下从事经济研究，成为凯恩斯的门生。他继承了老师的衣钵，又发展了老师的理论，把凯恩斯的分析动态化、长期化，从而开创了经济增长理论的先河。1939 年，哈罗德发表了《论动态理论》一文，对长期的经济增长进行了考察，并在 1948 年出版的《动态经济学导论》一书中，在理论上进一步加以系统化。几乎与此同时，美国经济学家多马也进行了类似的研究，并建立了一个与哈罗德非常相似的模型，后人将它们合二为一，称为哈罗德—多马模型。由于其中的哈罗德模型被认为具有较丰富的内容，因此，我们将哈罗德模型作为其代表加以介绍。

（二）哈罗德模型的基本方程

哈罗德模型的假设前提是：①全社会只生产一种产品，因此也称为一个部门的增长模型；②生产中只使用两种要素，即劳动 L 和资本 K，而且二者不能互相替代；③储蓄 S 是国民收入 Y 的函数，即 $S=sY$；④规模报酬不变；⑤劳动力按照一个固定不变的比例 n 增长；⑥不存在技术进步，也不存在资本折旧，这意味着资本增量全部来自投资，即 $\Delta K=I$。

由于不存在技术进步，因此加速数 $v=K/Y=\Delta K/\Delta Y$，即 $\Delta K=v\Delta Y$，由于不存在折旧，因此 $\begin{cases}\Delta K=v\Delta Y=I\\ S=sY\end{cases}\longrightarrow v\Delta Y=sY\longrightarrow \Delta Y/Y=s/v$。

这就是哈罗德模型的基本方程，$\dfrac{\Delta Y}{Y}=\dfrac{s}{v}$，其中，左式为经济增长率，右式为储蓄率与资本—产量二者之比。

（三）三个“增长率”

根据哈罗德模型中参数的意义不同，可以说上面的基本方程又包括了3个方程，它们形式相似但含义迥异，由此还可以引申出3个“增长率”。

1. 实际增长率 G。当 v 表示实际的资本—产量比时，下面的方程表示的就是实际的增长率。

$$G=\frac{s}{v}$$

实际增长率是经济运行的客观结果，它等于储蓄率 s 乘以投资的经济效果 $\frac{1}{v}$。

2. 有保证的增长率 G_W。这一增长率是从凯恩斯的理论中引申出来的。按照凯恩斯的理论，储蓄和投资相等是经济实现稳定增长的重要条件，如果储蓄过多，消费不足，就会出现生产过剩的经济危机，致使经济走向萧条；反之，如果消费过旺，企业就会扩大生产，从而使经济走向高涨；只有投资等于储蓄，企业的生产既不扩大，也不缩小，经济的稳定才是有保证的。在这种情况下实现的增长率，就是有保证的增长率。其公式为：

$$G_W=\frac{s}{v_r}$$

式中：v——企业家意愿中的资本—产量比；

G_W（warranted）——有保证的增长率。

则 $G_W \cdot v_r$ 表示的是由需求拉动的国民收入的增长率 G_W 所引致的投资，在它恰好能够完全吸纳储蓄的情况下，经济的增长是能够得到保证的。

3. 自然增长率 G_n。自然增长率是“人口增长和技术进步的范围内所允许达到的增长率”，是适应人口增长和技术进步，实现充分就业所需要达到的增长率。其公式为：

$$G_n=n$$

当经济增长率恰好等于劳动力的增长率时，就意味着新增加的就业岗位可以为新增加的劳动力提供足够的就业机会，从而可以实现充分就业的均衡增长。由于凯恩斯主义最看重充分就业这个宏观经济政策目标，他们认为，这时的增长率是最合适的，因此，自然增长率又称为最大的、最适宜的增长率。

4. 经济长期稳定增长的条件。我们先来就上面 3 个增长率做一比较。实际增长率 G 是经济运行的客观结果；有保证的增长率 G_W 强调投资和储蓄相等，实际上是突出了资金对经济增长的影响，但并没有考虑就业和技术进步的作用；自然增长率 G_n 则是适应人口增长和技术进步，实现充分就业所需要达到的增长率。

哈罗德进一步用上述 3 个增长率分析了经济长期稳定增长的条件。该条件为：实际增长率=有保证的增长率=自然增长率，即

$$G=G_W=\frac{s}{v}=\frac{s}{v_r}=G_n=n$$

此时，既不会出现失业，也没有通货膨胀，而且，储蓄全部转换成投资，资本的积累恰好同人口增长和技术进步的步调相协调，这就是经济增长的理想境界。

（四）两个“问题”

上述的经济长期稳定增长途径是否存在，如果存在，其可能性又有多大？这就是哈罗德模型的“存在问题”和“稳定性问题”。

1. 存在问题。哈罗德模型认为，经济长期稳定增长的途径是存在的。其条件就是我们上面所说的：

$$G=G_W=\frac{s}{v}=\frac{s}{v_r}=G_n=n$$

但是，这个条件毕竟是十分苛刻的。在哈罗德的理论问世以后，人们纷纷提出了质疑。罗宾逊指出，哈罗德的理论所描述的是一个“没有历史的世界……也是一个没有政治的世界，在这个世界中，没有利益的冲突……”甚至连哈罗德本人也承认，以上 3 个增长率之间并没有内在的联系，它们往往是不相等的，相等的情况只是一种“侥幸的偶然”。或者说，实现长期稳定增长的途径虽然存在，却很狭窄，后来被有些经济学家形象地称为“刃锋”式的增长途径。

2. 稳定性问题。哈罗德模型对稳定性问题的回答是否定的，即经济一旦偏离了均衡增长途径，不仅不能自我纠正，而且会偏离得越来越远。

如果实际增长率偏离了有保证的增长率，必然带来经济的不稳定。如果 $G>G_W$，即$\frac{s}{v}>\frac{s}{v_r}$，$v<v_r$，企业家会增加投资，从而出现上升式的通胀；反之，如果$G<G_W$就会出现长期停滞状态。由于 $G=G_W$ 是罕见的、偶然的，所以，经

济总是在扩张与紧缩的交替中波动式发展的。

如果实际增长率偏离了自然增长率，也会带来经济的不稳定。如果$G>G_n$，就会造成劳动力短缺，机器设备不能充分利用，使生产能力过剩；反之，如果，$G<G_n$，说明投资的增长低于人口的增长和技术进步的速度，就会造成失业。由于经济中不存在自我纠正的机制，因此，一旦出现细微的背离，与均衡状态的差距就会越来越大。

（五）模型的简单应用

如果把哈罗德模型中的储蓄比例 s 解释为积累率，把模型中的$\frac{1}{v}$（即每一单位资本带来的产量）解释为投资的经济效果，则该模型的方程可变为：

国民收入增长率＝积累率×投资的经济效果

于是，在已知投资的经济效果的情况下，我们就可以用上式来估计国民收入增长率与储蓄率二者之间的关系。比如，当投资的经济效果为 1/3 时，若要使国民收入按每年 7%的速度增长，所需要的积累率大概是 21%。

（六）哈罗德模型的意义

哈罗德模型的意义主要表现在以下几个方面：首先，它是凯恩斯国民收入决定理论的动态化和长期化，重点阐明了投资的双重作用，从而发展了凯恩斯的理论，并奠定了现代经济增长理论的基础；其次，它探索了经济实现充分就业均衡增长所需具备的条件，并说明了经济波动的原因，将复杂的经济增长理论简单化、模型化，为人们研究经济增长问题提供了新的思路；最后，它指出，经济实现充分就业、均衡增长的途径是十分狭窄的，而且在偏离后并不能够自动纠正，因此，国家干预和宏观调控对促进经济增长是必不可少的。

二、新古典增长模型

（一）基本内容

新古典增长模型是 1956 年由美国经济学家索洛提出来的。他通过对假设前提的修正与对技术进步因素的重视得出了比哈罗德模型要更加乐观的结论，认为充分就业的稳定均衡增长是可以实现的。

新古典模型也假设全社会只生产一种产品，使用两种生产要素——劳动与资本，以及规模报酬不变。与哈罗德模型假设前提的区别在于，资本与劳动两种要素是可以替代的，资本的增长可以超过人口的增长，人均资本增加了，或者说出现了资本的深化；另外就是考虑到了技术进步的因素，认为技术进步能提高资本的生产能力，遏制收益递减的规律。

索洛认为，经济中存在着一条稳定的均衡增长途径，即从长期来说，经济增长率等于劳动力的增长率。这个增长率之所以称得上均衡，是因为新古典增长理论认为，一旦实际增长率偏离了这个途径，将通过人均资本的变化，使它重新回到均衡的位置，而这一切都是市场机制自发实现的。由此可以看出，新古典增长理论对于经济的长期稳定增长是充满信心的。更为乐观的是，他们认为，经济增长不仅能在长期中趋于稳定，而且会稳定在一个较高的水平上，工资和利润都能达到较高的水平，前者通过资本的深化得到保证，后者通过技术进步得到保证。这样，新古典增长模型对“存在问题”和“稳定性问题”都作出了肯定的回答。

（二）增长率的余值法

在索洛的经济增长模型中，通过对增长率的分解，提出了测量技术进步对经济增长贡献的“余值”法。我们对此做简单介绍。

由生产函数 $Q=Af(L, K)$ 可以得到如下形式的增长率的分解式[①]：

$$G=G_A+\alpha G_L+\beta G_K$$

式中：G——产量（国民收入）的增长率，也即经济增长率；

G_L——劳动增长率，$G_L=\frac{\Delta L}{L}$；

G_K——资本增长率，$G_K=\frac{\Delta K}{K}$；

α，β——分别表示劳动和资本在经济增长中所作的贡献比例；

G_A——技术进步率。

上式可以变化为：

$$G_A=G-\alpha G_L-\beta G_K$$

即技术进步增长率可以通过余值测算出来。根据美国学者丹尼森的测算，从1929—1973年，在美国经济中，$G=3\%$，$G_L=2\%$，$G_K=2\%$，$\alpha=0.75$，$\beta=0.25$，则 $G_A=1\%$。

新古典增长模型的意义在于以下几点。

---

① 该式可能通过对生产函数求导得到，读者可以自行推导。

（1）强调了技术进步对于经济增长的重要作用，从新古典模型的基本公式中也可以看出，当参数 α 和 β 都小于 1 时，要想提高经济的增长率，技术水平的提高最为有效，由于教育是提高技术水平的必要手段，所以该模型也为扩大教育投资的政策提供了理论支持。

（2）突出了市场调节的作用。当 $G_n \neq \frac{s}{v_r}$ 时，在哈罗德模型中，只能通过国家调节 s 来实现均衡，而在新古典增长模型中，既可以通过国家调节 s 来实现，也可以通过市场调节 v_r 来实现（因为资本—产量比例也是可变的），这就突出了价格机制的作用。从这一点上来说，该模型具有一定的新古典主义色彩。

（3）对哈罗德模型的前提进行了重要修正，资本—劳动比例是可变的，从而资本—产量比例也是可变的，这样就增强了经济增长的可调节性和稳定性，从而克服了哈罗德模型中的“刃锋”问题。如果把哈罗德模型提出来的经济增长途径看成是走钢丝的话，新古典增长模型的增长途径就是在平坦的大路上阔步前行。索洛本人也宣称，“不要被哈罗德和马尔萨斯的预言所吓倒，我们应该看好未来。”

三、新增长理论

20 世纪 50 年代以来，以索洛模型为代表的新古典增长理论一直在经济增长理论中占据主导地位。但是，随着时间的推移，索洛模型的缺陷也日益显现。主要是增长率的“外生化”，这又导致了理论与现实的不符。新古典增长理论假定规模报酬是不变的，而事实上，发达国家越来越呈现出规模报酬递增，而发展中国家则呈现出规模报酬递减。在这种情况下，20 世纪 80 年代以后，一部分经济学家逐步用规模报酬递增和技术进步因素“内生化”来完善经济增长理论，其中的代表人物是美国年轻的经济学家罗默和卢卡斯，他们的理论被称为新增长理论。

由于新增长理论的某些内容在技术上较为复杂，因此，我们在此不对其理论加以介绍，主要是比较一下这一理论与新古典经济增长理论的重要区别。第一，也是最重要的，罗默等人认为技术进步因素是内生的，正因为如此，新增长理论也被称为“内生经济增长理论”；而在新古典经济增长理论那里，技术进步是外生的，被作为一种“余值”来加以研究。罗默等人认为，知识已经成为一种生产要素，其投入应该与其他要素（劳动、资本等）的投入成正比；而新古典增长理论认为，技术是外生的、偶然的，是可能从天上掉下来的随机事物。第二，罗默等人的理论认为知识能提高投资收益，正是因为知识的投入不同才导致了某些国家出现规模报酬递增，而某些国家却出现了规模报酬递减。第三，罗默的研究显示，投资能使技术更有价值，而技术也能使投资更有价值，从而形成一种良性循环。

新增长理论的影响不仅仅是理论上的，它对各个国家的政策取向也产生了一定影响，它使政府更加重视教育投资，同时将知识产权的考虑提上议事日程。因为一项新的发明需要很大的投入，而模仿起来却很简单，政府必须努力保护知识产权，为发明者提供足够的保护和刺激，以推动其研究和开发。

第四节　经济增长因素分析

一、丹尼森对经济增长因素的分析

英国经济学家丹尼森将影响经济增长的因素归结为 7 个：①就业人数、年龄、性别构成；②工作时数；③就业人员的受教育年限；④资本存量的极限；⑤资源配置状况；⑥规模的节约；⑦知识进展。丹尼森进一步将上述 7 个因素分为两大类，即要素投入量的增加（前 4 个因素）与要素生产率的提高（后 3 个因素）。

1985 年，丹尼森出版了《1925—1982 年美国经济增长趋势》一书，在该书中，他根据美国的历史统计资料，对上述各个经济增长因素进行了考察和分析。美国在 1929—1982 年年均增长率为 2.92%，其中，由于要素投入量增加而引起的增长率为 1.9%，由于要素生产率提高而引起的增长率为 1.02%，也就是说，总投入量的贡献率是 65%，要素生产率的贡献率是 35%。就要素投入量来看，劳动投入量所占比例最大，高达 71%；从要素生产率的提高来看，知识进展所占比例最大，占 64%以上；此外，资源配置这一因素也不容忽视，它对要素生产率的提高所作的贡献为 23%，例如，人们从薪水少的工作“跳槽”到更好的工作，从而导致产量的增加。此外，规模经济的作用也不容忽视。因此，丹尼森的结论是，知识进展是最重要的经济增长要素，这里的知识既包括技术知识，也包括管理知识。

二、库兹涅茨对经济增长因素的分析

库兹涅茨是美籍俄国经济学家，1971 年的诺贝尔经济学奖得主。也正是这一年，他出版了《各国经济增长》一书，在该书中，他运用统计分析方法，对经济增长因素进行了全新的分析。同哈罗德、多马、索洛等人对劳动与资本的重视不同，库兹涅茨格外青睐以下三个因素，即知识存量的增加、劳动生产率的提高，以及结构方面的变化，认为这些是引起经济增长的主要因素，而且他认为这三个因素之间也存在着密切的关系，可以说是环环相扣，水涨船高。形象地说，科学技术的水涨了，生产率就会大大提高，产业会升级、结构会变化，经济增长速度自然也就加快了。

不难看出，库兹涅茨对经济增长因素的分析与丹尼森分析的一个不同之处是他重视结构因素对经济增长的贡献。为了研究的方便，库兹涅茨将生产结构区分为 A、I、S 三个部门，就是我们通常所说的三次产业。从近一个世纪的变化来看，A 部门地位一落千丈，由过去占总产值的 40%~70%，降到今天的区区几个百分点；I 部门异军突起，占了总产值的半壁江山；S 部门则稳中有升。从劳动力的结构来看，与产业相对应，但略有差异。A 部门的就业人数大量下降，但与其产值比较而言，仍然存在着人多产值少的现象；I 部门由于“机器排挤工人”现象的出现，其就业人数与产值的提高相比，逊色不少；S 部门则占尽风流，成了就业的主战场，消化了大部分的劳动力。库兹涅茨认为，生产结构之所以变化，是因为经济高速增长导致的需求结构的变化，人们在丰衣足食之后，有了更高层次的需要，第三产业的飞速发展主要就是由于人们需求结构的改变。不仅经济增长导致了产业结构的调整，产业结构的调整也是推动经济增长的一个重要因素。结构的重新调整、资源的重新配置，能够提高资源的利用效率，从而成为推动经济增长的巨大动力。

第五节　关于经济增长问题的争论

战后西方的高经济增长政策取得了一定成功，但是也带来了一系列如环境污染、生态破坏、资源枯竭等问题，从而引起了人们对经济增长问题的重新思考，如经济是不是可以无限增长的？即使经济能够无限增长，这种增长是不是可取的？前者被称为增长极限论，后者被称为增长价值怀疑论。

一、增长极限论

增长极限论的主要代表是美国经济学家麦多斯和福雷斯特尔，他们分别著有《增长的极限》和《世界动态学》，两人用基本相似的方法对人类的未来做出了悲观的预测。他们认为，人口增长、粮食供应、资本投资、环境污染和资源枯竭是影响经济增长的五个因素，这五个因素的共同特点是都呈指数增长，麦多斯在对这五个因素进行综合考察的基础上，通过五个互相影响的连锁的反馈环路，经过计算机处理，建立了“世界末日模型”，得出了人类社会将在2100年之前崩溃的悲观论调。他说：“如果目前世界人口、工业化、污染、粮食生产，以及资源消耗按现在的增长趋势继续不变，这个星球上的经济增长就会在今后100年内某一个时候达到极限，最可能的结果是人口和工业生产能力这两方面发生颇为突然的、无法控制的衰退或下降”，“根据目前的人们关于地球的物质限制的知识，我们猜想，增长状态不能再继续100年”。他认为，为了避免世界经济崩溃局面的发生，唯一的方法是在15年内停止人口和生产的增长，建立均衡世界模式，避免人类的崩溃。

《增长的极限》一书在1972年出版以后，在全世界引起了轩然大波，由于其作者麦多斯等四人来自名声赫赫的麻省理工学院，作者在模型中采用了当年看起来十分先进的计算机技术，该报告又被联合国以文件形式下发，所有这些都使他们的言论倍添权威色彩。但是，经过仔细的分析，这一结论是站不住脚的：首先，人口并不是像麦多斯等人所分析的那样，一直呈现指数增长，事实上，随着经济发展水平的提高，人口增长会变缓，甚至会出现负增长，这一现象在发达国家已屡见不鲜；其次，他们没有考虑技术进步的作用，以石油的开发为例，现在油井最深钻到16公里，而地壳的厚度是从40到60公里不等的；最后，他们忽视了价格机制的作用，随着资源的短缺，价格会上涨，人们会寻找替代能源。因此，资源问题未必是制约未来经济增长的决定因素。

麦多斯等人的增长极限论虽然宣扬了一种悲观的论调，展现了一幅黯淡的前景，但却向人们敲响了警钟，人们开始重视人口、资源、环境、经济、社会等因素的协调发展，也推动了可持续发展理念的产生。

二、增长价值怀疑论

上述增长极限论说明了经济无限增长的不可能性，但是，如果经济增长是可能的，这种增长就是可取的吗？一些西方经济学家从价值判断的角度对经济增长的价值提出了怀疑。如经济学家米香就提出，人们在经济增长的过程中付出的代价太高了，如生态的平衡、清新的空气、整洁的环境、生活的乐趣等，因此，单纯的经济增长是不可取得，因为它仅仅带来了物质产量的增加，而不是个人幸福和社会福利的增加，因此，他认为应该停止经济增长，恢复昔日的田园生活。

第六节　经济发展理论概述

20 世纪 60 年代以来，面对人口爆炸、生态失衡、环境污染、资源短缺等诸多全球性问题，人们开始检讨传统的以追求高增长率为目标的发展模式，寻求探索一种新的发展模式，从经济增长到经济发展体现了人类对未来的忧患和觉醒。

经济学家研究经济发展理论大致分为两个阶段，第一个阶段的研究特征是强调物质、资本的重要性，认为自然条件、劳动力和资本是生产投入的基本条件，物质资本的多少及其形成的快慢是发展中国家发展的重要条件；强调工业化是发展中国家必须要走的发展道路。第二个阶段的研究特征是强调发展中国家必须重视市场的作用，主张政府应当培育、增进、利用市场；重视农业的作用，强调农业的基础性地位；强调对外贸易的作用，突出国际竞争和比较成本优势。

在研究方法上有结构主义、新古典主义、激进主义三种基本思路。我们下面作简单介绍。

一、结构主义经济发展理论

结构主义经济发展理论是 20 世纪 40 年代到 60 年代占主流的经济发展理论。结构主义经济发展理论重在对经济结构的分析，通过经济结构的分析，揭示发展中国家经济发展的途径。属于结构主义经济发展理论的有刘易斯的二元结构（或二元经济）的经济发展理论，钱纳里的结构转变理论等。

“二元经济”这个概念是指在发展中国家存在的有关生产和组织的各种不对称性。这个术语最初是由伯克（Boeke）提出的。他在对印度尼西亚的社会经济研究中，提出了把该国经济和社会划分为传统部门和现代化的由荷兰殖民主义者所经营的资本主义部门。后来刘易斯（Lewis）对二元经济发展模型做了重要论述。

刘易斯把发展中国家的经济分为“传统”部门和“现代”部门两大部分。“传统”部门包括个体农业和城市中各类个体经济，其经济活动的基本目标是维持自身消费。“现代”部门包括商业性农业、种植业、采矿业及制造业，在这个部门中存在雇佣劳动，获取利润是企业主组织生产的动机。刘易斯认为，经济发展过程是现代部门相对传统部门的扩展过程，这一扩展过程将一直持续到传统部门中的“剩余劳动”这个蓄水池干涸，从而出现一个一体化的劳动市场时为止。这个模型虽然与发展中国家的现实都有一定差距，但由于突出地表明了发展中国家城市工业部门和乡村农业部门结构上和经济上的差异，并且探讨了经济发展中劳动力在两个部门之间转移的作用，因此，至今仍是人们研究发展中国家经济时经常使用的分析工具。

钱纳里对第三世界国家1950—1973年的发展模式，从时间序列和横断面两个角度进行了实证研究和经验分析，提出了其发展过程中的一些特点，认为发展中国家经济结构转换实际包含了所有经济函数的变化，以及制度、政治、政策等的影响。在他看来，发展中国家的经济发展水平之所以不同，就在于各自面对的国内和国际制约因素存在差异。但是，尽管有些因素国内不能控制，从而选择的发展模式未必相同，还是可以把这些模式的共同点加以概括从而提出一个标准模式的。现在，发展中国家已是高度一体化的国际体系的一个组成部分，在这种情况下，若能积极利用发达国家的资金、技术和工业品，适时地创造和扩大出口机会，发展中国家就能以更快的速度完成结构转换。钱纳里在分析发展中国家实现结构转换的过程时，提出了一个著名的“两缺口模型”，即认为由于发展中国家的储蓄能力和出口能力都很有限，在加速经济发展的过程中，储蓄与投资之间、出口与进口之间必然要出现缺口，如果为了储蓄与投资的平衡、出口与进口的平衡而减少投资和减少进口，就会减慢经济发展速度，而利用外部资源来平衡两个缺口，则既能解决国内资源不足问题，促进经济迅速增长，又能减轻因加紧动员国内资源以满足投资需求和冲销进口而产生的压力。

钱纳里的学说表明，发展中国家应当有效地利用外部资源来发展国内生产，增加出口，提高国内储蓄能力，以使出口和进口、储蓄和投资之间的两个缺口逐渐实现平衡，消除它们对本国经济发展的制约，最终实现减少对国外资源的依赖，主要依靠自己内部的经济力量来推动经济的持续增长。要达到这一目标，发展中国家必须在经济结构和经济体制方面不断进行改革，使经济体制能够适应经济发展的需要，使经济结构能够形成自动调整、实现均衡的功能。如果不进行这些改革，就有可能产生永久性的对外部资源的依赖，两个缺口也将继续存在，并进而处于国际收支不平衡的压力下，导致债务危机，使本国经济发展不断受到阻碍。

二、新古典主义经济发展理论

新古典主义经济发展理论又称美国凯恩斯学派。他们对经济运行机制的基本看法，又回到了古典学派的观点，即如果市场机制充分发挥作用，经济的运行和发展将具有实现充分就业均衡的必然趋势。因此，他们的理论被称为新古典主义的经济增长理论或新古典主义的经济发展理论。新古典主义者认为，没有特殊的经济发展理论，只有普遍适用的“单一经济学”（mono-economics），他们的理论既适合于论证发达国家经济，也适合于论证发展中国家经济。

新古典主义的经济学家们在研究发展中国家的经济问题时，反对实行国家集中计划化、进行全面细致的管理控制和直接干预等，主张由市场机制自动地调节经济发展。在他们看来，其原因有三：一是市场机制有助于有效配置资源并提供对经济发展的刺激；二是可以成为一种有效的管理工具，用来完成政策目标，并避免直接控制的低效率和腐化；三是可以在花费不高的情况下提供广泛的信息。因此，政府应当实行利用、增进和加强市场机制的政策，可以通过价格变动来进行间接调节。价格变动包括汇率、利息率、关税、租税和补贴。利用这些经济手段，就可以为发展私人生产、扩大国内市场和增加输出提供价格刺激和收入刺激。同时，他们认为，发展中国家的传统农业并非存在过剩人口和对价格刺激缺乏反应，传统农业的改造也不会通过城市工业的发展而被带动起来，因而它不应是被动的和被牺牲的领域。他们强调农业发展对工业化的贡献，认为农业发展是工业化的必要条件，如果不相应地发展农业，工业化的进程势必由于粮食的不足和原料的短缺而受到阻碍。他们还系统地分析了教育投资、人力培训对提高劳动力素质和促进技术进步，从而对提高劳动生产率、推动经济发展的重要意义。

在国际经济关系和对外贸易方面，新古典主义流派的经济学家推崇自由贸易和出口替代发展战略，认为发展中国家实行自由贸易和出口替代是有利的。发展中国家实行以加工品出口代替初级产品出口的出口替代战略，一方面可突破本国国内市场狭小的障碍，获得规模经济效益和增强竞争能力；另一方面出口替代战略在初期一般以劳动密集型产品为主，可使本国众多的非熟练劳动力被吸纳，而且生产这些产品的行业一般比其他行业发展要快，也使本国资源要素比较优势得以发挥。但是，他们也认为，实行出口替代战略也会遇到许多困难，因而政府还必须制定一系列鼓励出口的政策措施，对企业进入国际市场提供必需的服务，并根据国际贸易的变动及时调整具体贸易政策。

三、激进主义（新马克思主义）经济发展理论

经济发展理论中的激进主义流派的经济学家继承了较多的马克思主义经济学的理论观点和分析方法，因此，又被称为“新马克思主义者”。他们通过对发达国家与发展中国家的内部条件和外部条件的全面分析，突出地揭示了国际关系中富国支配穷国、穷国依附于富国并受其剥削的“支配—依附”关系现实。所以，激进主义的经济发展理论也被称之为“国际依附论”。

激进主义流派的发展经济学家认为，非洲、亚洲和拉丁美洲的不发达正是使欧洲和北美洲走向发达的同一过程的组成部分。由于发展中国家独特的历史经历，它们的阶级结构与发达国家大不相同。帝国主义的入侵使大多数发展中国家走上了“普鲁士道路”——不是通过互相竞争的小企业，而是通过从国外传入的先进的垄断企业带动经济发展。由于这些和别的一些原因，发展中国家的实际剩余比潜在的社会剩余要低得多，很大一部分潜在的社会剩余被贵族地主用于过度消费和供养非生产的劳工。由于经济剩余集中在少数人之手并花费在奢侈品方面，形成了发展中国家依附性的进口业和制造业部门，即影响整个经济运行的主要机制，例如，物价、投资、分配的机制，是由这些国家以外的个人和机构控制的，在这种情况下，发展中国家的经济发展是由它们所从属的另一国经济发展和扩大所左右的。

在分析发展中国家如何摆脱对发达国家的依附促进经济发展时，激进主义流派的发展经济学指出，当前的政治和社会结构决定了大部分发展中国家的现政府难以在这些方面有所作为。因此，发展中国家要走上经济发展和社会进步的道路，就必须对现有的政治结构进行变革。只有这样，才能不再依

附外国，把他们的国家引上经济和社会发展的大道。可见，激进主义发展经济学家从另一个角度，对发展中国家经济中存在的问题和解决这些问题促进经济发展的途径，作出了不同于新古典主义和结构主义的分析。

第七节　经济发展的一些基本问题

经济发展理论又称为发展经济学，是在第二次世界大战后适应发展中国家经济发展的要求而逐步形成和发展起来的，是关于发展中国家经济发展的理论。它分析研究发展中国家经济落后的状况、原因及经济发展的途径，阐述经济发展的战略和政策。

一、经济增长和经济发展

在传统的政治经济学中，经济增长与经济发展常被混用，但经济增长与经济发展是两个完全不同的概念。经济增长理论以发达国家为研究对象，以GNP的长期稳定增长为目标；经济发展理论则以发展中国家为研究对象，以整个国民经济现代化为目标。经济发展理论不仅研究经济增长问题，而且研究经济结构、经济体制、人口素质、收入分配、对外贸易等，即“整个社会的向上运动”。经济发展是有结构变革的经济增长。经济发展的本质应归结为社会所拥有知识的增长，换言之，经济发展是社会对自身及所处环境的认识上的改进。

著名的发展经济学家赫里克（Herrick）和金德尔伯格（Kindleberger）在《经济发展》一书中对经济增长与经济发展进行了区分：“经济增长特指更多的产出。经济发展不仅指更多的产出，还指出和以前相比产出的种类有所不同，以及产品生产和分配所依赖的技术和体制安排的变革。增长意味着以更多的投入或更高的效率去获得更多的产出。发展的意义则不仅指这些，它还意味着产出结构的变化，以及生产过程中各种投入量分布的变化。假如以人的增长和发展做比喻，增长包含着诸如身高和体重之类的总量的变化，发展则包含着诸如体质协调、学习能力或对环境变化的适应能力之类的机能的变化。”

就经济增长和经济发展的关系而言，经济增长是手段，经济发展是目的。经济增长是经济发展的基础，经济发展是经济增长的结果。一般说来，没有经济增长不可能有经济发展。但有经济增长也不一定有经济发展。若由于制度或政策上的原因，经济增长并没使人们的社会福利普遍提高，结果收入分配绝对不均，或者片面追求经济增长速度，但经济结构和产品结构并不合理，人们不能从中得到实惠，或者积累和消费的关系处理不当，以致积累过多，人们的消费水平并没提高，凡此种种，都可以看作是有增长而无发展。

但没有经济增长却是不可能有经济发展的。正如赫里克和金德尔伯格所说："很难想象没有增长的发展。功能的变化总是自然而然地包含规模的变化。一国的经济除非能够生产超过它生存所需要的东西，作为发展标志的产出结构的变化是不可能出现的。总之，虽然我们可以描述有增长而无发展的现象，但我们却认为发展过程几乎必然依赖于某种程度的同时发生的经济增长。"

二、经济发展的障碍

一般认为，发展中国家经济发展的障碍主要表现在以下几个方面：贫困的恶性循环、较低的资本形成比率、社会文化的障碍、国际力量的不利影响等。

（一）"因为贫穷，所以贫穷"

一些经济学家认为，"贫困的恶性循环"是发展中国家经济发展的一个首要的障碍。著名的发展经济学家纳克斯（Nurkse）这样表述了他关于贫困的恶性循环的基本思想："它意味着一些力量以使穷国保持贫困状态的方式相互作用和反作用的循环运转。例如，一个穷人可能没有足够的食品，营养不足、健康很差、体力较差、工作能力较差，这意味着他是一个穷人。反过来，这又意味着他没有足够的食品等。涉及整个国家的这种情形，可以用一句话来概括，'一国是穷国，因为它是穷国'。"

按照发展经济学的分析，贫困的恶性循环在于这样一个基本事实，即在不发达国家，总的生产力是低的，因为资本短缺、市场不完全、经济落后和不发达。就需求方面而言，低实际收入水平，导致低需求水平，这又导致低投资率，从而又回到资本短缺和低生产力，如图 14-2（a）所示。就供给方面而言，低生产力反映在低实际收入方面，低实际收入水平意味着低储蓄率，低储蓄水平导致低投资率和资本短缺，低投资率和资本短缺又导致低生产力水平，如图 14-2（b）所示。另外，由于在发展中国家存在着不发达的人力资源和自然资源，也会造成贫困的恶性循环。自然资源的发展依赖于人口的生产能力。若人是落后的，是文盲，缺乏技术技能和知识，那么，自然资源就趋向于不充分利用，甚至滥用。另一方面，由于不发达的自然资源，一国的人民在经济上是落后的，因此，不发达的自然资源既是人们落后的原因又是其落后的结果。

这样，经济贫困和不发达就结合起来了。一国所以是穷国是因为它是不发达的，一国是不发达的，因为它是穷国，而且当它没有促进发展所必需的资源的时候，它仍然不发达。贫穷成了贫穷的原因。

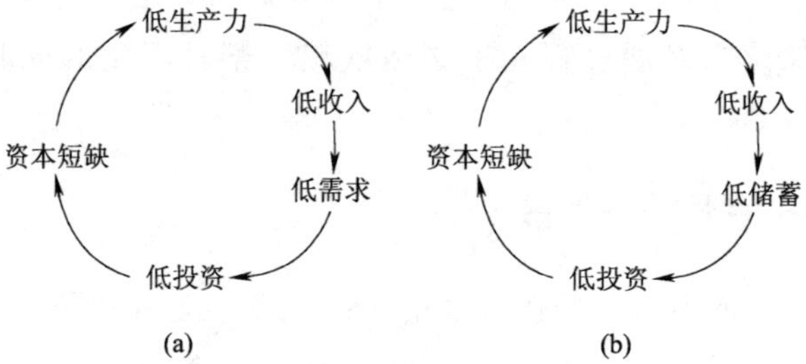

图 14-2　贫困的恶性循环

（二）低资本形成比率

根据上面对“贫困的恶性循环”的分析可知，资本短缺是造成经济不发达的决定性因素，贫穷既是一国的低资本形成比率的原因又是结果。在不发达国家人民贫困，他们基本上是文盲和无生产技能的，他们使用过时的生产工具和生产方法。他们从事维持生存的农业生产，缺乏流动性，很少同市场经济部门相联系。他们的边际生产力极低。低的生产力导致低的实际收入、低的储蓄、低的投资和低的资本形成比率。

在发展中国家能够进行较多储蓄的是收入高的团体。但这些储蓄并不流入生产渠道，而把它们“变成房地产、黄金、珠宝、商品窖藏、外国货币和本国货币的窖藏、货币借贷和投机”，从而也造成较低的资本形成比率。

（三）国际力量的影响

国际力量对经济发展的不利影响主要表现在国际贸易中，过多地依赖出口，使这些国家的经济受制于国际市场。另外，由于出口的产品主要是农产品和矿产品等初级产品，这些产品的供给弹性较低，无法通过增加出口取得降价的好处。由于国内市场的不健全，没有充足的资本支出和经济结构不合理，一项贸易项目带来的往往不是产量和就业等实际量的增加，而是通货膨胀的压力、资源的错误分配和国际收支差额的困难。

（四）社会文化障碍

对于发展中国家经济发展的障碍，也来自社会文化方面。属于社会文化障碍的主要有：传统的价值观和信条，传统的生活方式、教育、宗教等。它们对经济发展的阻碍往往表现在限制人们的能力的充分发挥，影响经济效率，妨碍企业的有效运行，导致裙带关系、任人唯亲和无效的管理等。

三、经济发展的基本要求

（一）内在的基础

经济发展的主要要求是，发展的力量必须植根于国内的经济。国外的力量只能激励或推动发展，而不能维持一国的发展。过多地依赖国外的援助，就会削弱全部发展的首创性，就会任由外国投资者攫取其自然资源，而这样的援助，实际上是发展中国家走上了限制自身快速发展的道路。

（二）改变市场的不完全性

改变市场的不完全性是经济发展的第二个要求。市场的不完全性限制生产要素的流动，并限制经济的发展。为了改变市场的不完全性，应当完善现存的社会制度，以实现现有资源的最充分、最有效的使用的目的。其基本要求就是要使“生产可能性边界”向外扩展。按照著名的发展经济学家舒尔茨（T. W. Schultz）的观点，通过增加可以再生产的产品数量，改善生产者的素质并提高生产技术水平，就可以推动“生产可能性边界”向外扩展，从而改变市场的不完全性。

（三）结构改变

结构改变意味着从传统的农业经济向现代的工业经济转变。这种结构改变会使就业机会增加、劳动生产率和资本存量增加、技术水平得到提高。结构改变包括非农业部门的扩展，即农业部门的人口比率逐渐减少；人口从初级部门和第二级部门向第三级部门转变，以及新的社会制度的发展，以适应经济发展的需要。

（四）资本形成

资本形成是经济发展过程中最重要的和具有战略性的因素。资本形成一旦发动起来，就是一个累积的和日益增殖的过程。资本形成包括三个独立的阶段：实际储蓄数量的增加、信用和金融制度的发展、增加资本投资。对于发展中国家来说，提高资本形成比率最重要的途径是提高社会生产力。

（五）适当的投资标准

对于发展中国家来说，重要的不仅是投资比率，还有投资构成。确定投资标准的根据有以下几个：①社会边际生产力，社会边际生产力高的项目是应该多投资的项目；②社会和经济的优先项目；③平衡增长的需要，也就是说，应该从整个经济的稳定平衡增长的角度来考虑投资决策，投资应保证各部门的协调发展，不能使一些部门过于超前，另一些部门过于落后。

思考与练习

一、基本概念

经济周期　经济增长　经济发展　乘数—加速数模型　实际增长率　有保证的增长率　自然增长率

二、练习题

1. 按照经济周期的长度不同，经济周期可以分为哪几种类型？
2. 内生经济周期理论是如何解释经济周期成因的？
3. 外生经济周期理论是如何解释经济周期成因的？
4. 简述经济增长的含义及其特征。
5. 经济增长与经济周期有哪些异同？
6. 哈罗德模型对经济增长的“存在问题”和“稳定性问题”的回答是怎样的？
7. 简述增长极限论和增长价值怀疑论的主要内容。
8. 简述经济增长与经济发展的主要区别。
9. 试述经济发展理论的三种基本思路，即结构主义思路、新古典主义思路和激进主义思路。

第二版后记

《经济学基础》第一版于2005年出版，迄今已近十六载。该书出版后受到广大读者的欢迎，部分高等院校将其作为教材，一些经济学爱好者甚至将该书当作入门读物。近年来，经济学理论和经济形势出现了新的变化，教育教学改革的新趋势也对课程教学提出了新的要求。为了更好适应教学需要，本书进行了修订，增加了成本论、市场论、国民收入决定理论等内容，删去了“新经济”透视等内容。此外，本书保留章节的部分内容也做了适当的调整和修改。

本书仍然保持原来的风格，用通俗易懂的语言阐述深奥的经济学理论，带领广大读者轻松地步入经济学殿堂，在掌握基本经济理论的同时，领略经济学的魅力。

在本书再版之际，笔者要对本书成文和修订过程中给予帮助的人致以诚挚的谢意。首先，我深深怀念并感谢我的博士导师高鸿业教授，感谢我的硕士导师丁冰教授，是他们把我引进经济学的殿堂，他们渊博的学识和严谨的治学态度使我终生受益匪浅。其次，我要感谢我的学生们，他们的求知欲望是推动我不断丰富本书内容的动力。最后，感谢首都经济贸易大学出版社的支持，也感谢广大读者的厚爱。

书中不当之处敬请读者批评指正。

车卉淳

2021年1月